Lieder für Ferien, Fahrt und Lagerfeuer

Lieder

für Ferien
Fahrt und Lagerfeuer
herausgegeben
von Dieter Hornemann

Urachhaus

ISBN 3 87838 355 X
8. Auflage 2005

Druck der Offizin Chr. Scheufele, Stuttgart.

VORWORT

„Der Mann, der nicht Musik hat in ihm selbst,
Den nicht die Eintracht süßer Töne rührt,
Taugt zu Verrat, zu Räuberei und Tücken."

(Shakespeare: Der Kaufmann von Venedig, V. 1)

Der Mensch ist verstummt. In all dem Lärm der Maschinen, der Lautsprecher und der Straßen hat sich ihm die Kehle zugeschnürt. Er hat es ja auch nicht mehr nötig zu singen. Ein Knopfdruck genügt und schon ertönt Beethovens 9. Symphonie, singen die Beatles oder was immer wir wünschen.

Der Teufel kam hinauf zu Gott
und brachte ihm sein Grammophon
und sprach zu ihm nicht ohne Spott:
„Hier bring ich dir der Sphären Ton."
Der Herr behorchte das Gequiek
und schien im Augenblick erbaut:
Es ward fürwahr die Welt-Musik
vor seinem Ohr gespenstisch laut.
Doch kaum er dreimal sie gehört,
da war sie ihm zum Ekel schon, —
und höllwärts warf er, tief empört,
den Satan samt dem Grammophon. (Chr. Morgenstern)

Früher wurde bei jeder Arbeit gesungen, die Mütter sangen mit den Kindern, Menschlichkeit und Gemeinschaftserleben durchdrang das Leben. Heute ist die Depression die häufigste Zeitkrankheit. Ist da nicht ein Zusammenhang?

In der Christengemeinschaft gibt es seit dreißig Jahren Ferienlager für Kinder und Jugendliche. Ohne gemeinsames Singen wären sie undenkbar. In diesem Buch haben wir Lieder gesammelt, die sich dort bewährten, die aber sicher auch in Schule und Familie Freude tragen können.
Es sind einstimmige Lieder, Kanons und Chorsätze verschiedener Schwierigkeitsgrade.
Ich möchte Astrid Thiersch und Michael Klemt herzlich danken, die als bewährte Helfer im Ferienlager die große Mühe auf sich genommen haben, das Manuskript zu schreiben. Außerdem gilt mein Dank all den Komponisten und Verlegern, durch deren freundliche Genehmigungen diese Sammlung möglich geworden ist. Zuletzt ein herzlicher Dank an Johannes Mayer vom Verlag Urachhaus, der mit Rat und Tat geholfen hat. Möge dies Buch einen kleinen Beitrag geben, daß die Stimme des Menschen wieder hörbar wird. – Im Anhang des Buches finden sich Originaltexte der Lieder, weitere Strophen, Übersetzungen und Quellennachweise.

Dieter Hornemann
Frühjahr 1982

Nordisches Seelied

Joh. Dan. Falk — Carl Löwe (1796-1869)

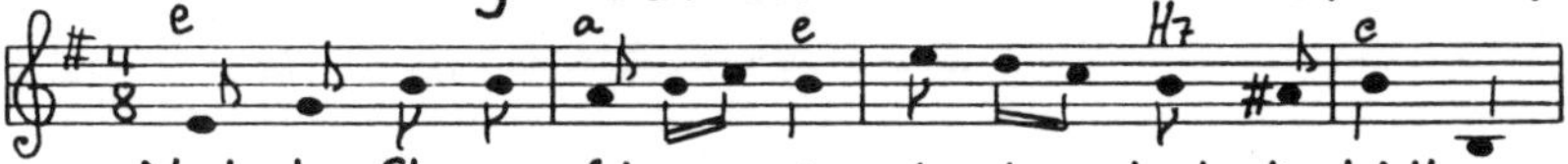

1. Nach dem Sturme fahren wir si - cher durch die Wellen,
2. Wie mit grimm'gem Unverstand Wellen sich be-we-gen!
3. Wie vor unserm Ange-sicht Mond und Ster-ne schwinden!
4. Einst in meiner letzten Not laß mich nicht versin - ken!

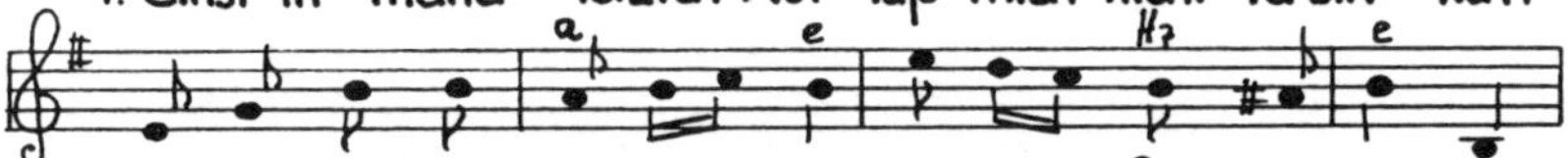

lassen grosser Schöpfer, dir un-ser Lob erschal-len.
Nirgends Rettung, nirgends Land! Vor des Sturmwinds Schlägen!
Wenn des Schiffleins Ruder bricht, wo nun Rettung fin - den?
Sollt' ich in dem bittern Tod Well auf Wel - le trin - ken:

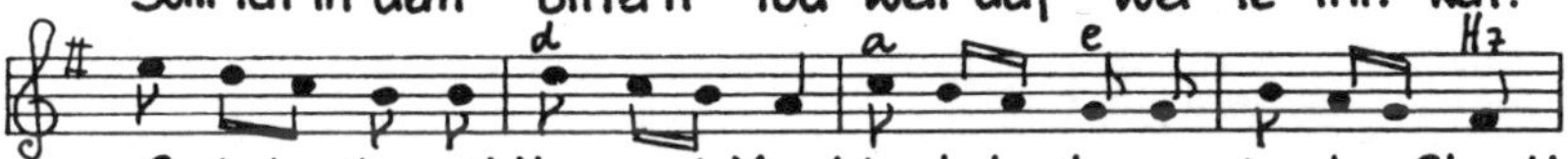

Lo - bet ihn mit Herz und Mund, lo - bet ihn zu je - der Stund!
Ei - ner ist's, der in der Nacht, Ei - ner ist's, der uns be - wacht!
Wo denn sonst als bei dem Herrn? Se-het ihr den A-bend-stern?
rei - che mir dann liebentbrannt, mein Herr! Deine Glaubens - hand!

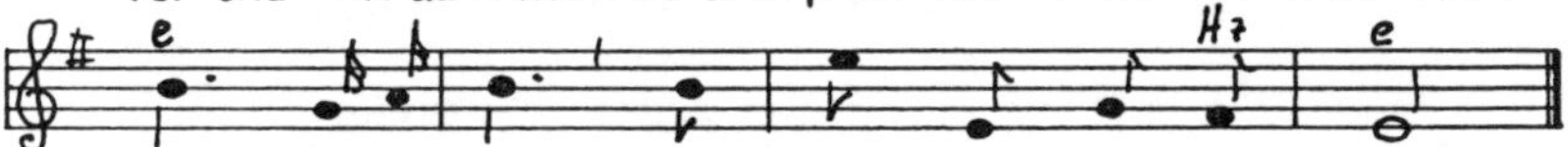

Christ, Kyri - e ! Komm zu uns auf den See!
Christ, Kyri - e ! Du gehst ja auf dem See!
Christ, Kyri - e ! Er - schein uns auf dem See!
Christ, Kyri - e ! Komm zu uns auf den See!

Ihr kleinen Vögelein

W: Anton E. Kopp, 1717

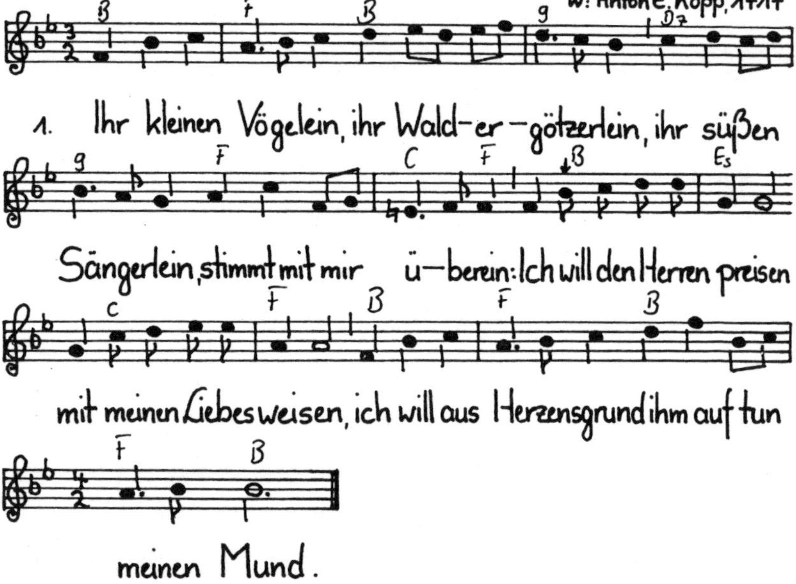

2. Spitzt eure Schnäbelein, zwingt eure Stimmelein
und fangt an, groß und klein, aufs lieblichste zu schrein!
Ich will durch euer Singen mich zu dem Schöpfer schwingen,
ich will durch euren Ton hinauf zu Gottes Thron.

3. Drum stimmet mit mir ein, ihr süßen Schreierlein,
ihr kleinen Pfeiferlein, ihr Wundersängerlein!
Ich will den Herren preisen mit meinen Liebesweisen,
ich will von Herzensgrund ihm auftun meinen Mund.

Angelus Silesius, 1624–1677

Zum Kehrreim des Liedes kann ab ↓ gesungen werden!

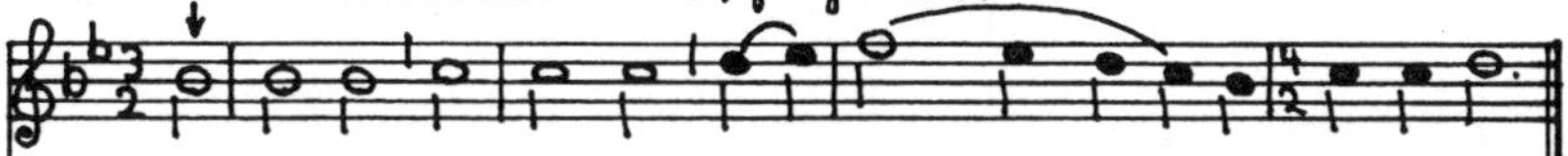

Canta-te, canta-te, can-ta ——— te Domino!

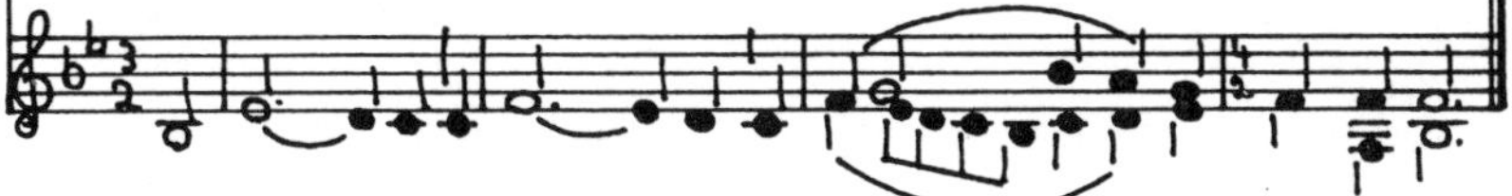

Canta — te, canta — te, canta ——— te Domino!

Es saß ein klein wild Vögelein

Aus Siebenbürgen

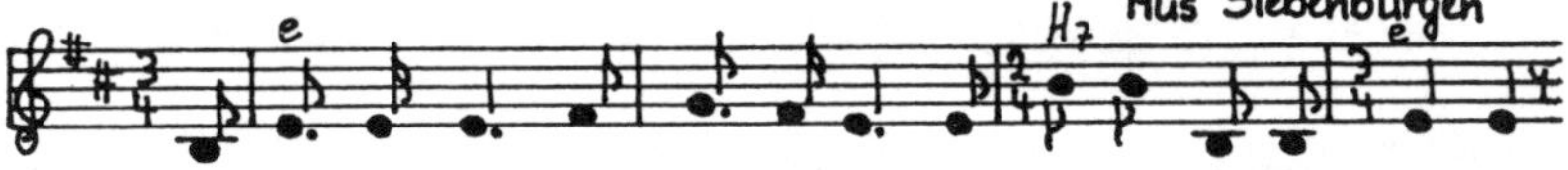

1. Es saß ein klein wild Vögelein auf einem grünen Ästchen.

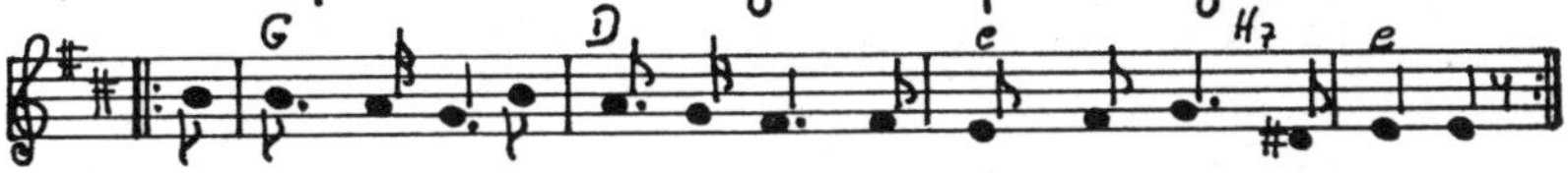

Es sang die ganze Winternacht, sein Stimm tät laut er-klingen.

2. „Sing du mir mehr, :| du kleines wildes Vöglein!
Ich will um deine Federchen dir Gold und Seide winden."

3. „Behalt dein Gold, behalt dein Seid, ich will dir nimmer singen.
Ich bin ein klein wild Vögelein, und niemand kann mich zwingen."

4. „Geh du heraus aus diesem Tal, der Reif wird dich auch drücken."
„Drückt mich der Reif, der Reif so kalt, Frau Sonn wird mich erquicken."

Trinkkanon

zu 4 Stimmen (Ursprünglicher Text: O, du eselhafter Martin) Mozart

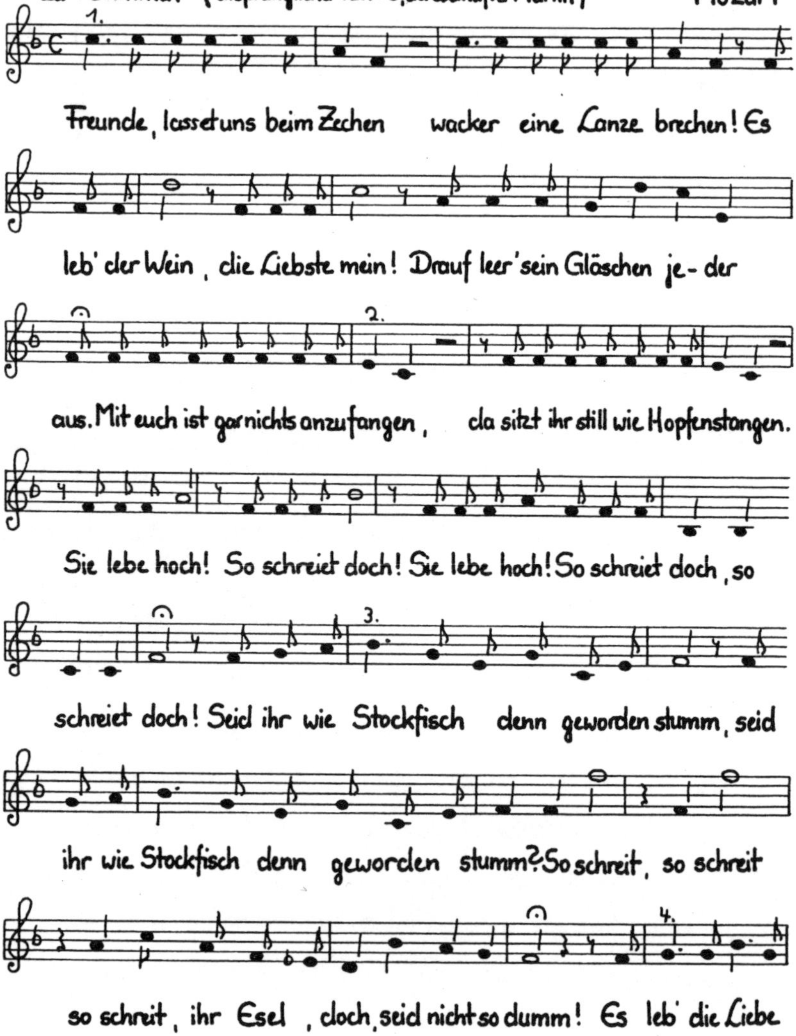

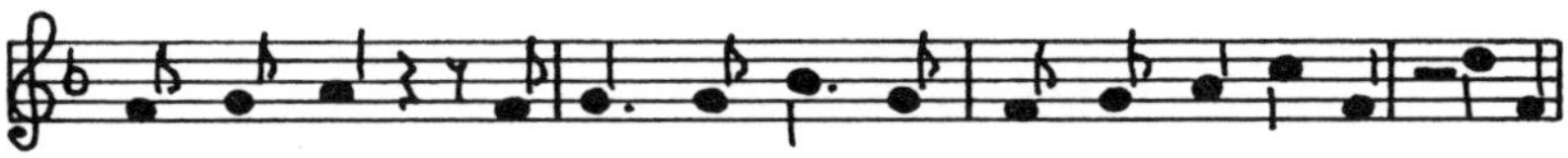

und der Wein! Was könnt' auf Er-den Schönres sein? Vivat, vivat,

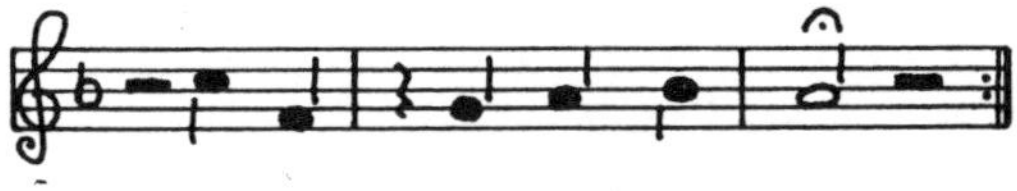

vivat, sie le-be hoch!

Das Hexen-Einmal-Eins

zu 4 Stimmen

Haydn

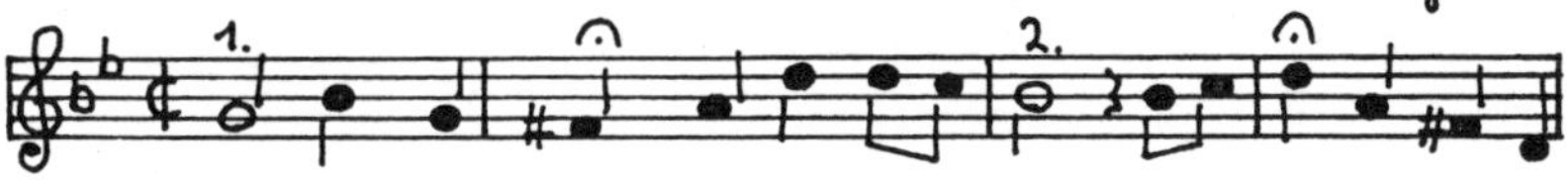

Du mußt ver-stehn, aus Eins mach Zehn, und Zwei laß gehn, und

Aus Fünf und Sechs, so sagt die Hex, mach Sie — ben und

So ist's voll bracht, und Neun ist Eins, und Zehn ist Keins, das

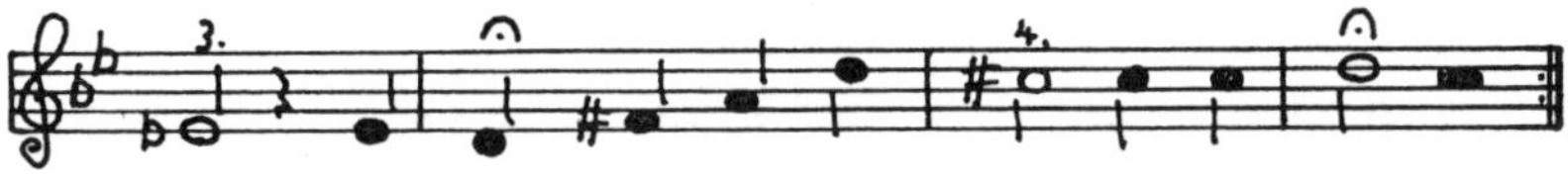

Drei mach gleich, so bist du reich, bist du reich.

Acht, so ist's vollbracht, so ist's, ist's voll bracht.

ist das He — xen Ein-mal — Eins, Ein-mal-Eins.

Ein Brief

zu 4 Stimmen

Mozart

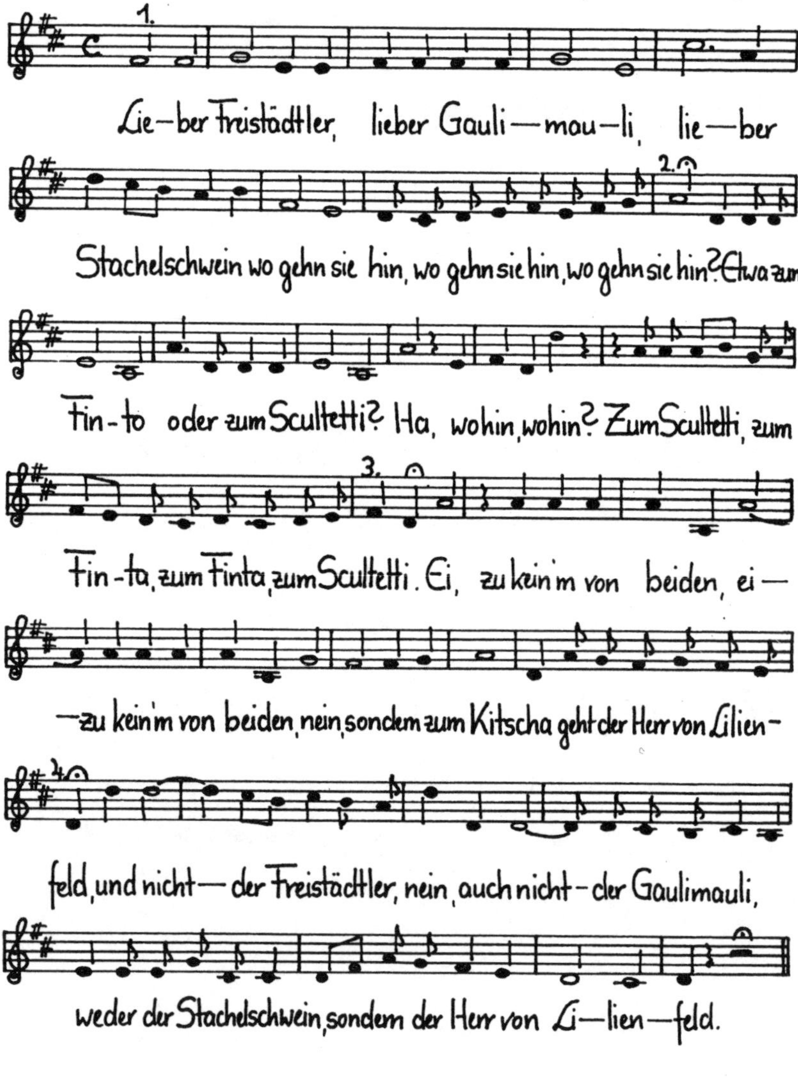

Gute Nacht

zu 4 Stimmen

Mozart

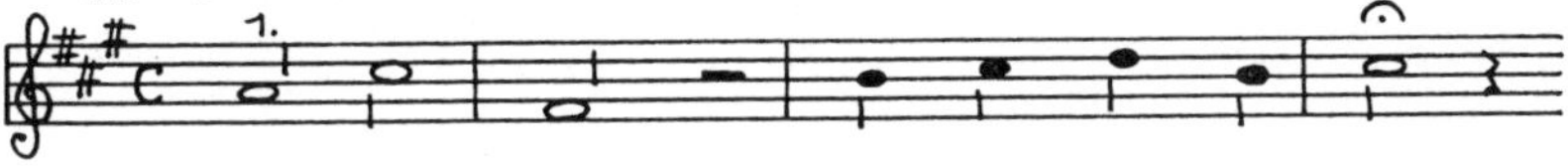

Bo-na nox, bist a rech-ter Ochs;

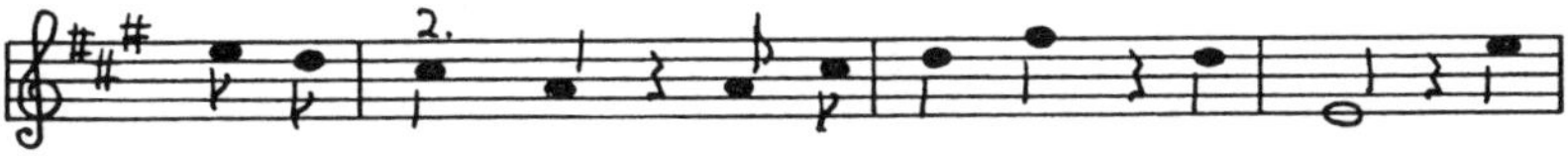

bo-na not-te, lie-be Lot-te; bonne nuit, pfui,

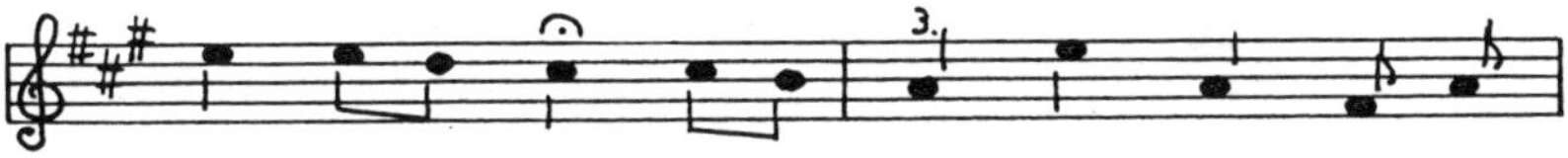

pfui, good night, good night, heut müeß ma no

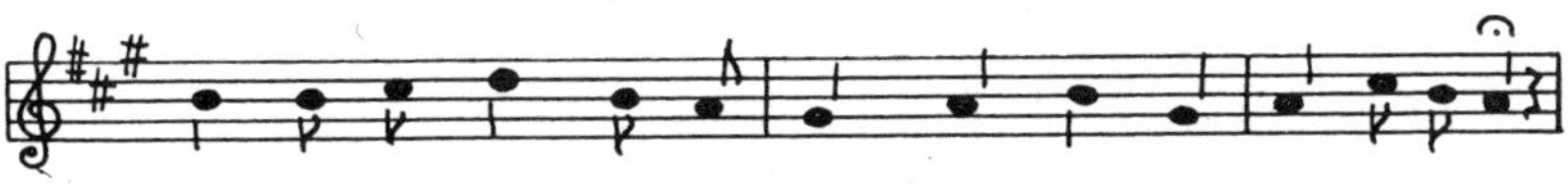

weit, gu-te Nacht, gu-te Nacht, s'wird höchste Zeit, gute Nacht!

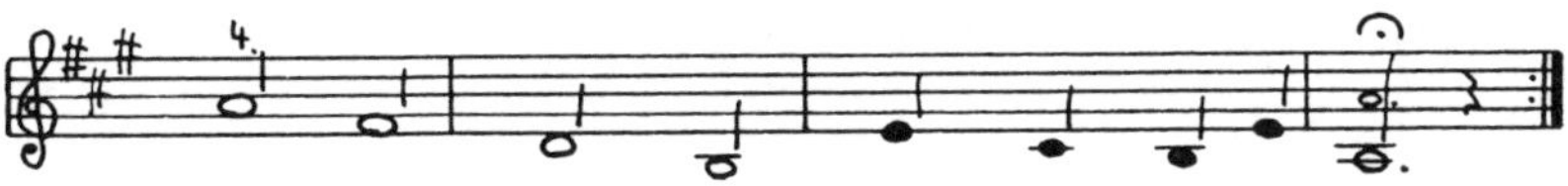

Schlaf fei g'sund und bleib recht kugel-rund.

zu 4 Stimmen

Ave Maria

Mozart

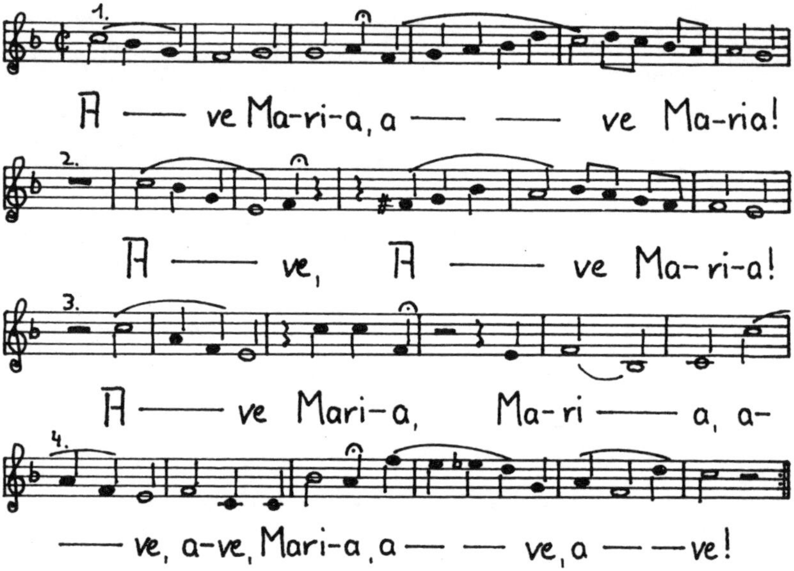

zu 4 Stimmen

Tod und Schlaf

Haydn

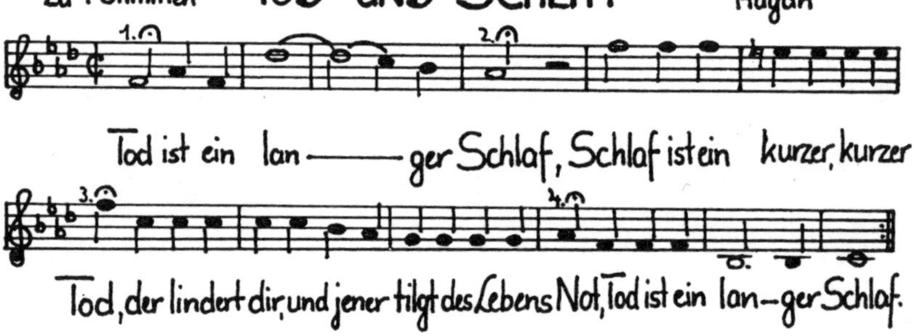

Fester Sinn

zu 3 Stimmen

Haydn

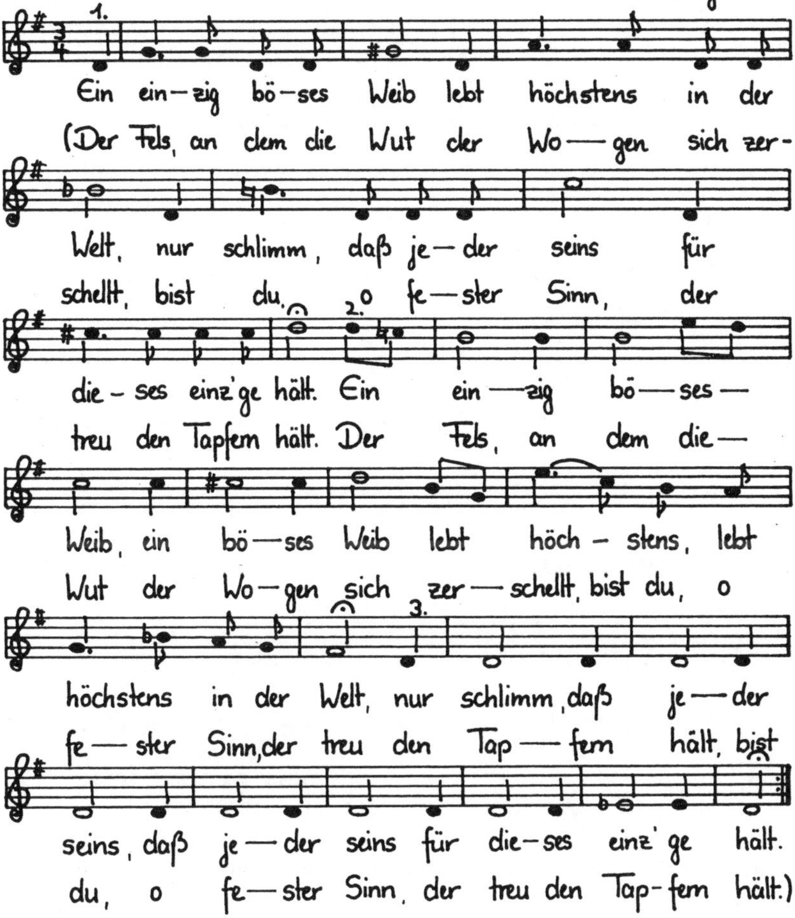

Herr Gänsewitz zu seinem Kammerdiener

zu 4 Stimmen

Haydn

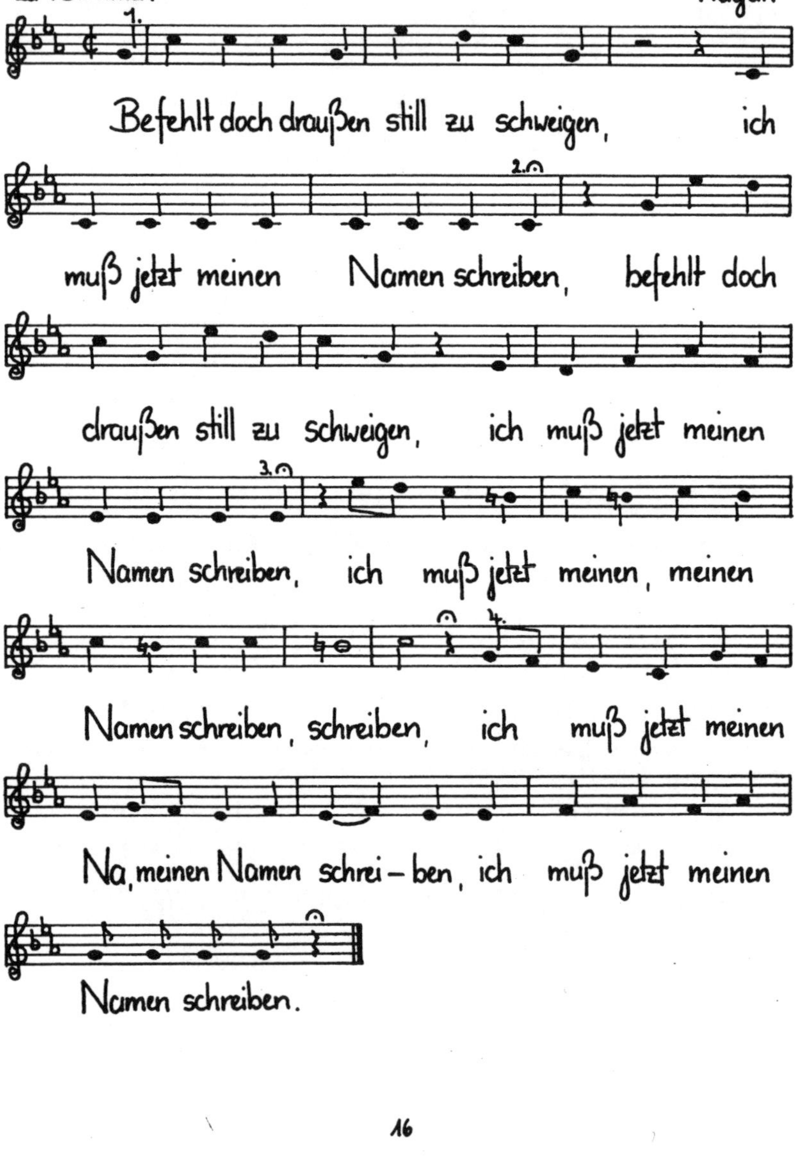

THE NIGHTINGALE

zu 3 Stimmen

England, 1609

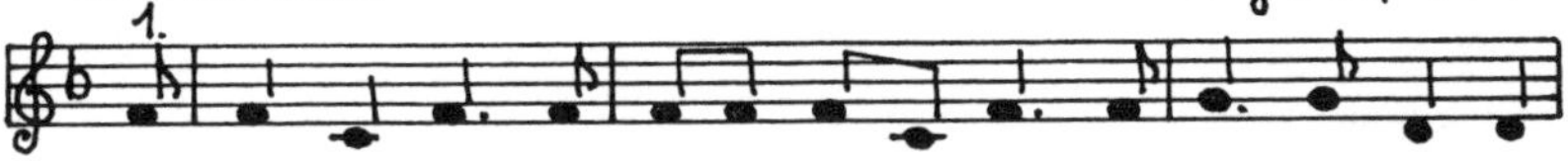

The night-in-gale, the merry nightingale, she sweetly sits and

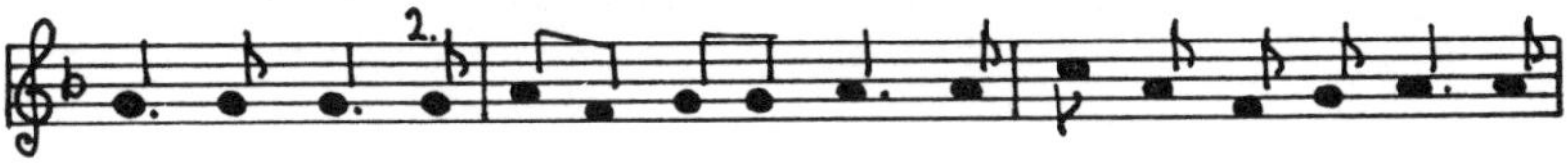

sings and sings. The pretty nimble doe doth trip it to and fro, the

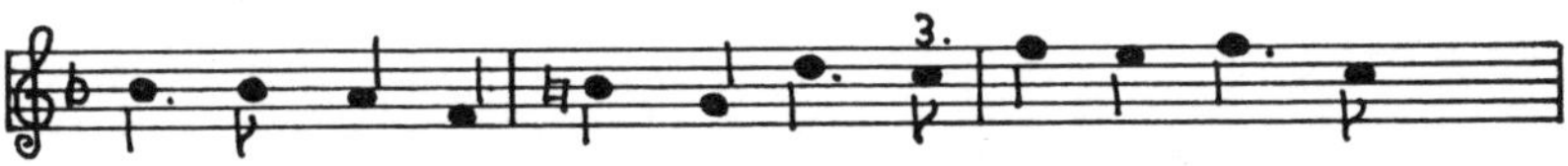

wild horse kicks and flings and flings. The cuckoo, he doth

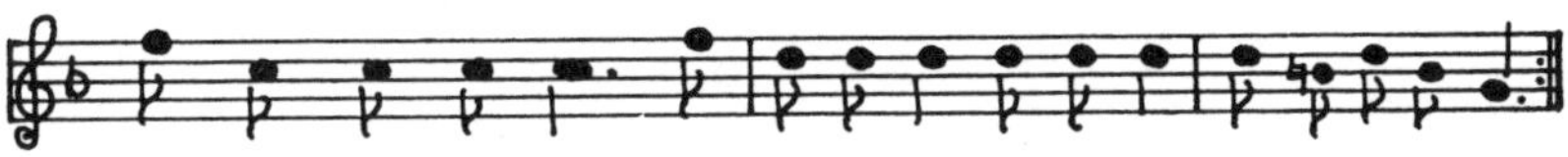

fly from tree to tree, and merri-ly through the woods cuckoo,
cuckoo rings.

SINGET DEM HERREN!

zu 5 Stimmen

Praetorius

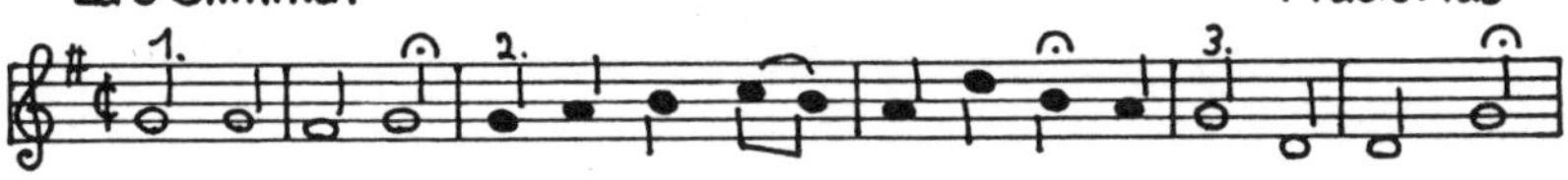

Singt dem Herren, singet ihm und ju bi lie ret al le samt in
(-liert.) (-le samt.)

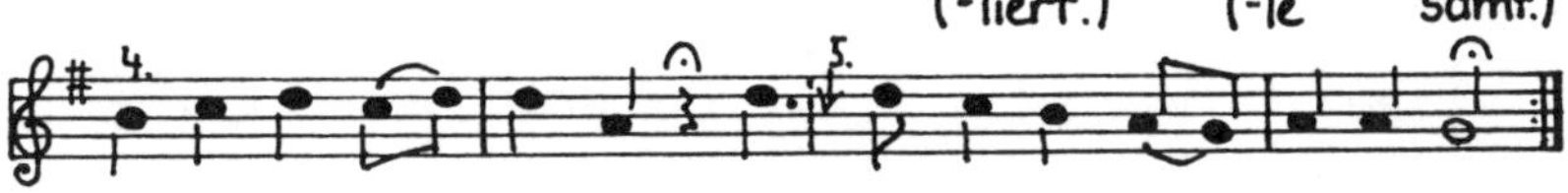

dieser Mor gen stun de, kom met her bei und danket ihm.

Ich will den Herrn loben

zu 3 Stimmen

Telemann

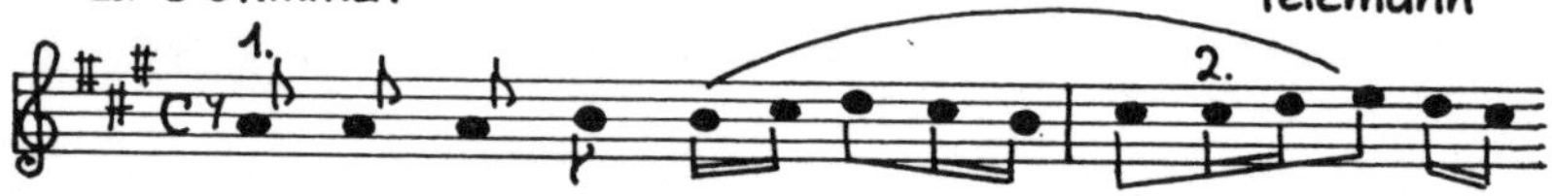

Ich will den Herrn lo — — — — — ben

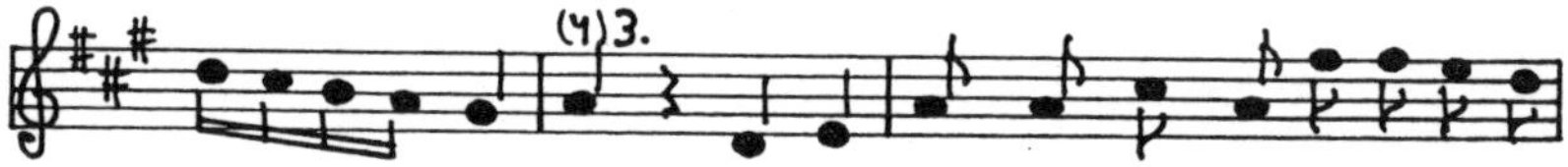

al —— le Zeit, al – le Zeit, sein Lob soll immerdar in

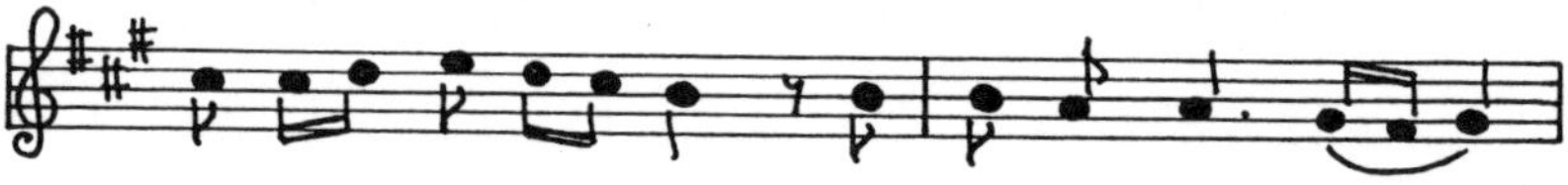

meinem Munde sein, in meinem Mun de, —

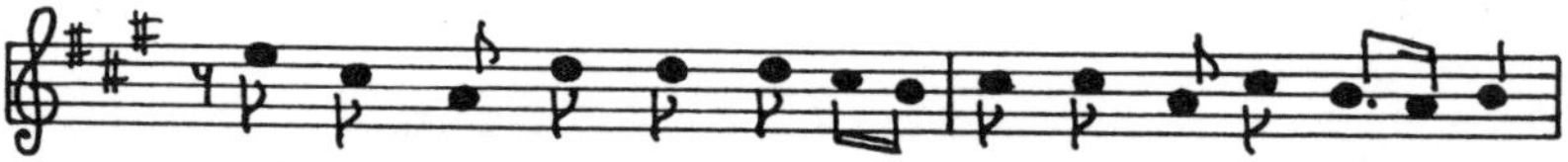

sein Lob, sein Lob soll immer – dar in meinem Mun – de

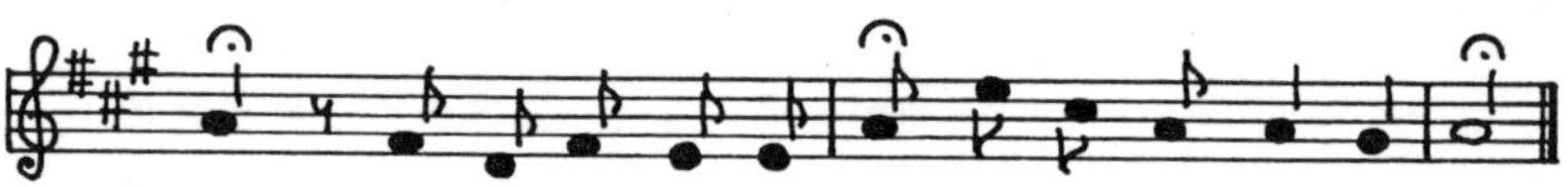

sein, in meinem Munde sein, in meinem Munde sein.

Cantate Domino

Paul E. Ruppel, *1913
nach D. Buxtehude

zu 3 Stimmen

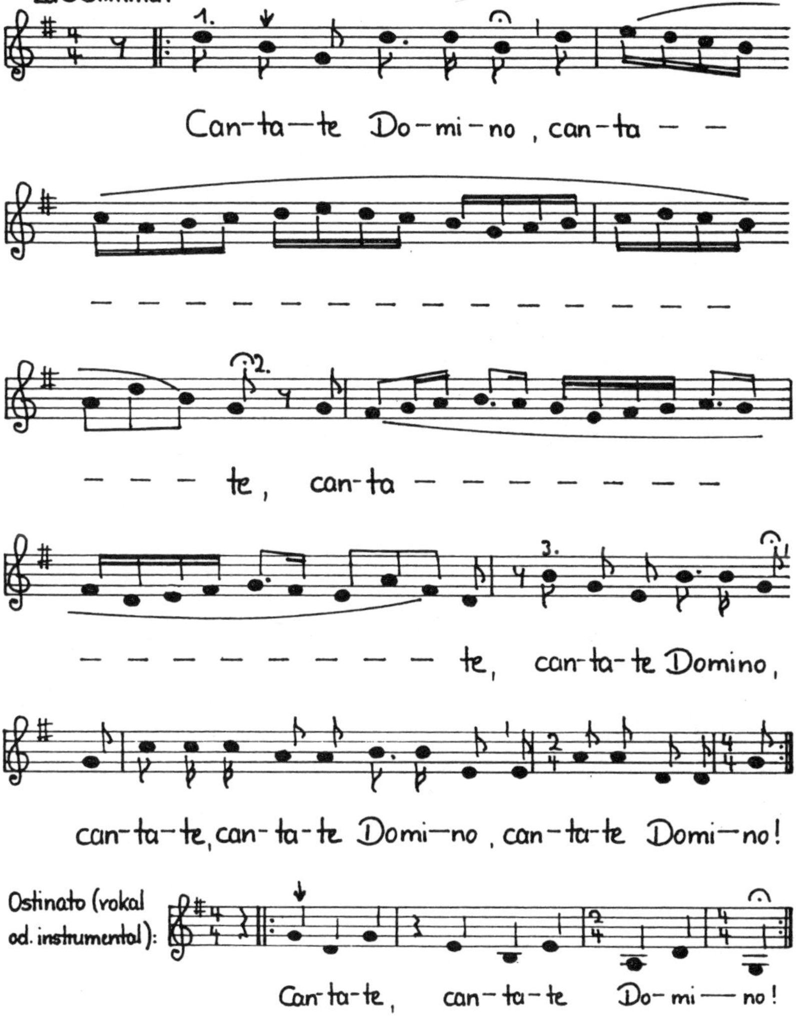

Die Liebe

zu 3 Stimmen (Mathias Claudius) Paul Hermann geb. 1904

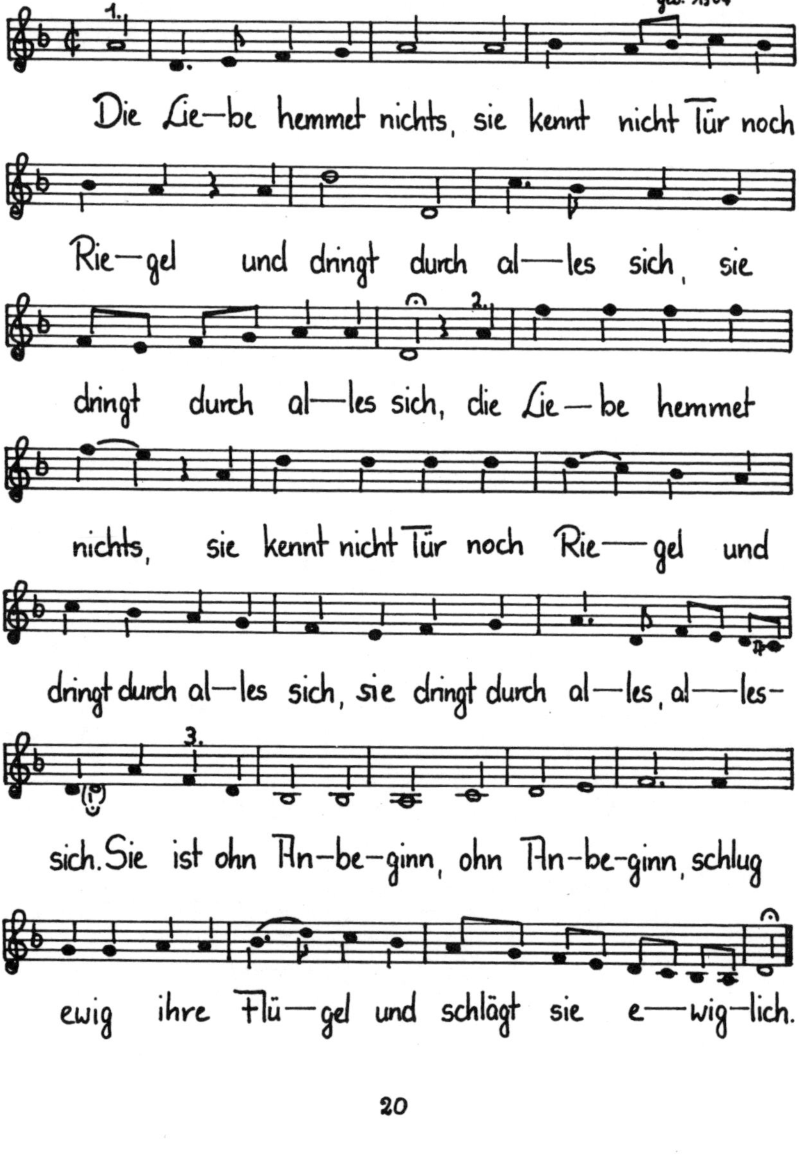

De Klokken van Haarlem

Niederlande

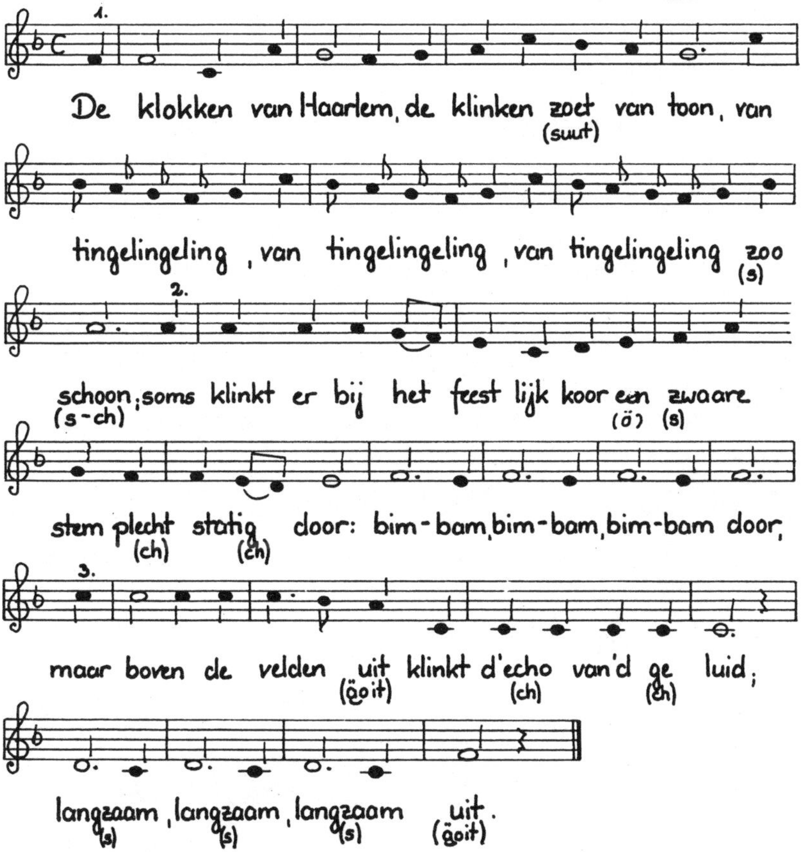

Die Glocken von Haarlem, die klingen süß im Ton,
van tingelingeling, so schön. Sonst klingt beim festlichen
Chor ein gewaltiges Läuten majestätisch mit.

Mißtraun

zu 5 Stimmen — Haydn

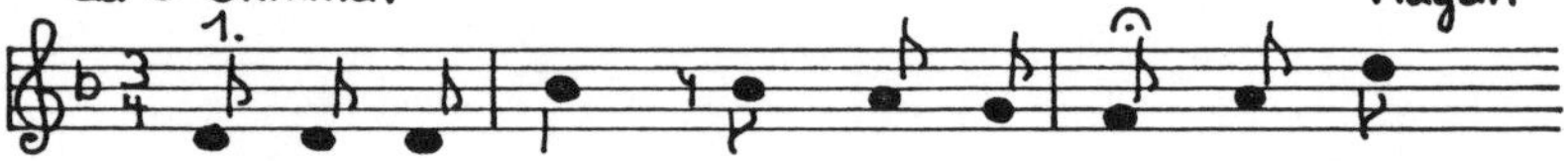

Wer nimmer traut, wird leicht be-rückt, wird leicht

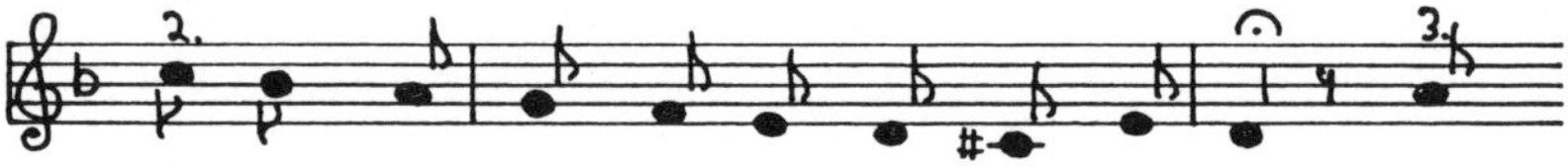

be rückt, wird leicht be-rückt, wird leicht be-rückt, wer

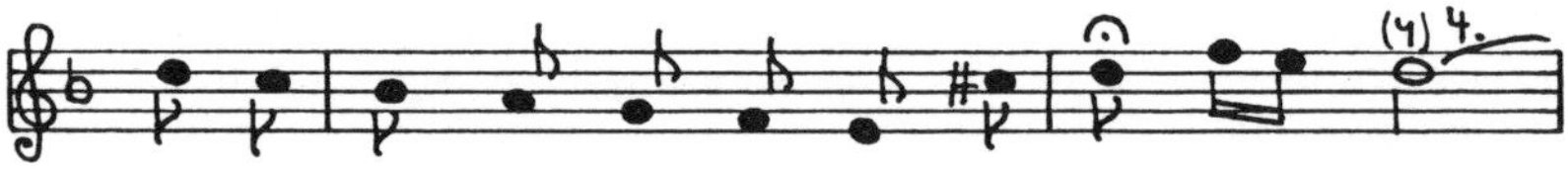

nimmer traut, wird leicht, wird leicht be-rückt, wird leicht,

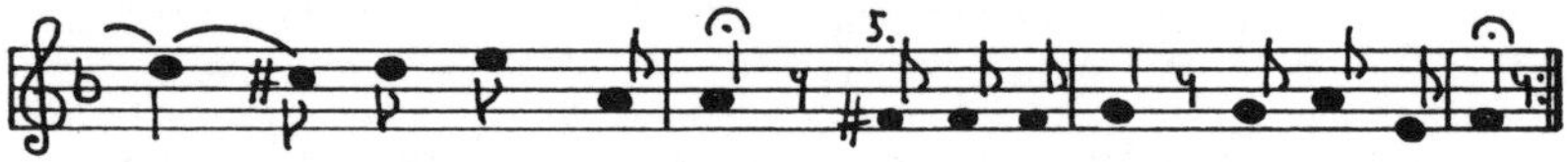

wird leicht berückt, wer nimmer traut, wird leicht berückt.

Mich brennts in meinen Reiseschuhn

Cesar Bresgen, * 1913

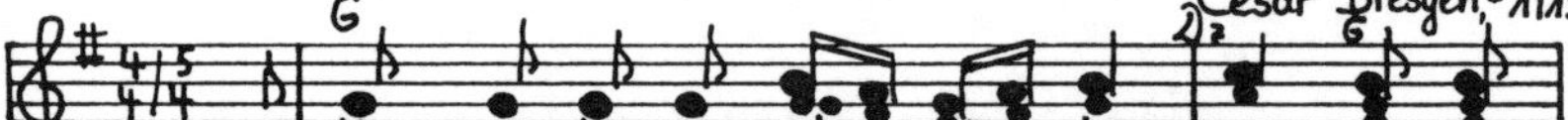

1. Mich brennts in mei-nen Rei — se — schuhn, fort mit der

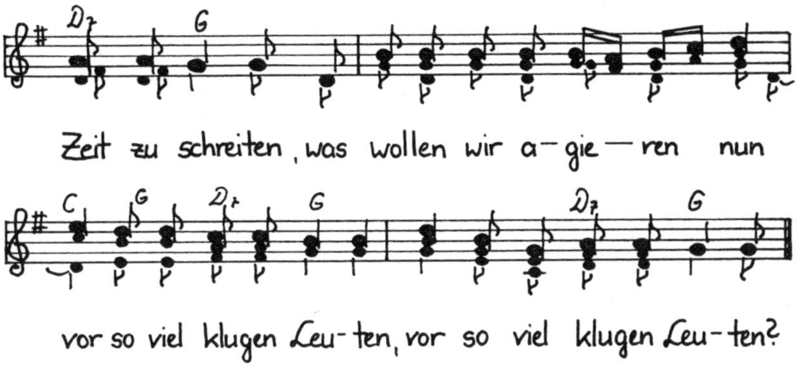

2. Es hebt das Dach sich von dem Haus, und die Kulissen rühren
und strecken sich zum Himmel raus, Strom, Wälder musizieren!

3. Da gehn die einen müde fort, die andern nahn behende,
das alte Stück, man spielts so fort und kriegt es nie zu Ende.

4. Und keiner kennt den letzten Akt von allen, die da spielen,
nur der da droben schlägt den Takt, weiß, wo das hin will zielen.

Joseph von Eichendorff, 1788–1857

Alles ist eitel

zu 3 Stimmen

W: Theophil Rothenberg, 1942

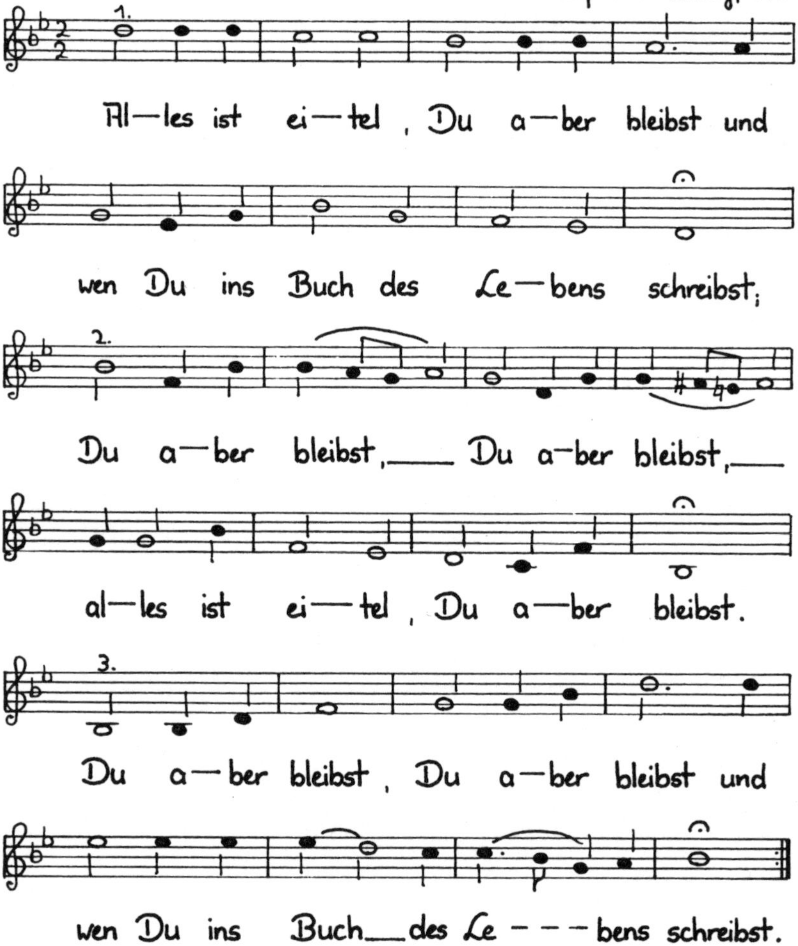

(Gerhard Fritsche)

Sehnsucht

zu 4 Stimmen

Brahms

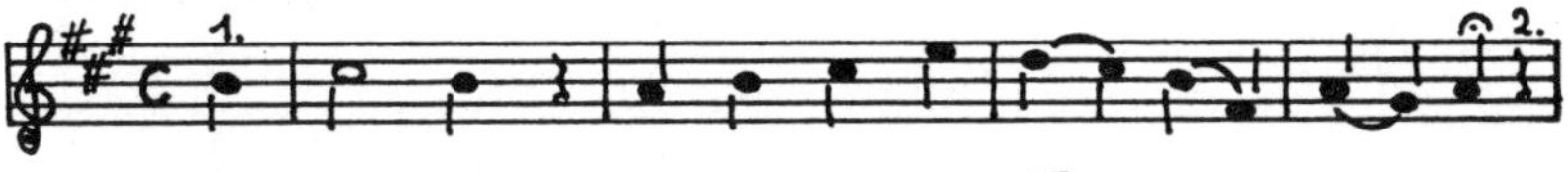

Ich weiß nicht, was im Hain die Tau-be gir-ret!

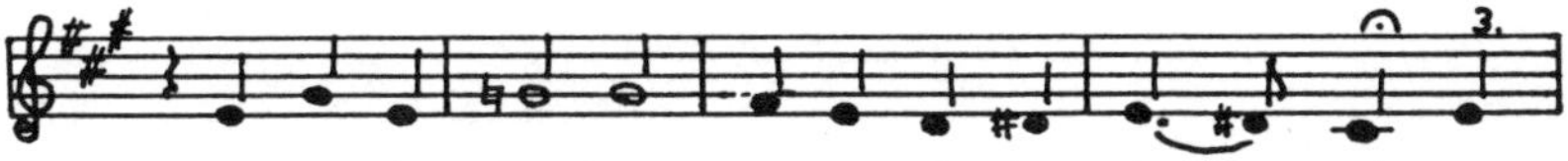

Ob sie be-trübt wie meine Seele har — ret des

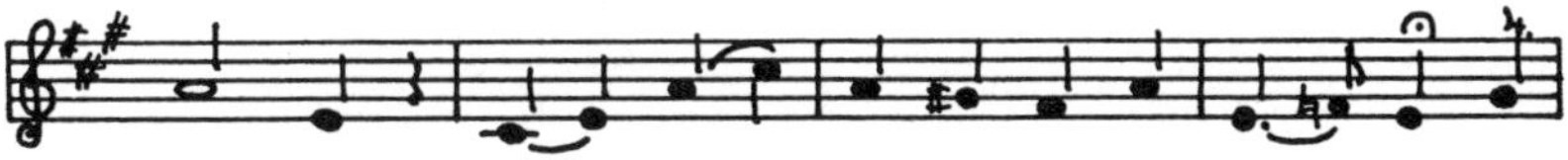

Freundes, der von ihr sich hat ver ir — ret? Des

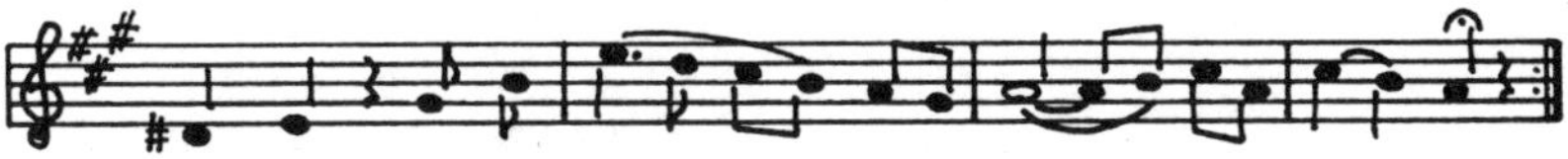

Freundes, der von ihr —— sich hat ver-ir-ret?

Nacht bricht an

zu 4 Stimmen

Karl Marx, *1897

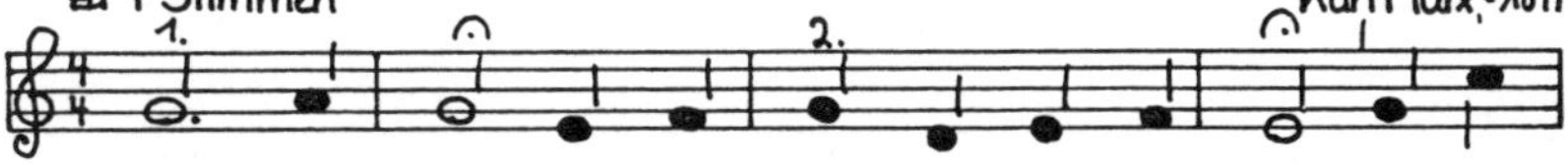

Nacht bricht an, un-ser Tagwerk ist ge-tan, bis der

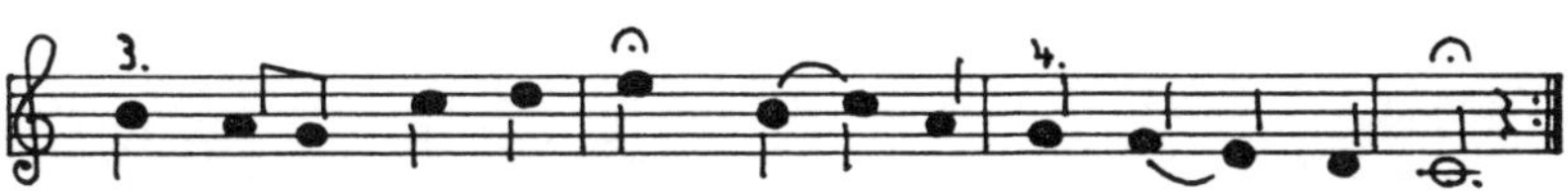

Mor-gen wieder lacht: gu — te Nacht, gu — te Nacht.

Martin, lieber Herre

Aus Oberösterreich, um 1400

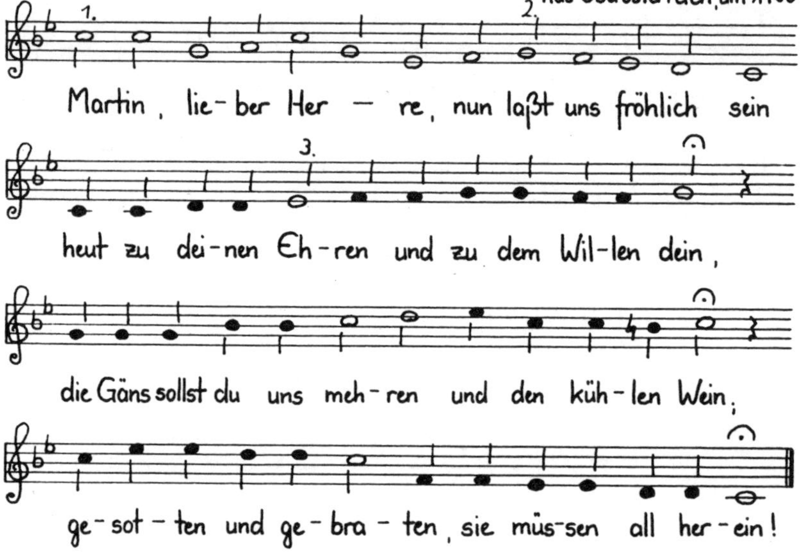

Wenn die Rose

Lothar Reubke * 1934

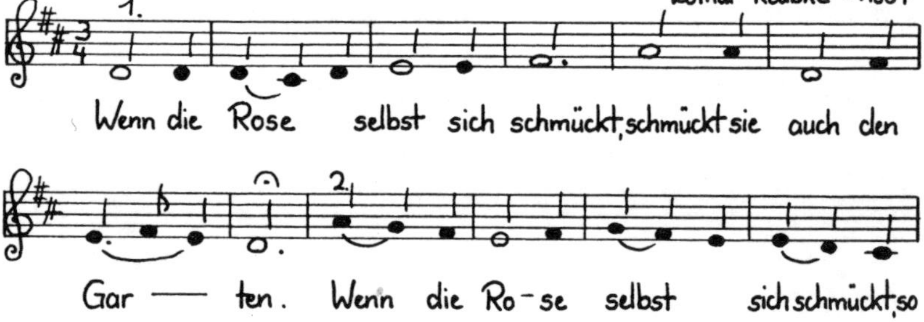

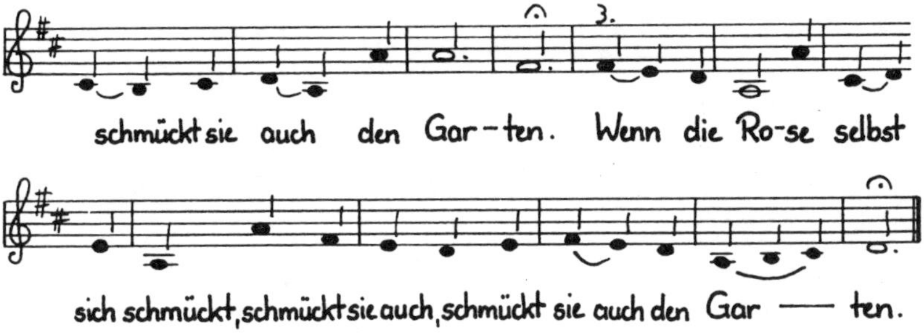

LOB DER MUSIK

zu 2 Stimmen

Paul Hindemith, 1895-1963

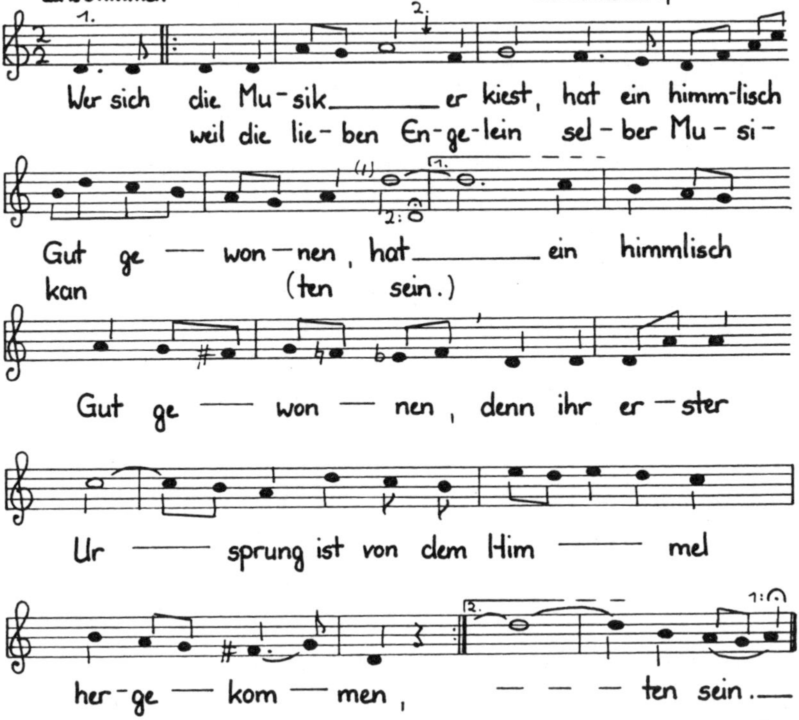

Sommerkanon

zu 7 Stimmen

Altenglisch
aus dem 13. Jahrhundert

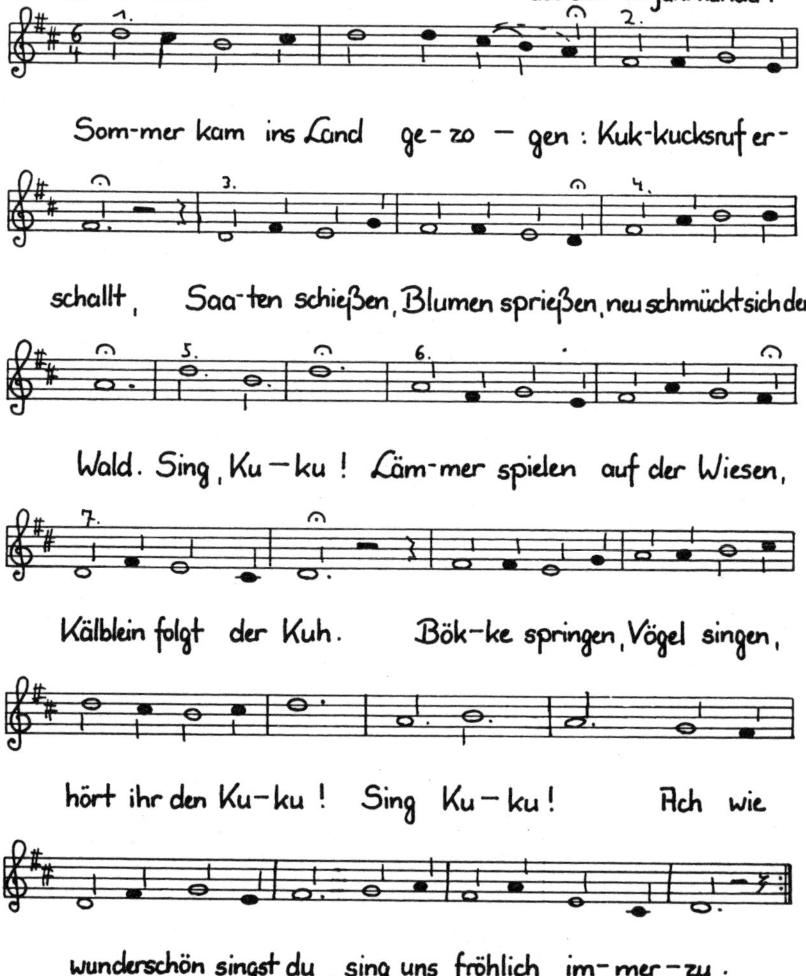

Nachtigallenkanon

zu 4 Stimmen (J. v. Eichendorff) Klaus Knigge 1980

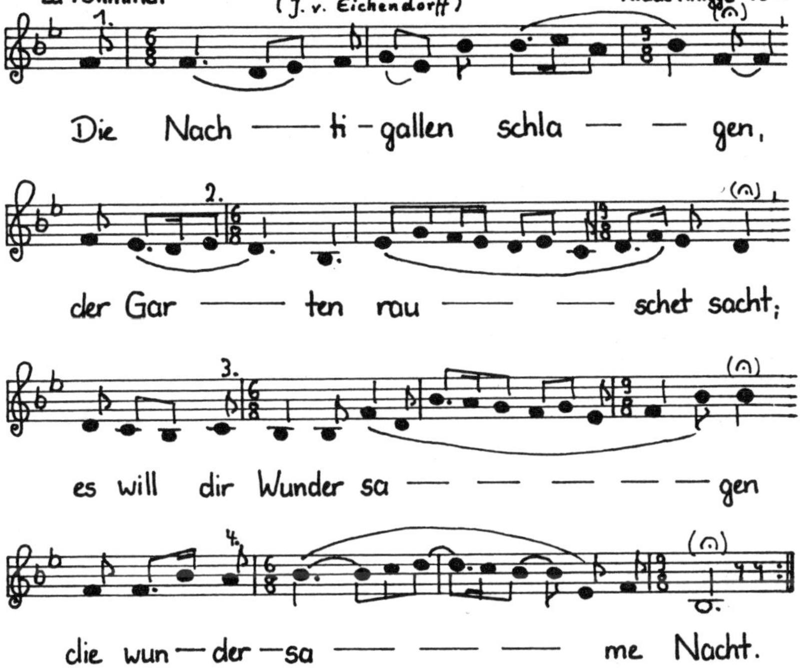

Ruhet von des Tages Müh

zu 4 Stimmen Martin Hesekiel

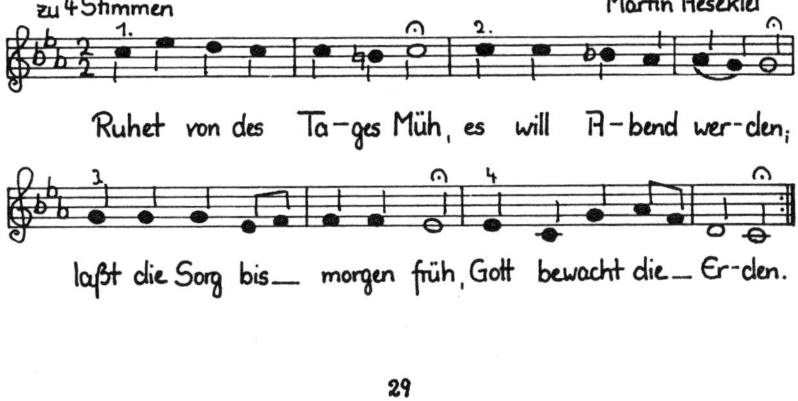

Siehe ich sende

Werner Gneist

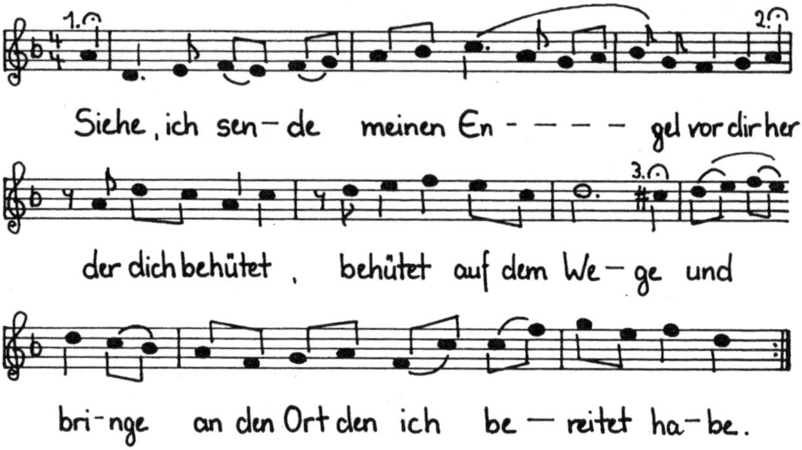

Denkend das Dunkle

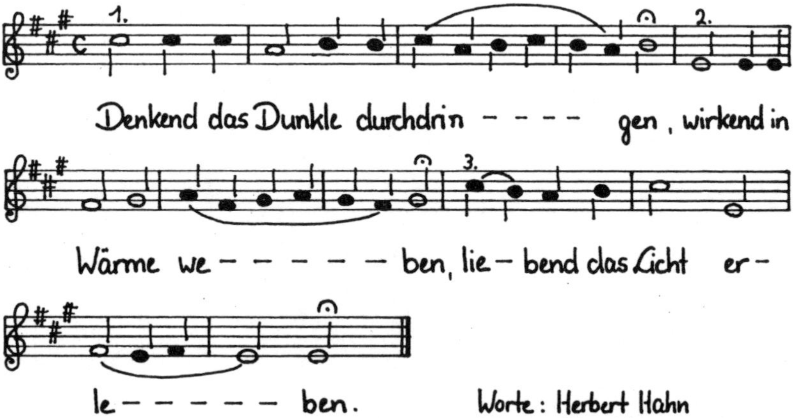

Worte: Herbert Hahn
Weise: Alois Künstler

Once in our lifes

zu 3 Stimmen

H. Purcell

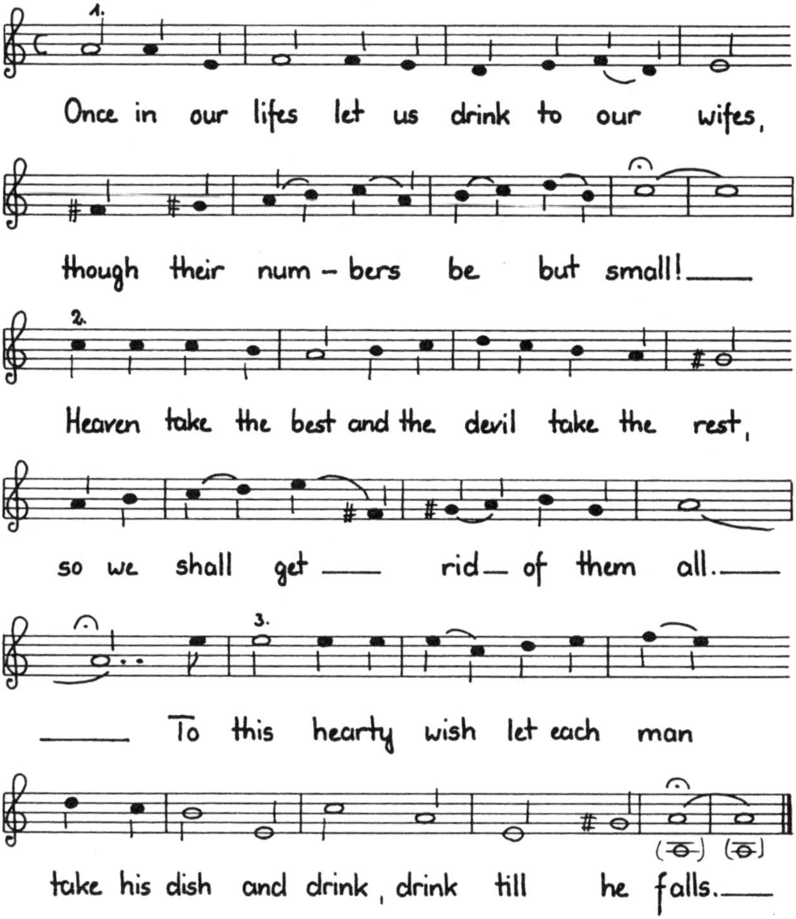

Wir reiten geschwinde

zu 3 Stimmen | nach mündlicher Überlieferung

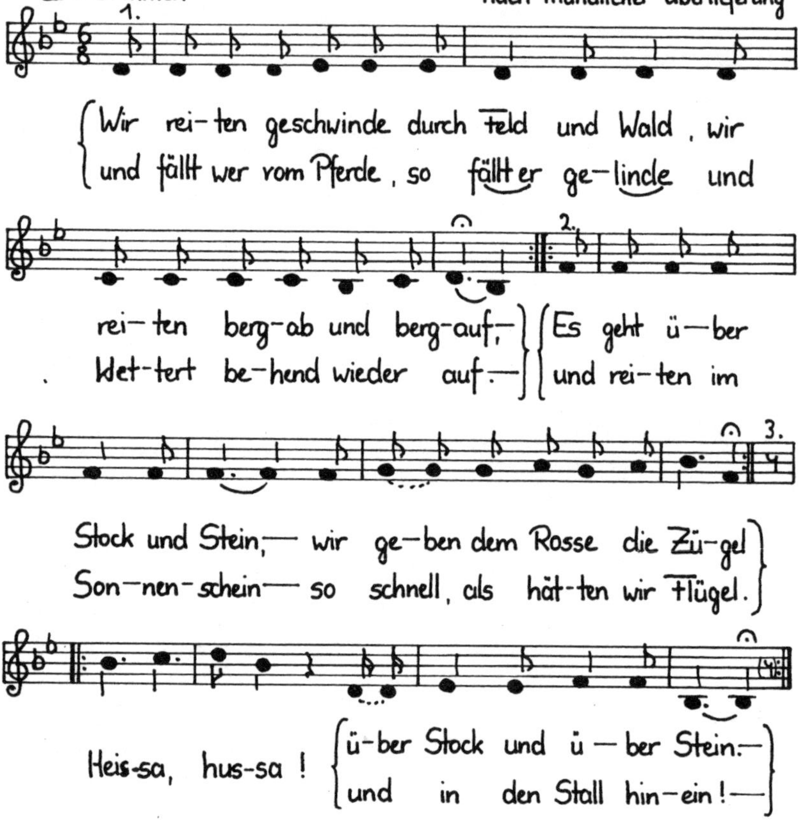

Aus der Nacht tiefdunklem Schatten

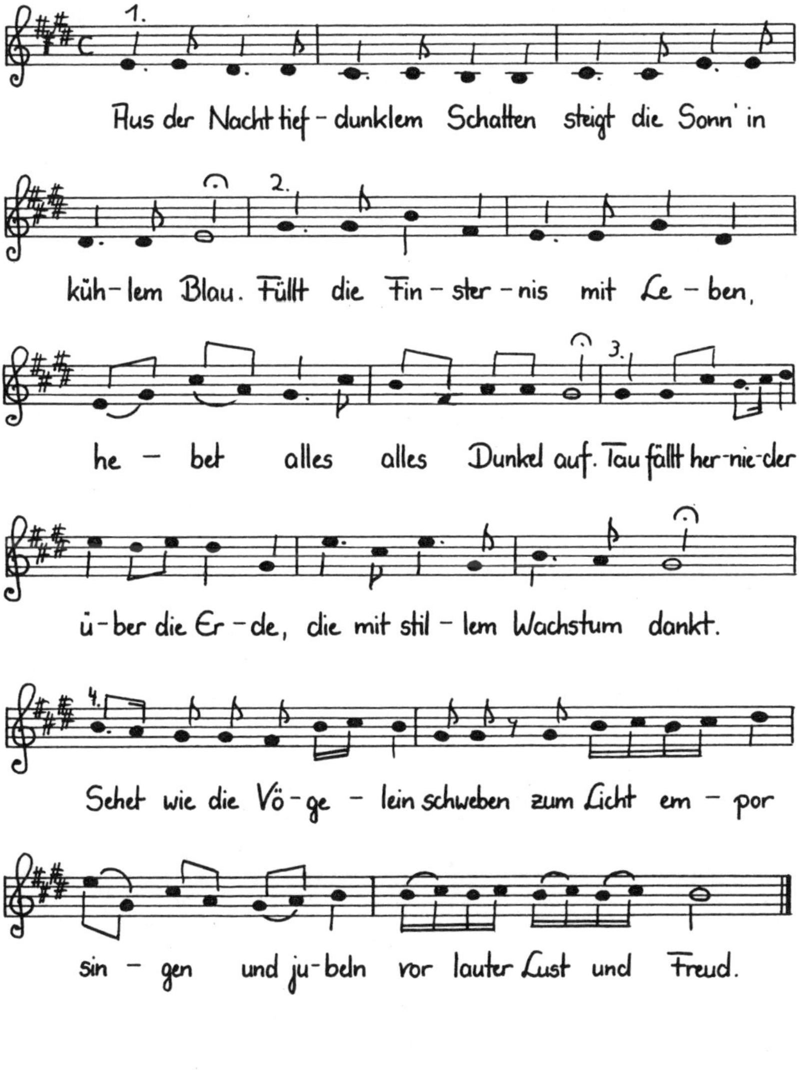

Nachtigallenkanon

zu 3 Stimmen — Haydn

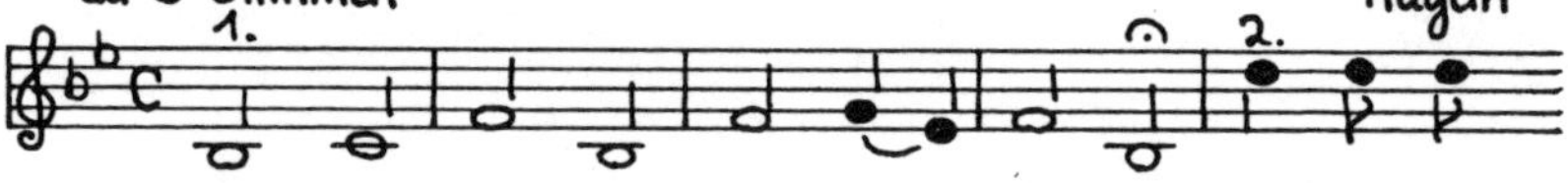

Al — les schweiget, Nachti — gal - len locken mit

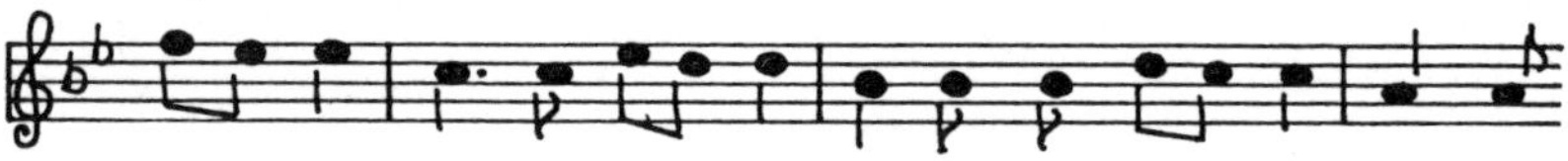

sü — ßen Me - lo - di — en Tränen ins Au — ge, Schwermut

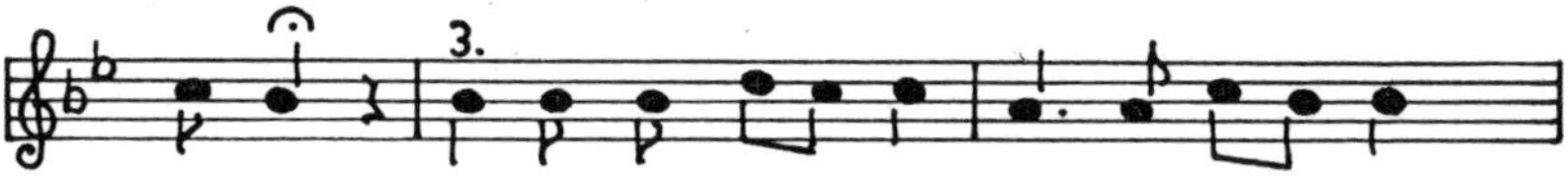

ins Herz, locken mit sü — ßen Me - lo - di — en

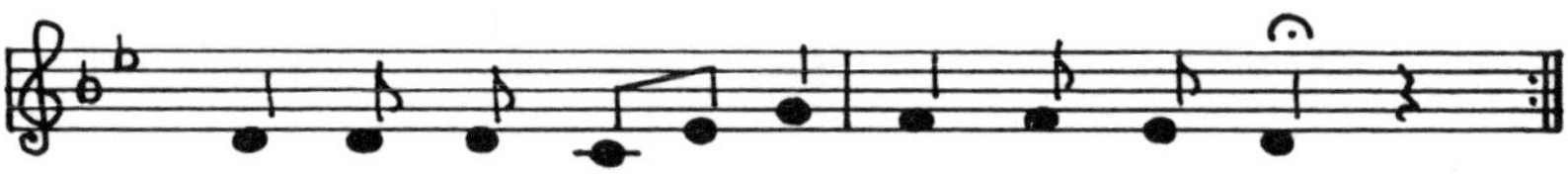

Tränen ins Au — ge, Schwermut ins Herz.

Kein schöner Land

Volksweise, 19. Jahrhundert

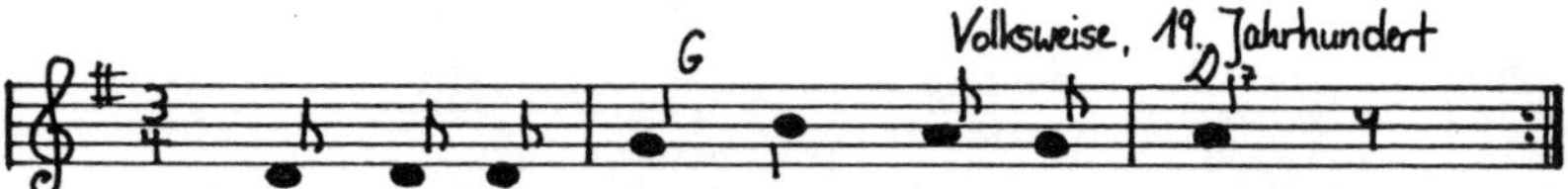

1. Kein schöner Land in die - ser Zeit
als hier das uns — re weit und breit,

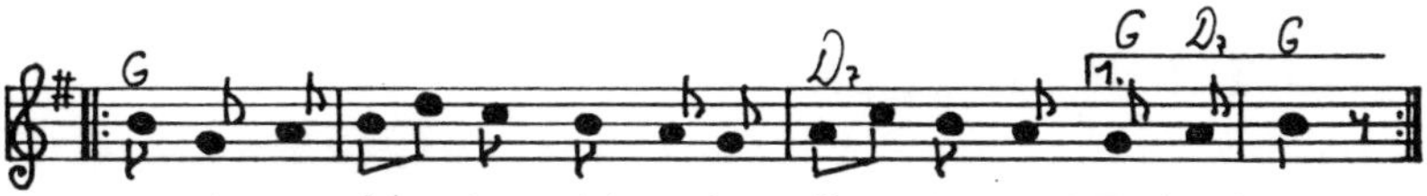

wo wir uns fin- den wohl unter Lin- den zur A- bend- zeit,

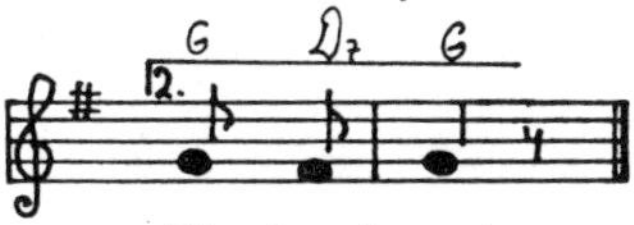

A— bend— zeit.

Da haben wir so manche Stund gesessen da in froher Rund
und taten singen, die Lieder klingen im Eichengrund.
Daß wir uns hier in diesem Tal noch treffen so viel hundertmal:
Gott mag es schenken, Gott mag es lenken, er hat die Gnad.
Nun Brüder, eine gute Nacht! Der Herr im hohen Himmel wacht.
In seiner Güten uns zu behüten, ist er bedacht.

Trara, das tönt wie Jagdgesang

zu 4 Stimmen

Volkstümlich

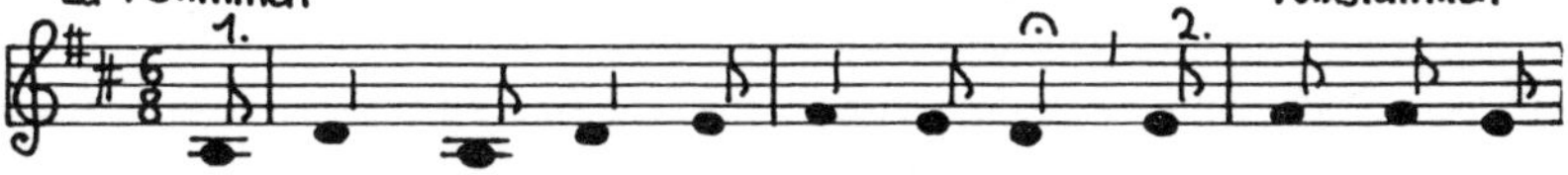

Tra— ra, das tönt wie Jagdgesang, wie wil— der und

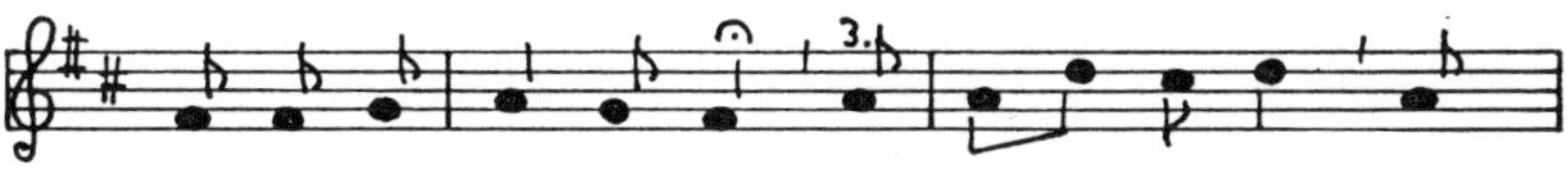

fröh- li- cher Hörnerklang, wie Jagd— gesang, wie

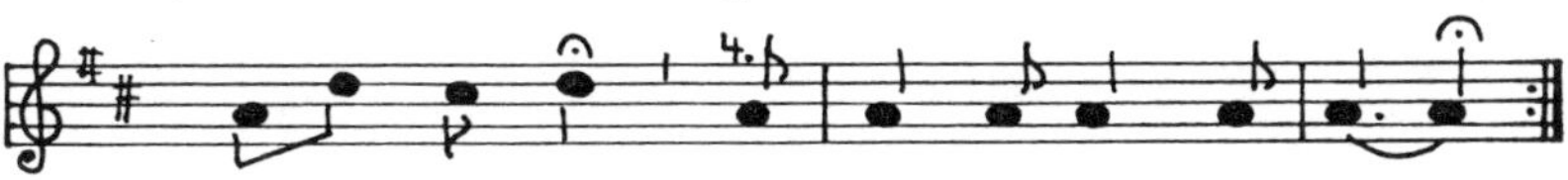

Hör— nerklang, tra— ra, tra- ra, tra- ra! —

O du stille Zeit

Cesar Bresgen, * 1913

1. O du stil – le Zeit, kommst, eh wirs ge – dacht.
2. In der Ein sam keit rauscht es nun so sacht.

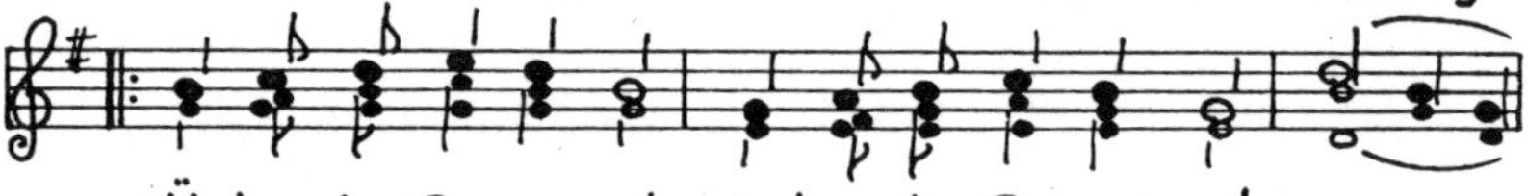

Ü – ber die Berge weit, ü – ber die Berge weit, gu –

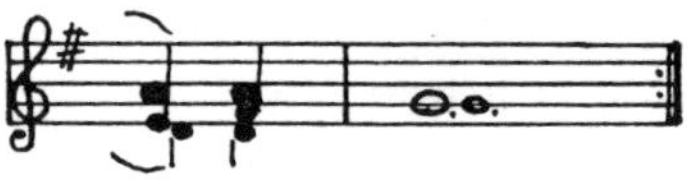

– te Nacht!

nach Joseph von Eichendorff, 1788–1857

Blau ist der Himmel

Finnisches Volkslied
S: Klaus Knigge

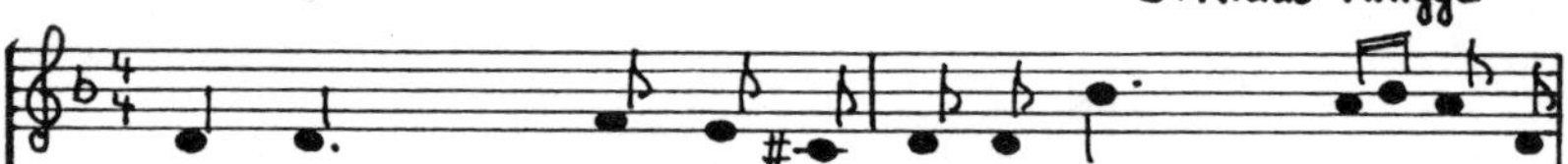

1. Blau ist der Himmel, weiße Wol – ken ziehn da-
nachts stehn die Sterne strahlend ü – ber meinem

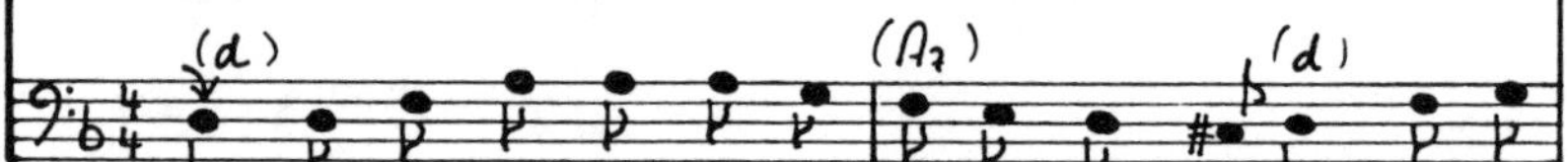

Blau ist der Himmel weiße Wolken ziehn dahin, und der
nachts stehn die Sterne strahlend über meinem Haupt, fern am

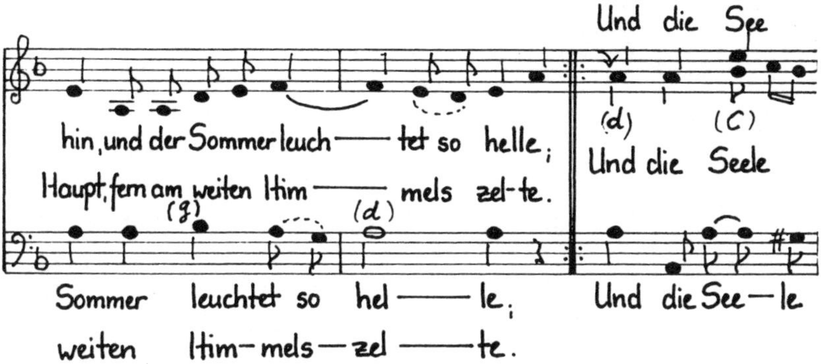

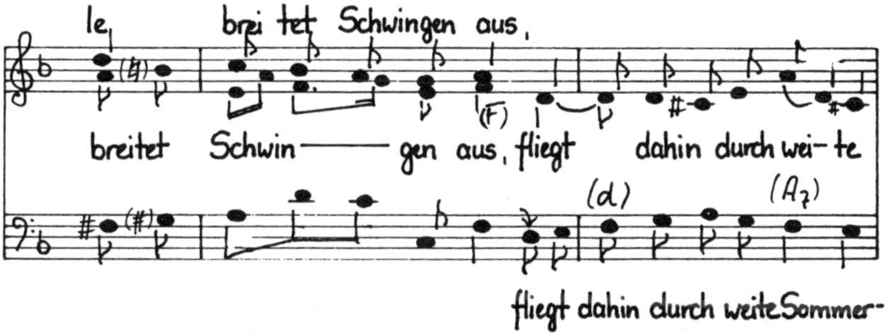

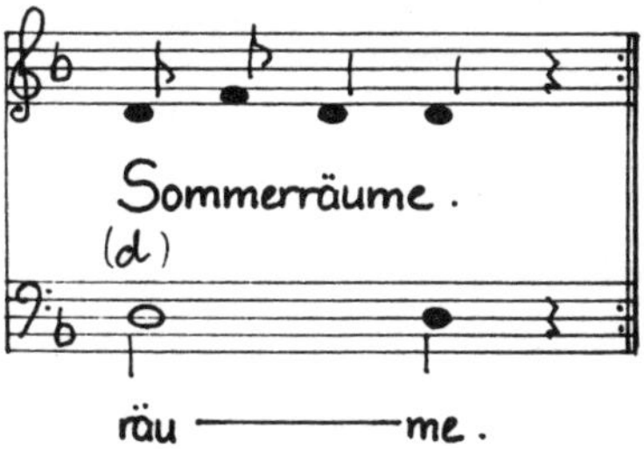

2\. Bald ziehn die Herbststürme über
unser Land
und der Schnee deckt weithin
die Felder;
schwarz liegt das Wasser,
Mondlicht spiegelt sich nicht mehr
und kein Lied belebt die Wälder.
|: Ihre Heimat sucht die Seele dann
in den dunklen, dunklen
Einsamkeiten. :|

(siehe Anhang)

Drei Zigeuner fand ich einmal

Satz: W. Gohl

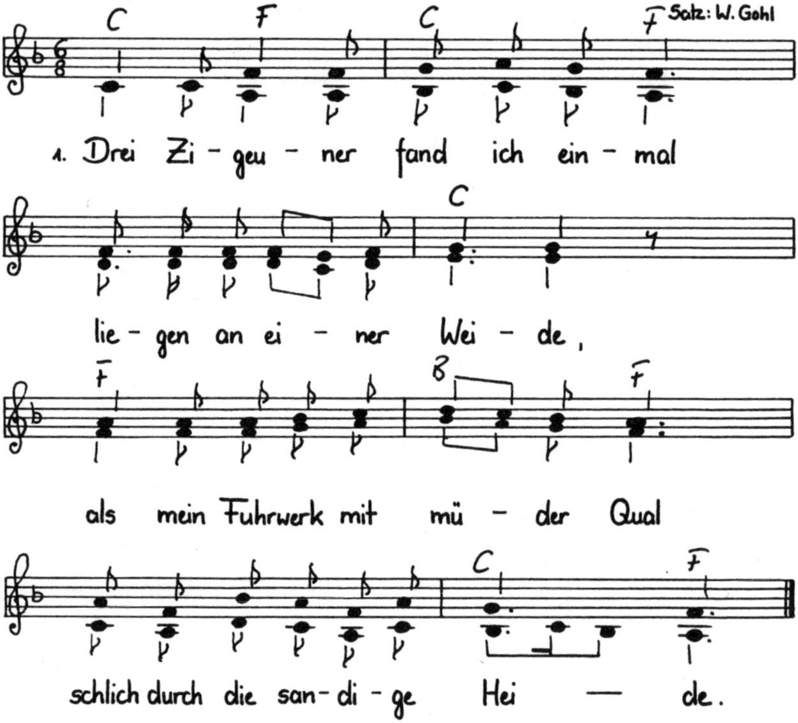

2. Hielt der eine für sich allein
in den Händen die Fiedel,
spielte umglüht vom Abendschein,
sich ein feuriges Liedel.

3. Hielt der zweite die Pfeif im Mund,
blickte nach seinem Rauche,
als ob er vom Erdenrund
nichts zum Glück mehr gebrauche.

4. Und der dritte behaglich schlief
und sein' Harfe am Baum hing,
über die Saiten ein Windhauch lief,
über sein Herze ein Traum ging.

5. An den Kleidern trugen die drei
Löcher und bunte Flicken,
aber sie boten trotzig und frei
Spott den Erdengeschicken.

6. Dreifach haben sie mir gezeigt,
wenn uns das Leben umnachtet,
wie man's verraucht, verschläft und vergeigt
und wie man es dreimal verachtet.

7. Nach den Zigeunern lange noch
schau'n mußt ich im Weiterfahren,
nach den Gesichtern dunkelbraun,
nach den schwarzlockigen Haaren.

Text: Nikolaus Lenau

Melodie: Aus der frühen Jugendbewegung

Einsam wandre ich

russische Volksweise
nach einem Gedicht von M. Lermontow

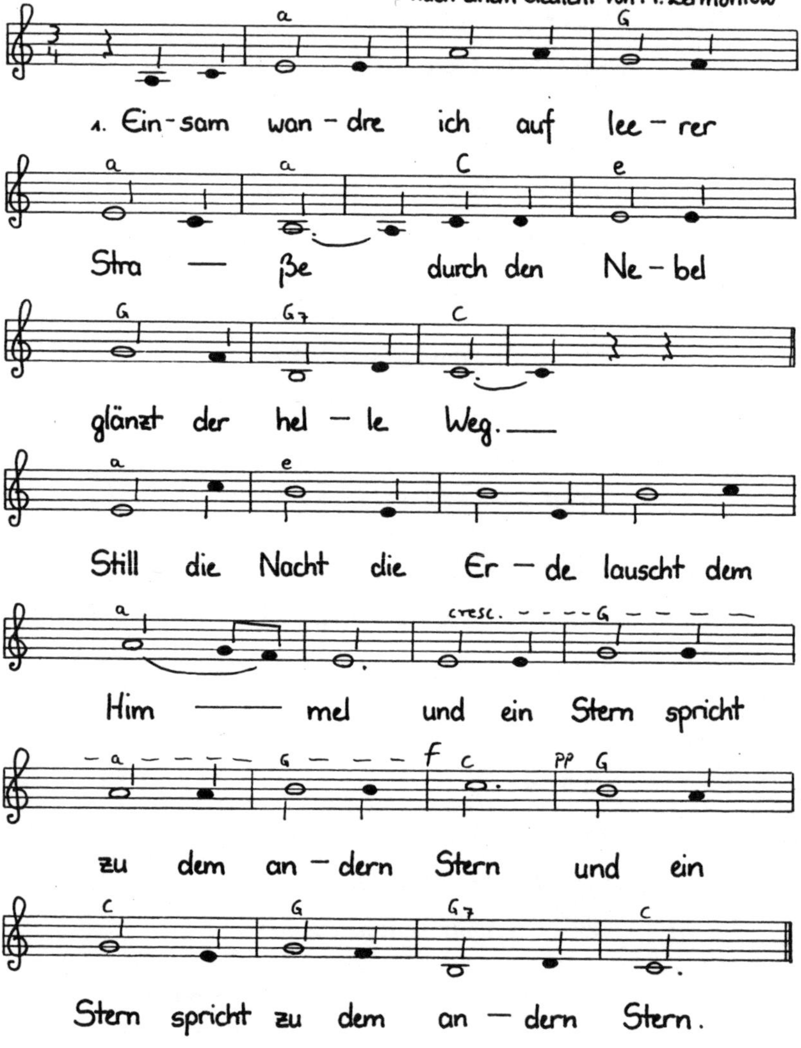

2. Unermeßlich hoch und fern der Himmel,
und die Erde schläft in blauem Glanz.
Wohin ich, was soll noch aus mir werden,
wohin zieht die Sehnsucht meiner Brust?

3. Nichts mehr wünsche ich von diesem Leben,
keine Freude und auch keine Lust,
nur die Freiheit und der Seele Ruhe,
mich vergessen in dem ew'gen Schlaf.

4. Doch nicht in dem kalten Schlaf des Grabes,
ruhen möchte ich auf ewig so:
daß in mir des Lebens Kräfte schlummern,
daß im Atem still sich hebt die Brust.

5. Daß bei Tag, bei Nacht mein Ohr liebkosend
von der Liebe eine Stimme singt,
eine dunkle Eiche ewig grünend
über mich sich neigt und zärtlich rauscht.

Übersetzung D. Hornemann

Sanctus

Franz Schubert
1826 komponiert

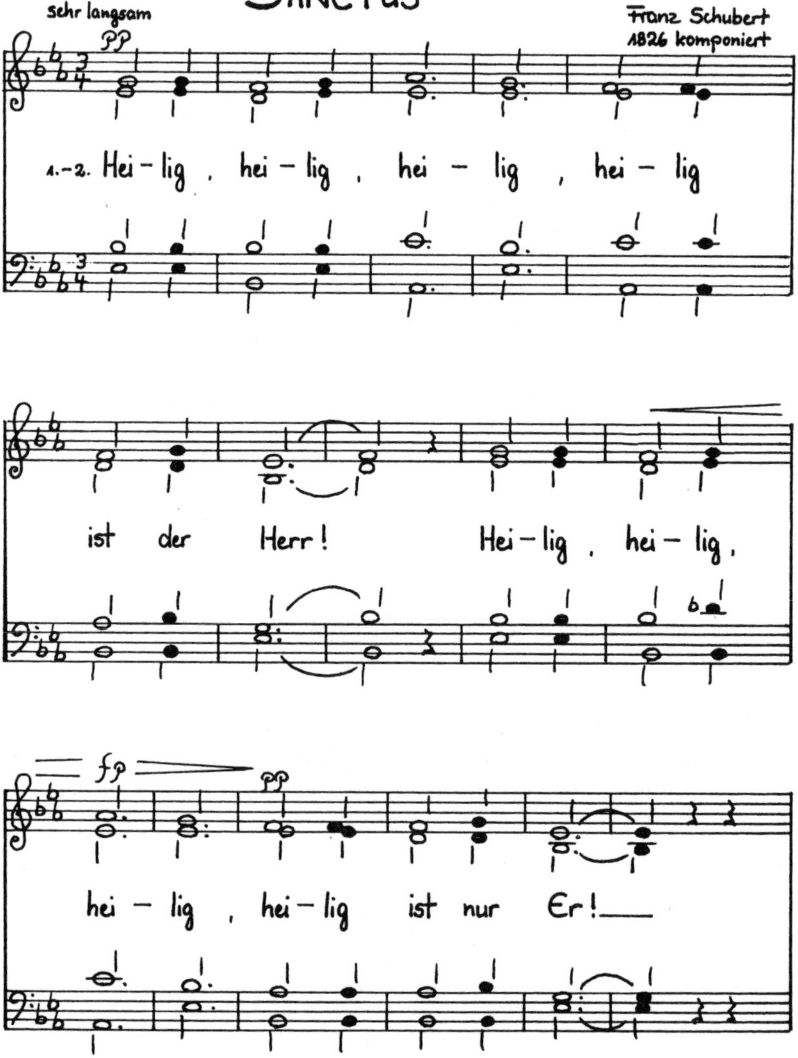

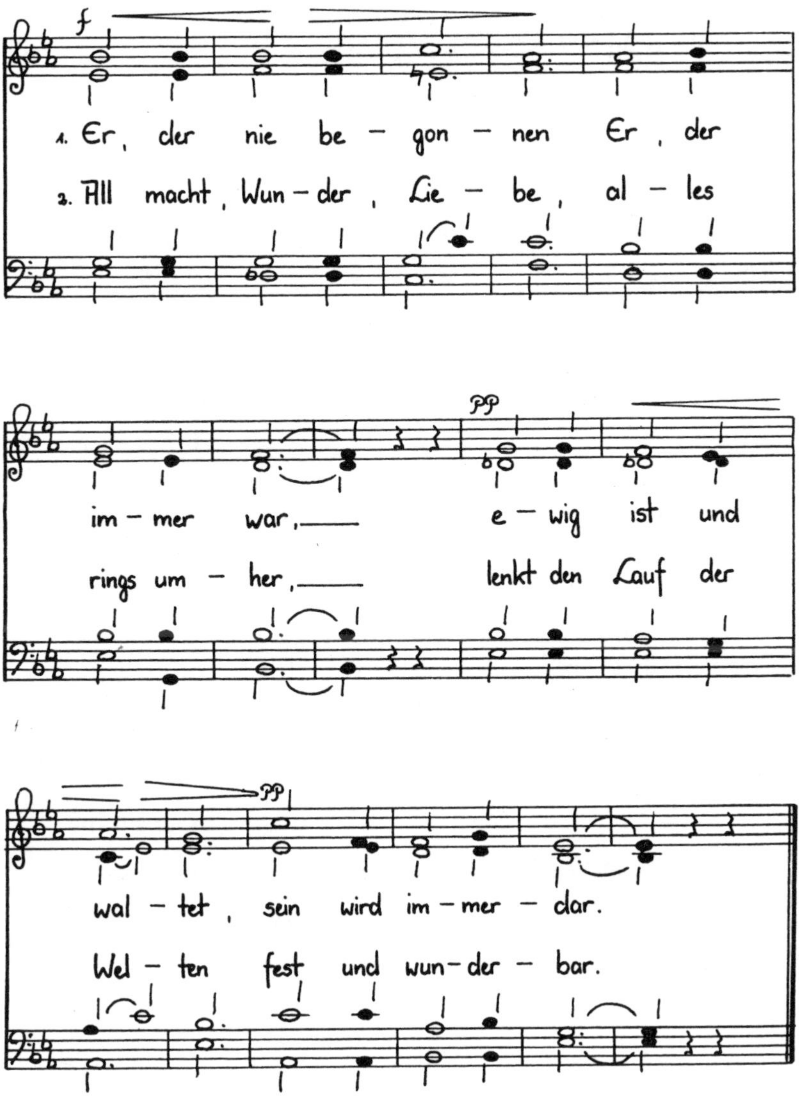
f
1. Er, der nie be - gon - nen Er, der
2. All macht, Wun - der, Lie - be, al - les
im - mer war, ___
rings um - her, ___
pp
e - wig ist und
lenkt den Lauf der
pp
wal - tet, sein wird im - mer - dar.
Wel - ten fest und wun - der - bar.

Behmisches Volkslied

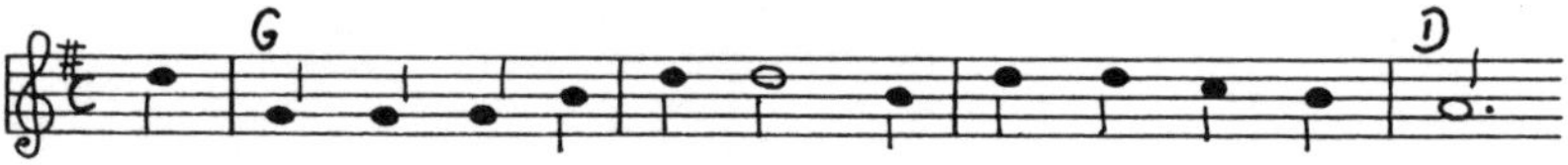

1. Es stehet eine kleine, ein feine Kaplitschka

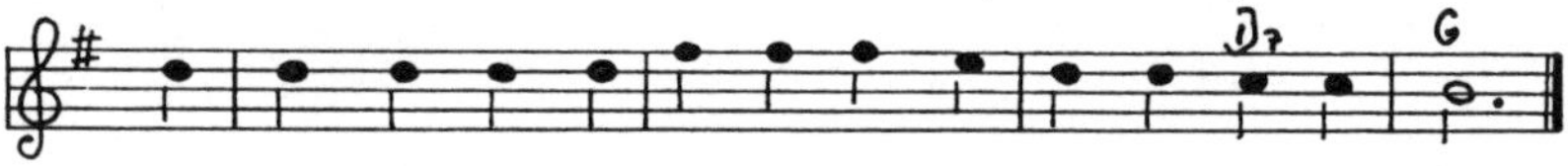

wohl auf dem Berge Politschka im Lande trschs-ka.

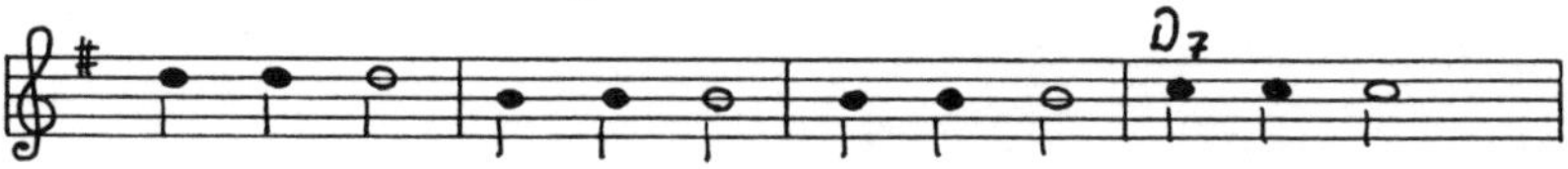

ptschriala ptschriala ptschriala krtschprskrr

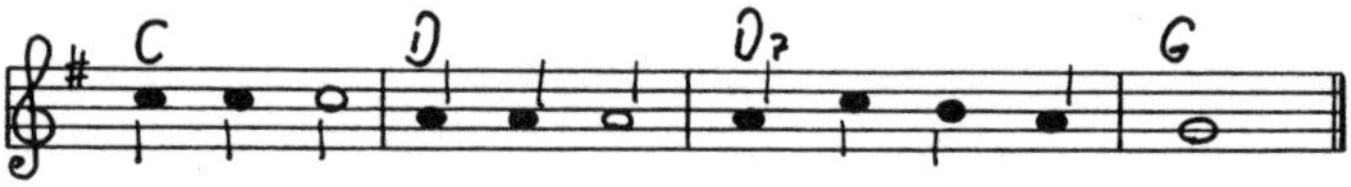

ptschriala ptschriala ptschri-a-lia - la.

2. Darrein sein viele Schätzee
von Gold und von Silberr,
die wollte stehlen Januschek,
behmisches Ra u berr.
Ptschriala . . .

3. Der Rauber at gestolen
dem eiligen Sakkerrment,
dazu der golnen Lampen,
drin ewwiges Funzel brennt.
Ptschriala . . .

4. Der Kustor at vernommen,
daß Rauber drinnen sei,
und steckt Koppschedel seiniges
zu Schlisselloch inei.
Ptschriala . . .

5. Kaum at der Rauber Januschek
den Kustor da derblickt,
da schlägt er ihm an Scheddel
daß ihm das Kopf abfliggt.
Ptschriala . . .

6. Der Rauber kommt in Immel,
der Kustor kommt in Öll,
so lonet Gott das Böse
und straft das Gute schnell.
Ptschriala . . .

FLAMME EMPOR

zu 4 Stimmen

Christoph Praetorius

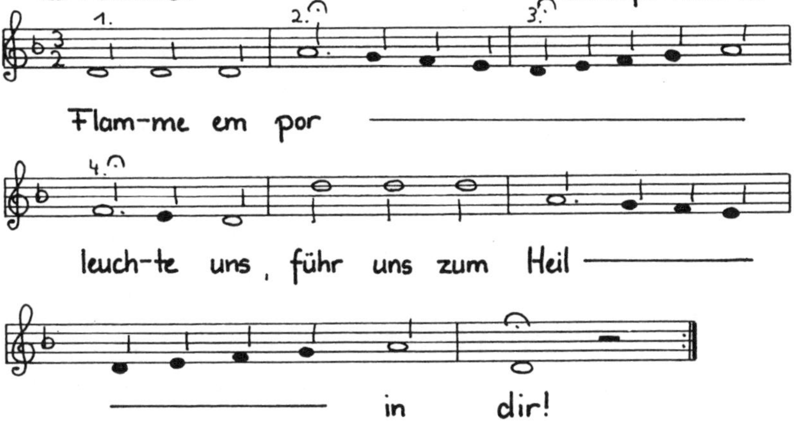

Die Räuberelster

Weise: Walter Scherf
Worte: J. Engelke

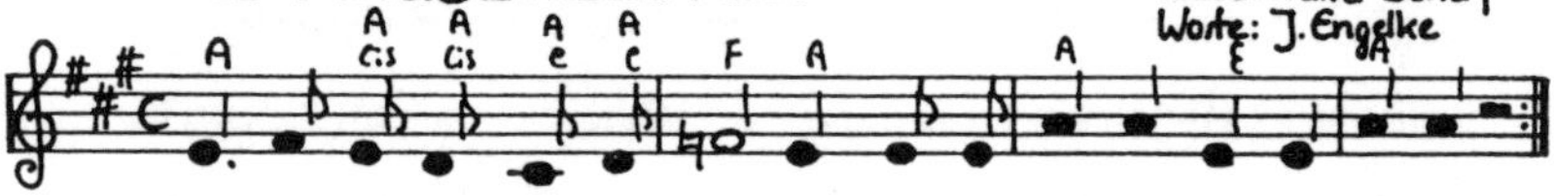

1. Zelte zel-ten die Gendarmen in den Tälern, auf den Almen!
Roten Fez auf sei-nem Kopfe geht der Hauptmann, geht der Fähnrich.

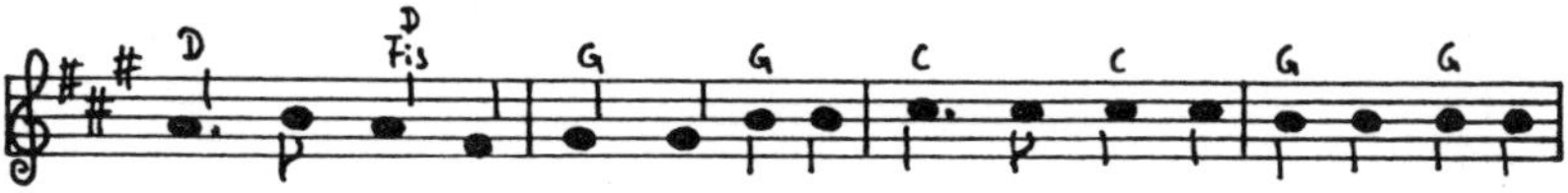

Sah's die Elster, kam geflogen, setzt sich auf dem Steine nieder

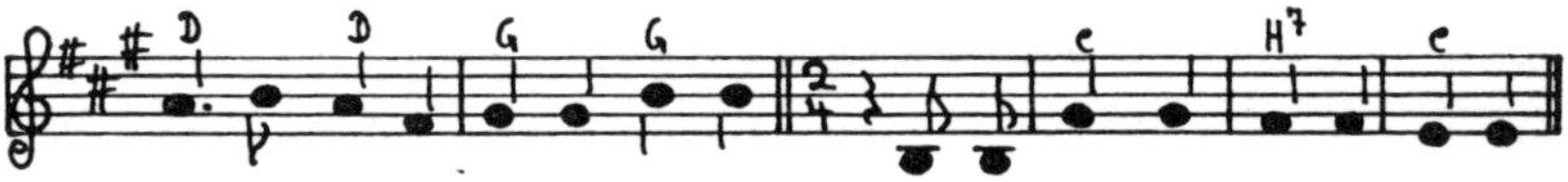

sah die vielen weißen Zelte, sah den Hauptmann, sah den Fähnrich.

2. Liegen droben die Hajduken, liegen trunken in den Wäldern,
in den Wäldern, dunklen Höhlen, trunken liegen die Hajduken.
Sahs die Elster, kam geflogen, setzt sich auf dem Baume nieder,
sah betrunken die Hajduken, sah den vielen weißen Raki.

3. Schreit und schreit die Räuberelster: „kommen hundert Mann
Gendarmen! kommt der Hauptmann, kommt der Fähnrich, hundert
Flinten und Pistolen!" Aj, wie sprangen die Hajduken! Ließen allen
Raki liegen, ließen ihn für die Gendarmen in den dunklen Höhlen liegen.

Zug der Schwäne

Worte: E. Köbel

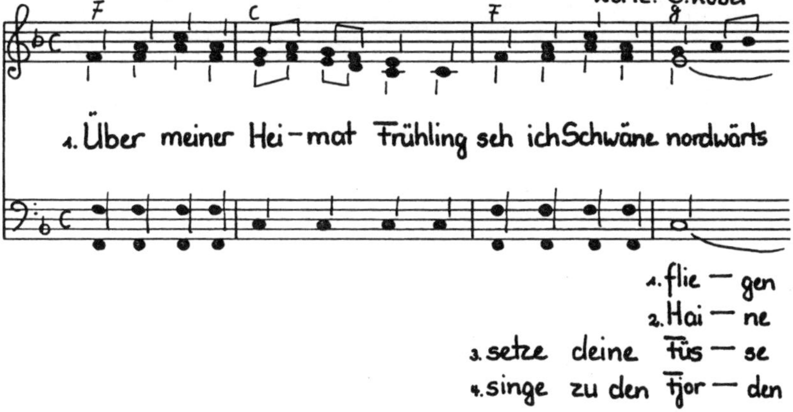

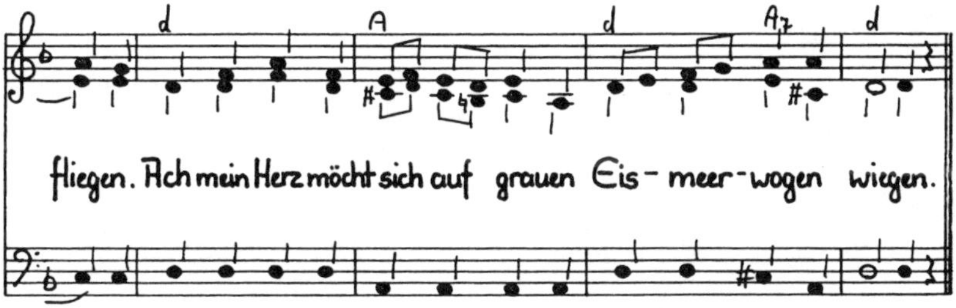

2. Schwan im Singsang deiner Lieder grüß die grünen Birkenhaine.
Alle Rosen gäb ich gerne gegen Nordlands Steine.

3. Grüße Schweden, weißer Vogel! Setz an meiner statt die Füsse
Auf den kalten Fels der Ostsee, sag ihr meine Grüße.

4. Grüß das Eismeer, grüß das Nordkap! Sing den Schären zu,
Den Fjorden, wie ein Schwan sei meine Seele auf dem Weg nach Norden.

(Weise eines alten Kosakenliedes)

GREENSLEEVES

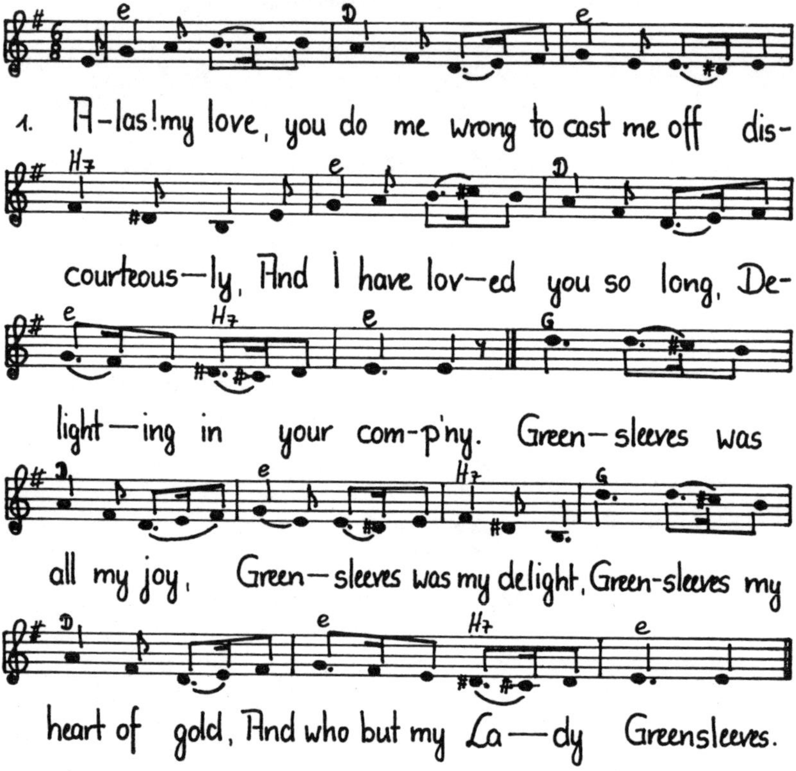

2. I have been ready at your hand
To grant whatever you would crave,
I have both waged life and land,
Your love and good will for to have.

(siehe Anhang)

Aus den hellen Birken

T, W + S: Cesar Bresgen, * 1913

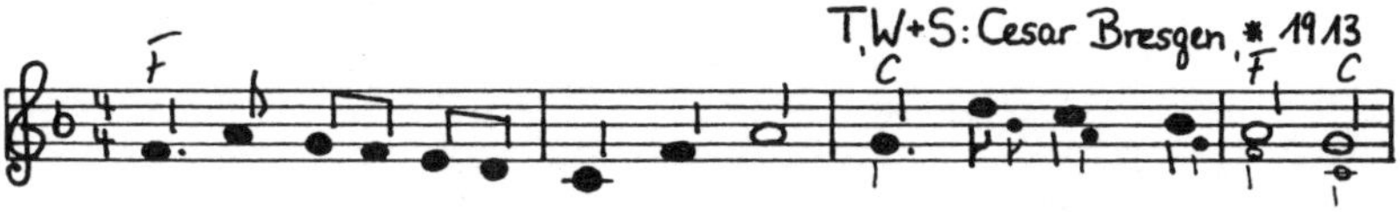

1. Aus den hel — len Bir — ken steigt schon die Sonn ent - ge - gen,

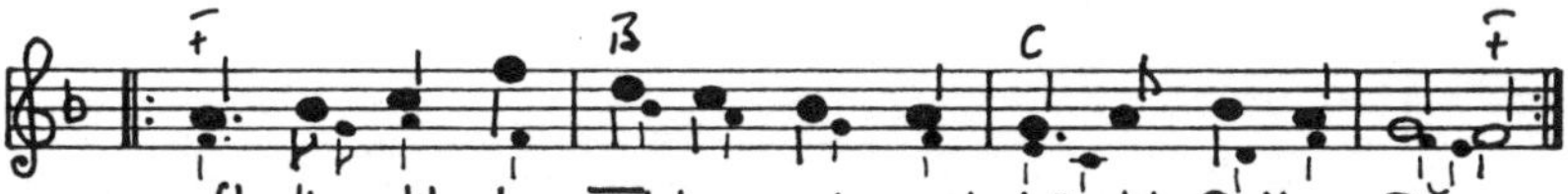

ruft die stil — len Felder wach und kündet Gottes Se - gen.

2. Droben aus dem Walde tönt schon der Vögel Schalle,
grüßt den Tag viel tausendmal und euch, ihr Menschen alle.

3. = 1.

Führ uns zurück

Hebräisches Klagelied

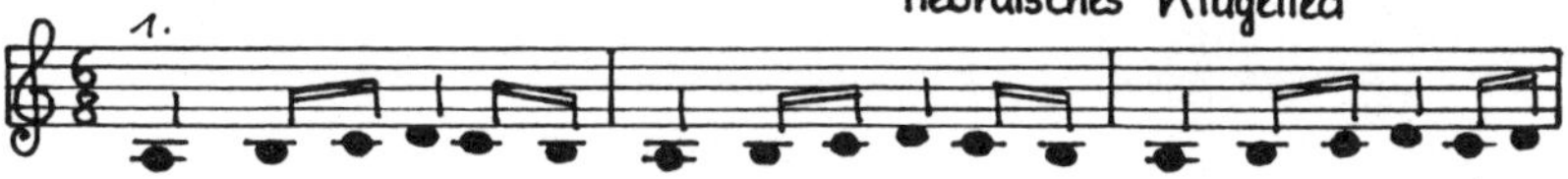

Ha-schi — we-nu , ha-schi - we-nu , a — do — naj e

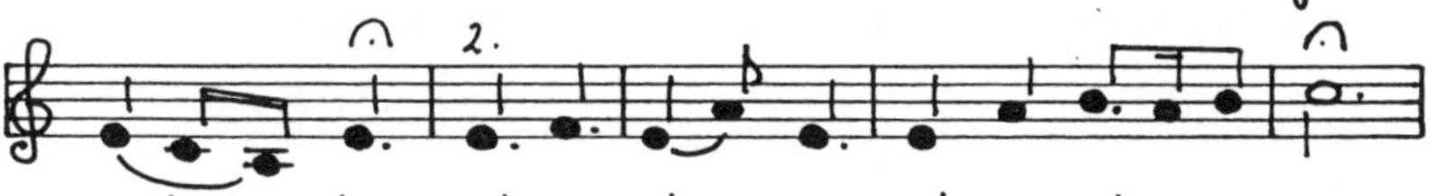

lä — cha , w' — na-schu — wa , w' — na-schu — wa.

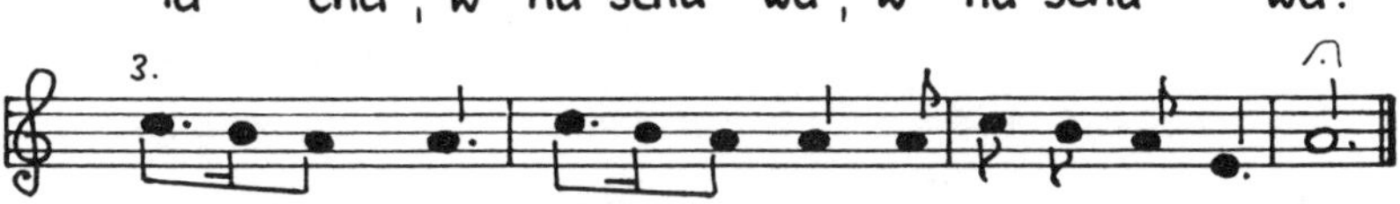

Cha — däsch, cha — desch ja-me-nu-k' — ke dem.

(siehe Anhang)

Morgenlied

T, W+S: Werner Gneist, *1898

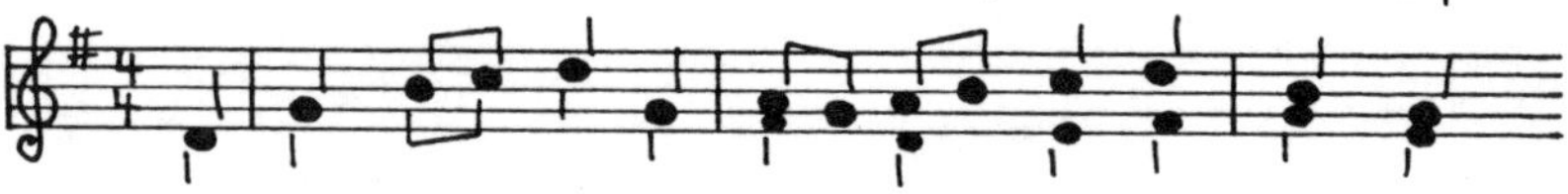

1. Es tagt, der Son-ne Mor-gen-strahl weckt al—le

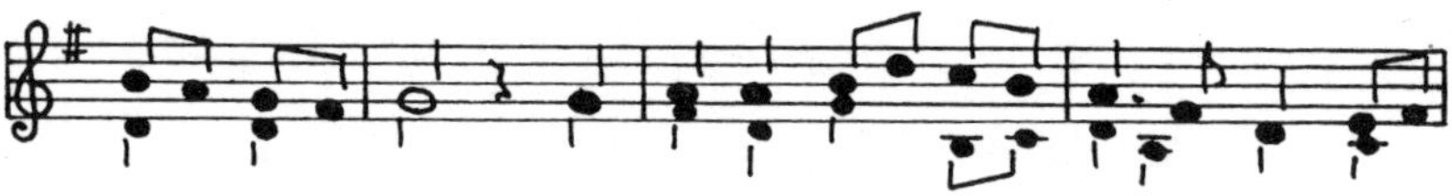

Kre-a—tur. Der Vö-gel fro—her Frühchoral be-

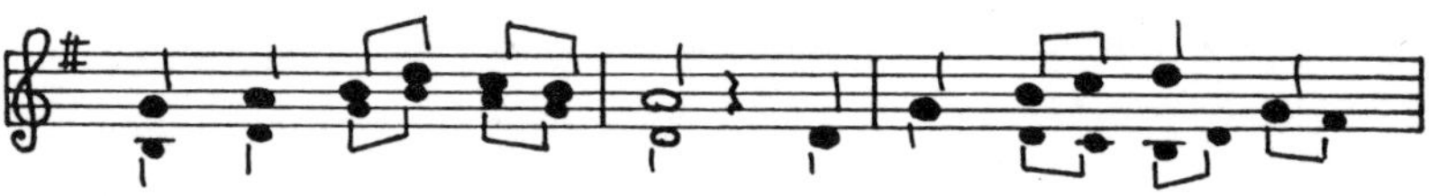

grüßt des Lich-tes Spur. Es singt und ju—belt

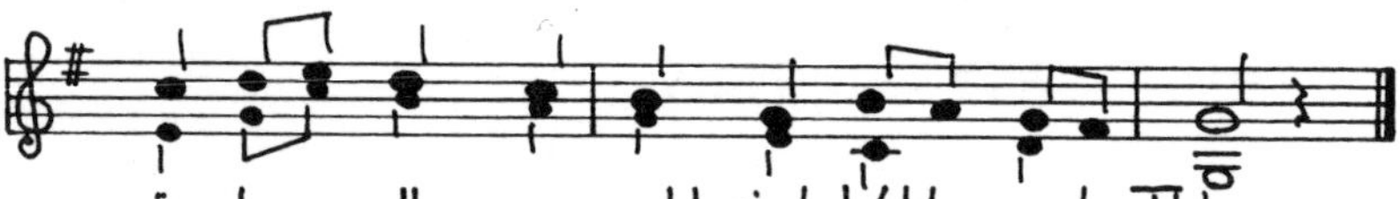

ü—ber—all, er-wacht sind Wald und Flur.

2. Wem nicht geschenkt ein Stimmelein, zu singen froh und frei,
mischt doch darum sein Lob darein mit Gaben mancherlei
und stimmt auf seine Art mit ein, wie schön der Morgen sei.

3. Zuletzt erschwingt sich flammengleich mit Stimmen laut und leis
aus Wald und Feld, aus Bach und Teich, aus aller Schöpfung Kreis
ein Morgenchor, an Freude reich, zu Gottes Lob und Preis.

DER WÄCHTER AUF DEM TÜRMLEIN SASS

Aus Thüringen

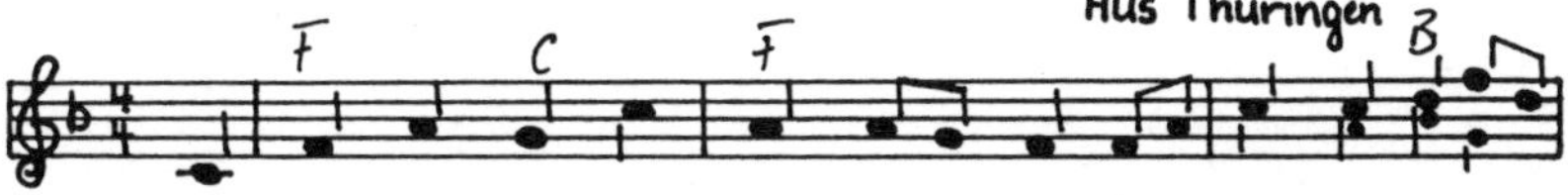

1. Der Wächter auf dem Türm—lein saß und rief mit heller

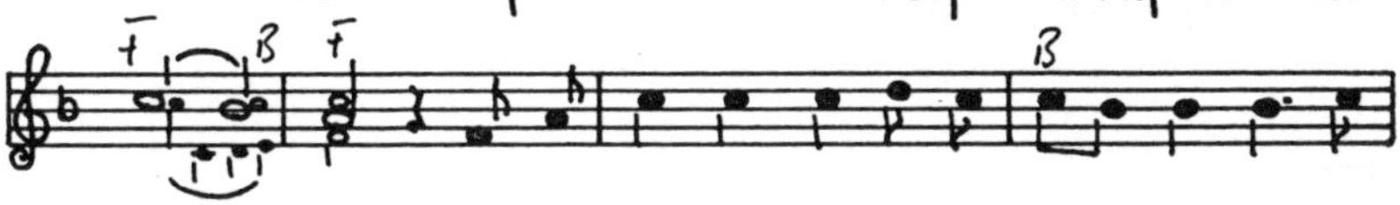

Stim—me: Ist noch ei—ner da, der im Schlummer leit, er

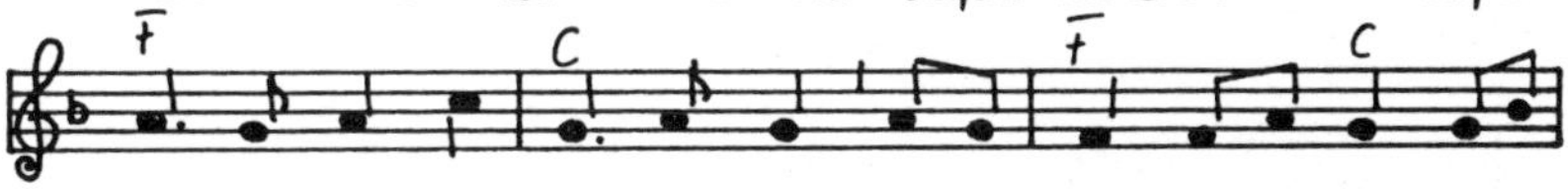

steh nur auf, es ist nun Zeit, der Tag hat sich ge-

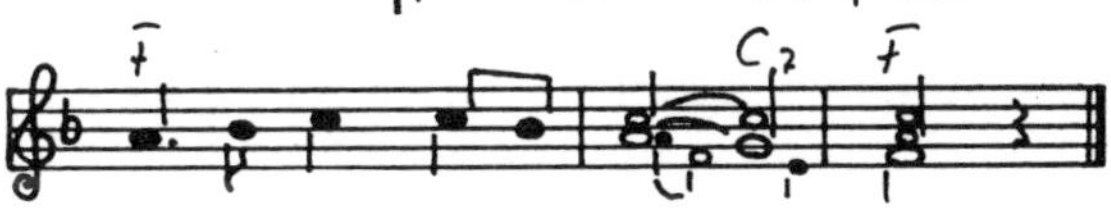

zei — get, ge — zei — get.

2. Die Amseln singen schon im Grund, im Tal die Bächlein springen,
der junge Morgen tut sich kund. Da wollen wir mit Herz und Mund
dem Schöpfer Lob darbringen.

3. Fangt euer Handwerk hurtig an, ihr Leute aller Orten!
Beginnet es mit Fröhlichkeit und seid zu gutem Tun bereit,
bis daß die Sonn sich neiget.

(Str. 2: Felix Oberborbeck)

Jeden Morgen geht die Sonne auf

W: Karl Marx, * 1897 S: G.W.

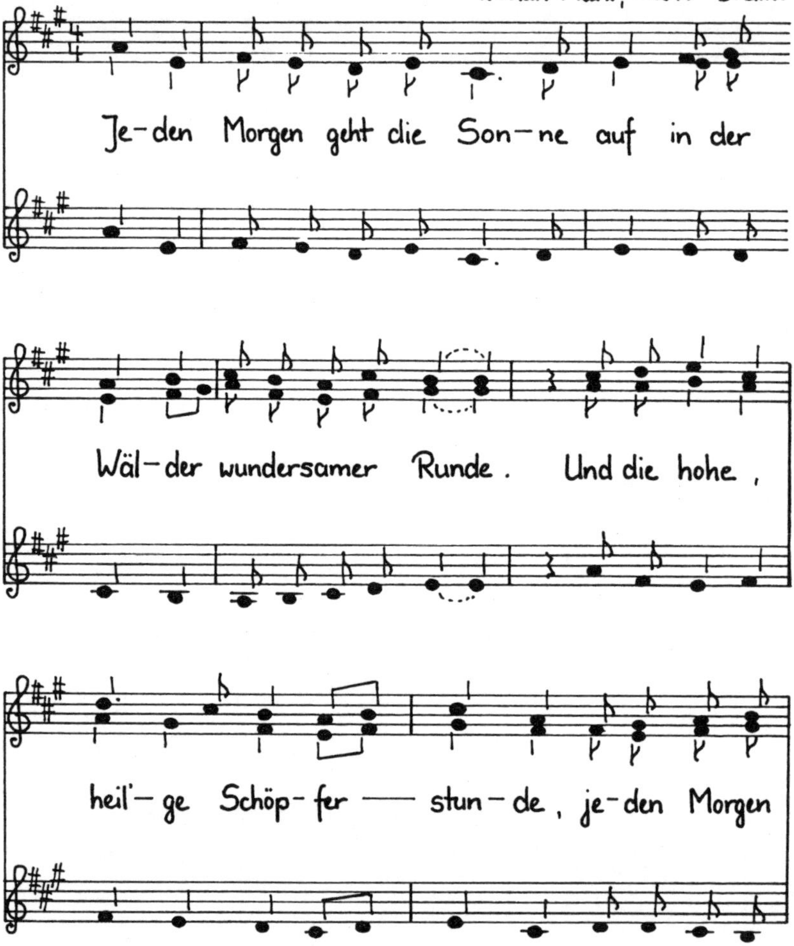

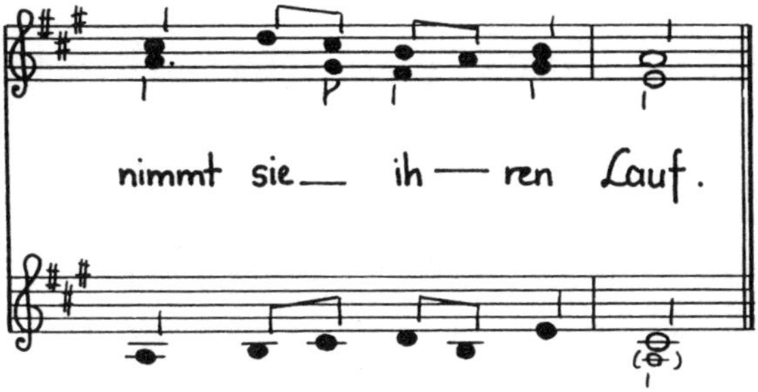

2. Jeden Morgen aus dem Wiesengrund heben weiße Schleier sich ins Licht,
uns der Sonne Morgengang zu künden, ehe sie das Wolkentor durchbricht.

3. Jeden Morgen durch des Waldes Halln hebt der Hirsch sein mächtiges Geweih,
der Pirol und dann die Vöglein alle stimmen an die große Melodei.

Hermann Claudius, *1878

SCHWEBENDER GENIUS

F. Doldinger, 1897–1973

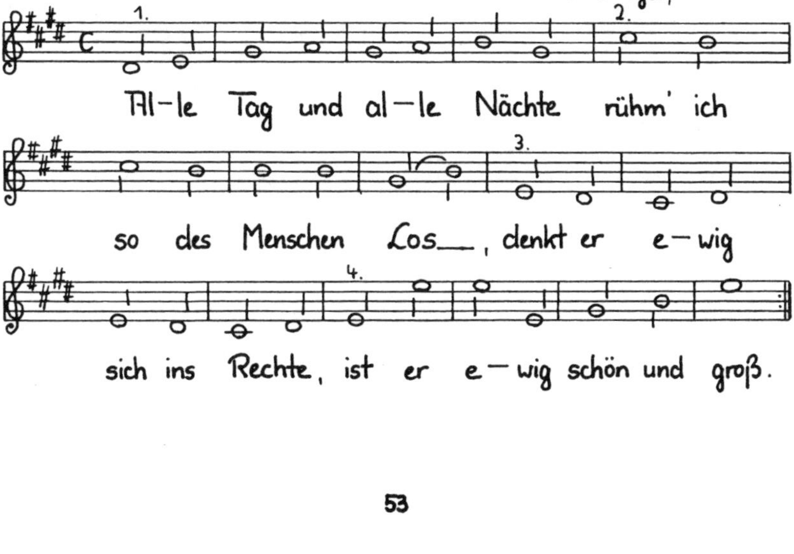

Was noch frisch und jung an Jahren

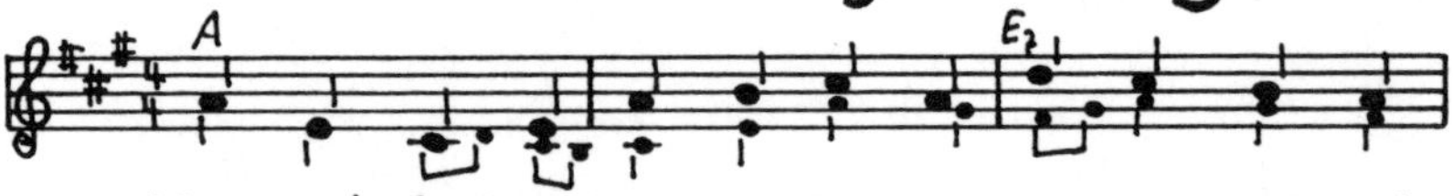

1. Was noch frisch und jung an Jah-ren, das geht jetzt auf
um was Neu-es zu er-fah-ren, keck zu pro-ben

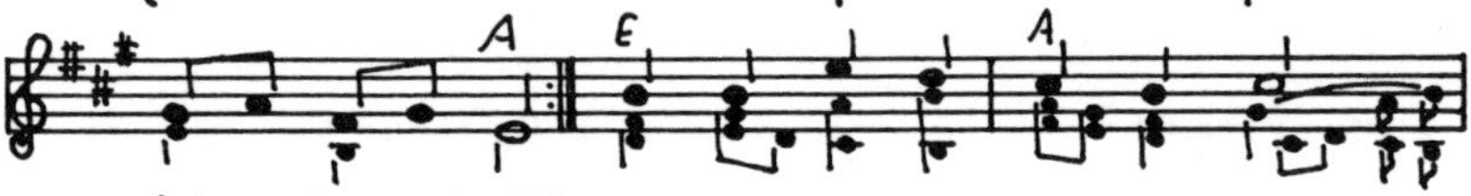

Wan-der-schaft,
sei-ne Kraft. Bleib nicht sit-zen in dein'm Nest,

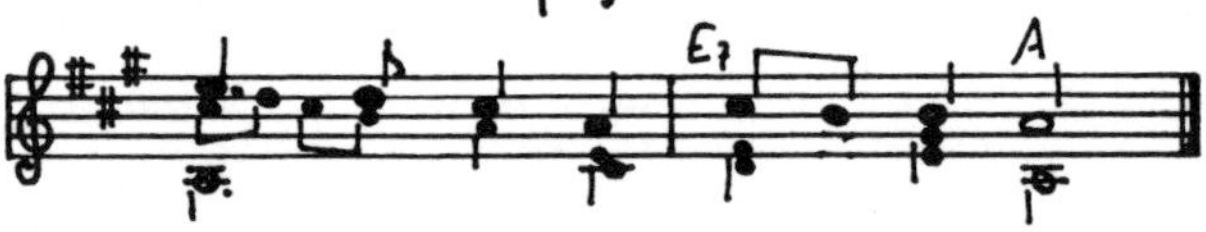

(Aus Franken)

Rei-sen ist das Al-ler-best.

2. Fröhlich klingen unsre Lieder, und es grüßt der Amsel Schlag;
auf, so laßt uns reisen, Brüder, in den hellen, jungen Tag!

3. Also gehn wir auf die Reise in viel Städt und fremde Land,
machen uns mit ihrer Weise, ihren Künsten wohl bekannt.

DIE GÜLDENE SONNE

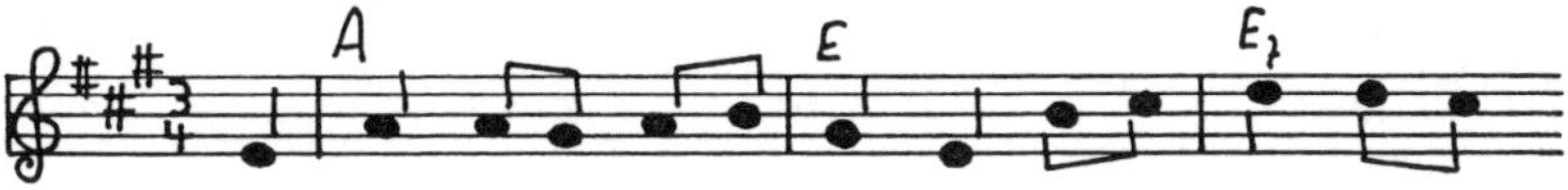

1. Die gül-de—ne Son-ne bringt Le-ben

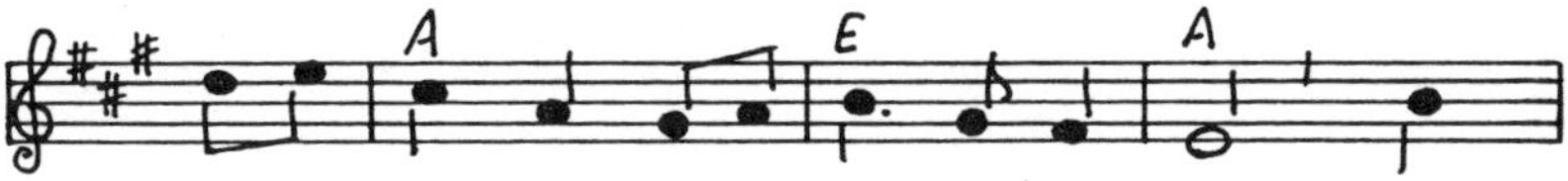

und Won-ne, die Fin-sternis weicht, der

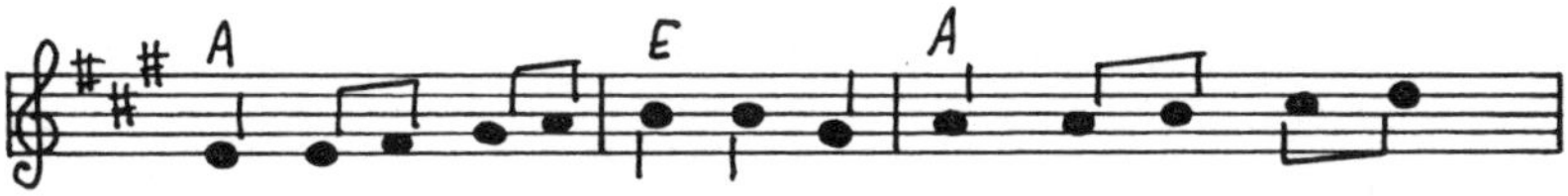

Morgen sich zeiget, die Rö-te auf-

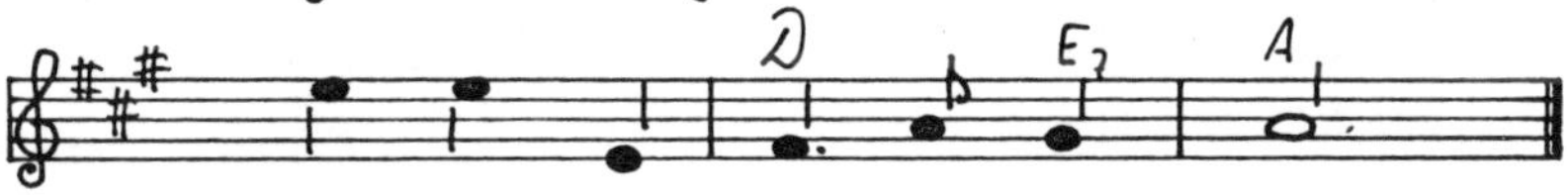

stei-get, der Monde ver—bleicht.

2. Nun sollen wir loben den Höchsten dort oben, daß er uns die Nacht hat wollen behüten vor Schrecken und Wüten der höllischen Macht.

3. Kommt, lasset uns singen, die Stimmen erschwingen zu danken dem Herrn. Ei, bittet und flehet, daß er uns beistehet und weichet nicht fern.

Worte: P. Gerhardt
Weise: J. G. Ebeling
17. Jh.

Bunt sind schon die Wälder

J. Fr. Reichardt 1752–1814

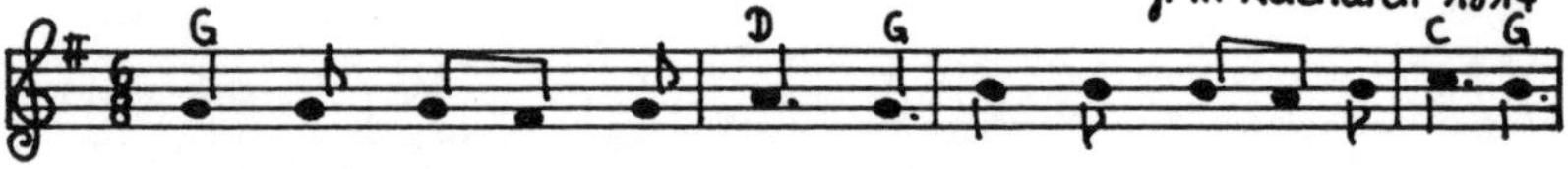

1. Bunt sind schon die Wälder, gelb die Stoppel–felder,

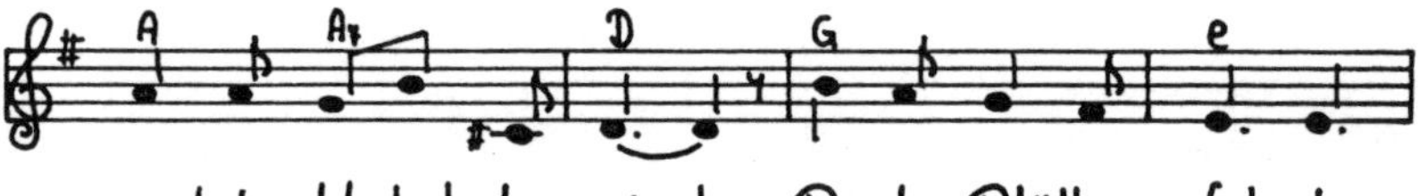

und der Herbst be–ginnt. Ro–te Blätter fal–len,

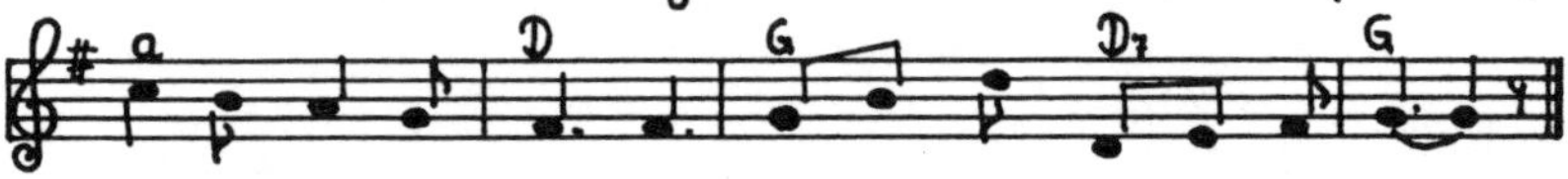

graue Nebel wal–len, küh–ler weht der Wind.

2. Wie die volle Traube
aus der Rebenlaube
purpurfarbig strahlt!
Am Gelände reifen
Pfirsiche, mit Streifen
rot und weiß bemalt.

3. Flinke Träger springen,
und die Mädchen singen,
alles jubelt froh!
Bunte Bänder schweben
zwischen hohen Reben
auf dem Hut von Stroh.

4. Geige tönt und Flöte
bei der Abendröte
und im Mondesglanz;
junge Winzerinnen
winken und beginnen
frohen Ringeltanz.

Festliche Stunde

Brüder, reicht die Hand

W. A. Mozart 1756–1791

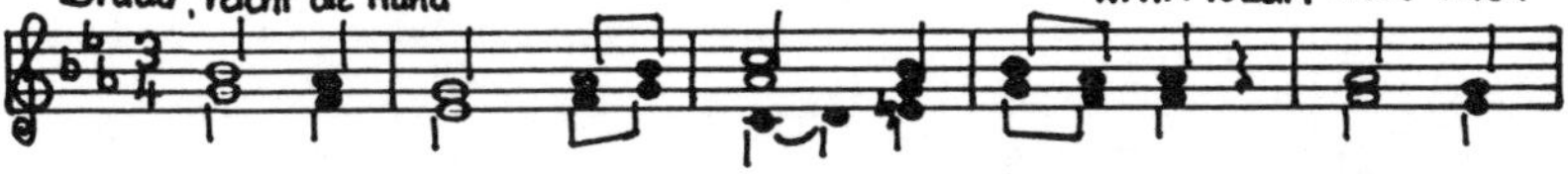

1. Brüder, reicht die Hand zum Bunde! Die-se

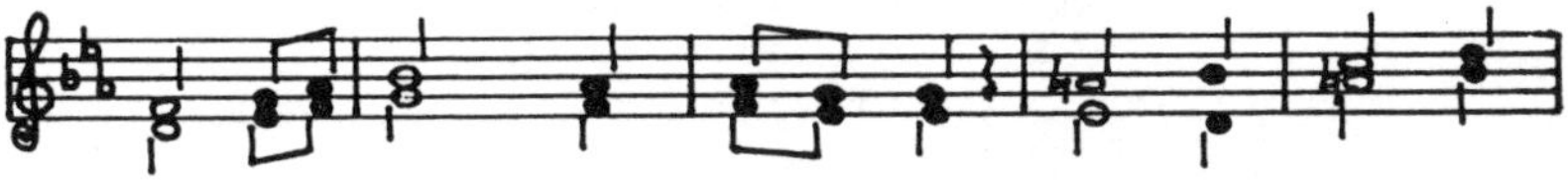

schö-ne Freundschafts-stun-de führ uns hin zu

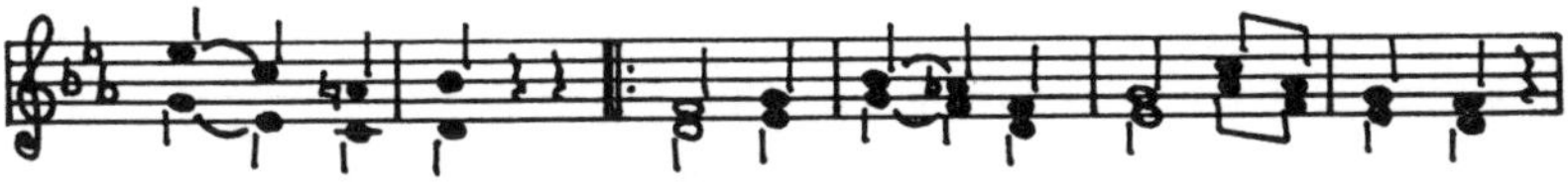

lich-ten Höhn! Laßt, was ir-disch ist, ent-flie-hen,

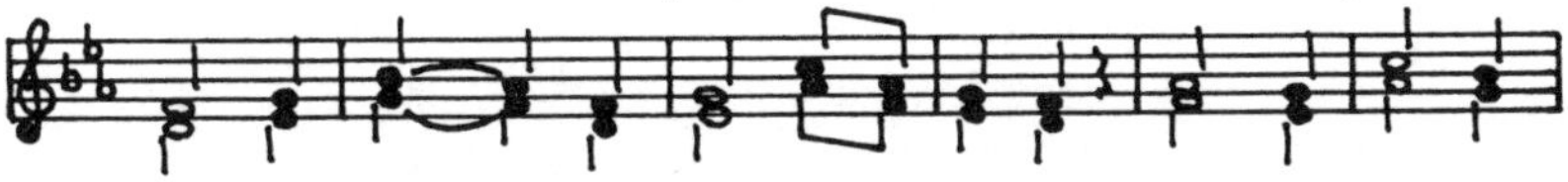

uns-rer Freundschaft Harmoni-en dau-ern e-wig,

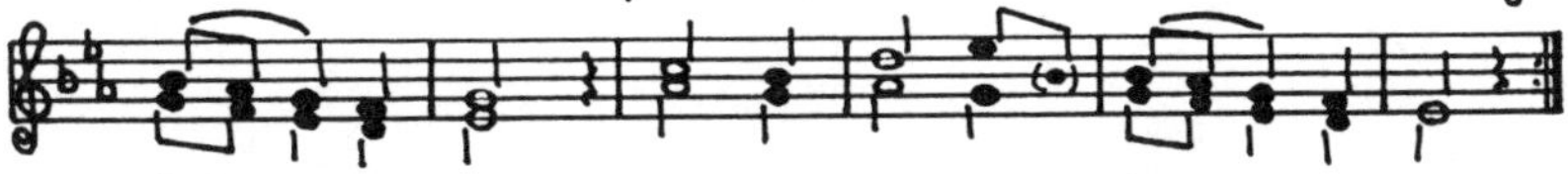

fest und schön, dauern e-wig, fest und schön.

2. Preis und Dank dem Weltenmeister, der die Herzen, der die Geister für ein ewig Wirken schuf! Licht und Recht und Tugend schaffen durch der Wahrheit heil'ge Waffen, sei uns göttlicher Beruf.

3. Ihr, auf diesem Stern die Besten, Menschen all im Ost und Westen, wie im Süden und im Nord! Wahrheit suchen, Tugend üben, Gott und Menschen herzlich lieben, das sei unser Losungswort.

Der Jäger längs dem Weiher ging

Worte und Weise: Volkslied vom Niederrhein

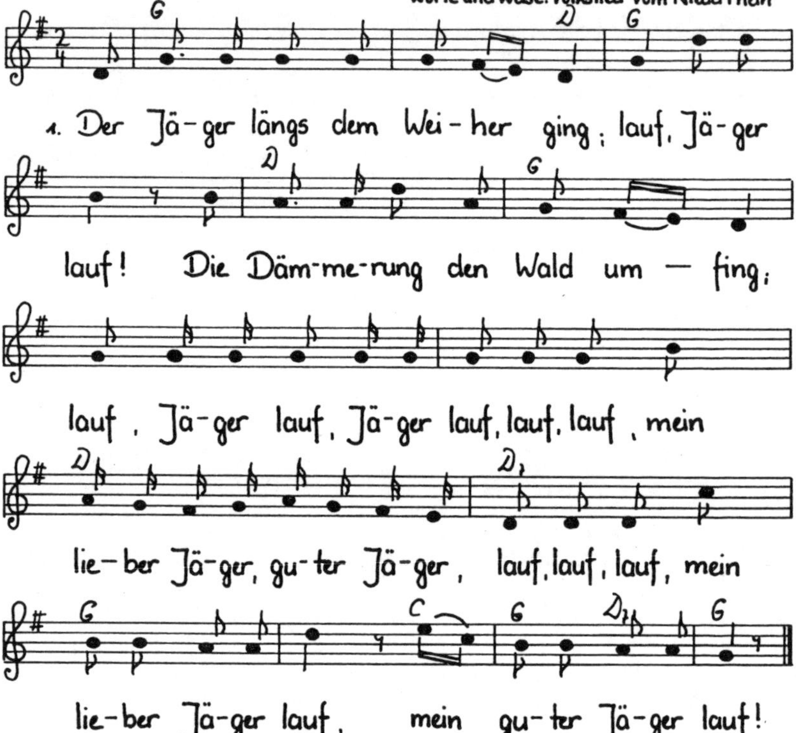

2. Was plätschert in dem Wasser dort? Lauf, Jäger lauf!
Es wispert leis in einem fort? Lauf, Jäger lauf...

3. Was schimmert dort im Grase feucht? Lauf, Jäger lauf!
Wohl lauter Edelstein mir deucht? Lauf, Jäger lauf...

4. „O Jäger, laß die Krone mein! Lauf, Jäger lauf!
Ich schenke dir die Edelstein." Lauf, Jäger lauf...

5. Der Jäger lief, als sei er taub, lauf, Jäger lauf!
Im Schrein barg er den teuren Raub. Lauf, Jäger lauf...

6. Er schloß ihn in den festen Schrein, lauf, Jäger lauf!
Die junge Maid, die Braut, war sein. Lauf, Jäger lauf...

Hineh mah tov

zu 2 Stimmen

Volksweise, durch Israel verbreitet

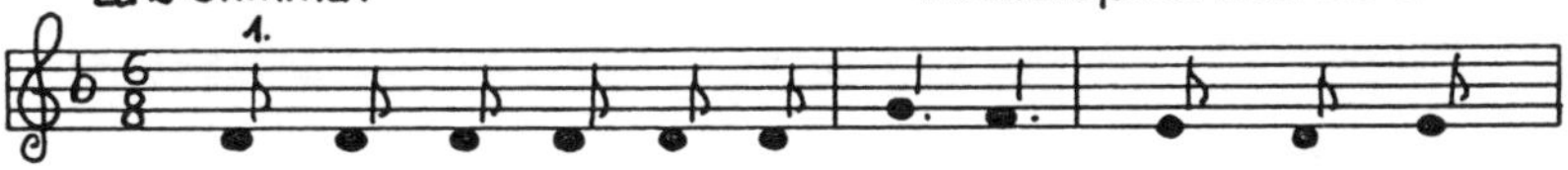

Hi-neh mah tov u-mah na-im sche-wet a-

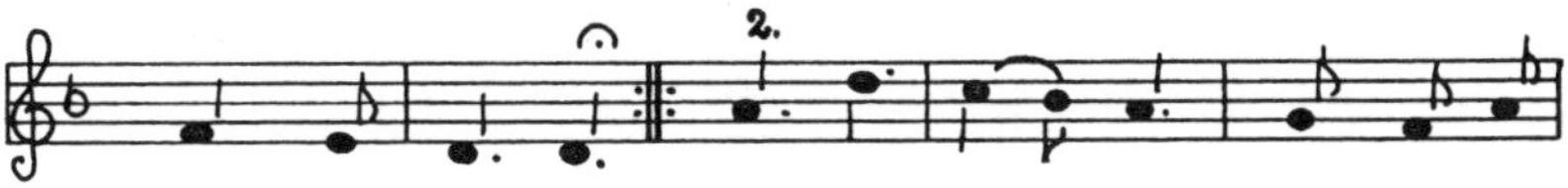

chim gam ja-chad. Hi-neh mah tov sche-wet a-

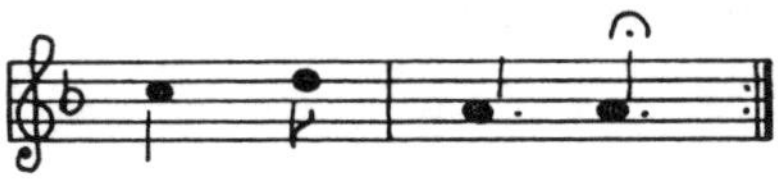

chim gam ja-chad.

Siehe, wie fein
und lieblich ist's,
wenn Brüder einträchtig
beieinander wohnen.

Psalm 133

Gregor

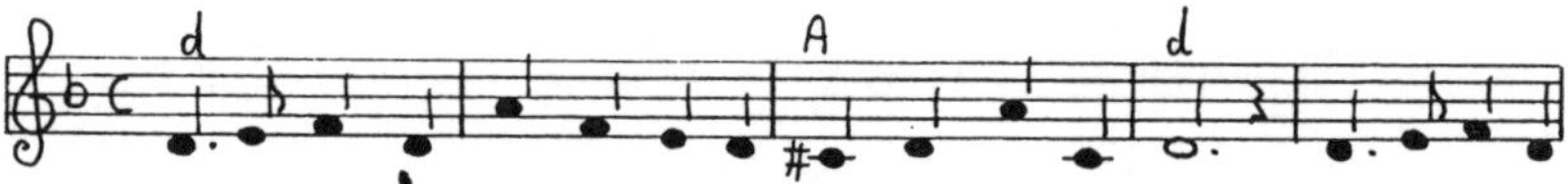

1. Ge-he nicht, o Gregor gehe nicht zum A-bend-tanz. Zauberische
2. Dort ist auch die ei-ne mit den schwarzen Au-gen-braun. Glaube uns o
3. Sonntag früh beim Glockenläuten grub sie aus das Kraut. Schnitt es Montag,
4. Und am Ta-ge drauf, am Ta-ge war Grischenko tot. Freitag kam voll
5. Vie-le Knaben, viele Burschen klagten um Gre-gor. Bö-se He-xe,

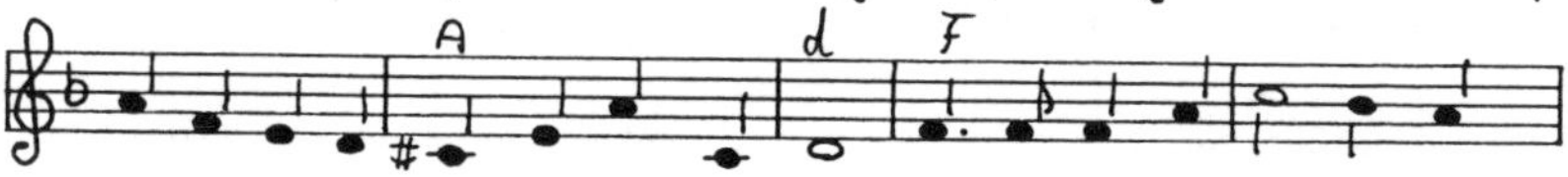

Mädchen folgen deinen Schritten dort. Weiße Hand wie Schnee braut dir
Gregor das ist ei-ne Zau-ber-in. Ihre schmale Hand braut dir
al-le Sünden hexte sie hin-ein. Holt es Dienstag vor, kochte
Leid und Klage und beim A-bend-rot, trug man ihn zur Ruh. An der
Zauber-hexe, schwarze Zauber-frau. Dei-ne Au-gen-braun werden

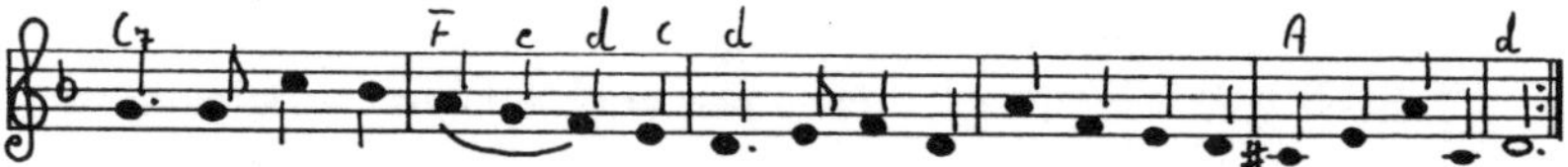

Tee aus Zauber-kräu – tern trübt den Spiegel deiner Seele wie der Wind den See.
Tee aus Zauber-kräu – tern legt sich über deine Seele wie der Herbst aufs Land
Zaubertrank aus Kräu – tern, Mittwoch Nacht beim Reigentanze gab sie ihn Gregor.
Grenze an der Stra – ße, viele fromme Leute kamen, viele sahen zu.
keinen mehr be-tö – – ren, nie mehr wird ein zweiter Gregor deinen Künsten traun.

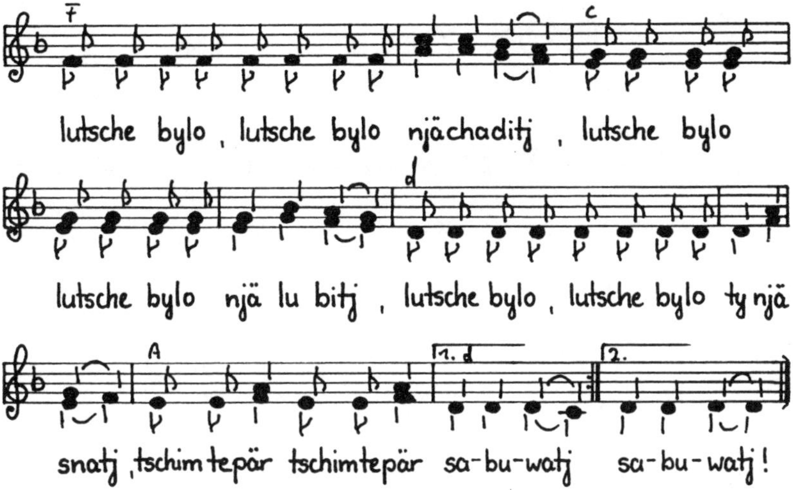

ABENDSTILLE ÜBERALL

zu 4 Stimmen

Otto Laub (Dänemark), 1805-1882

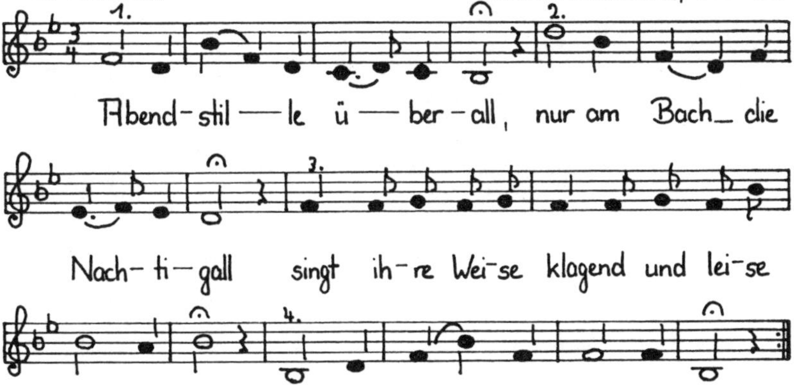

Lustig ist das Zigeunerleben

Volkslied

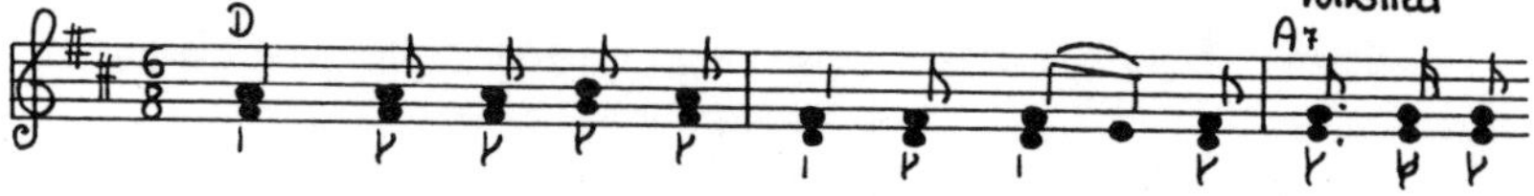

1. Lu – stig ist das Zi – geu - ner – le – ben, fa – ri – a,
brauch'n dem Kai-ser kein Zins zu ge – ben, fa – ri – a,

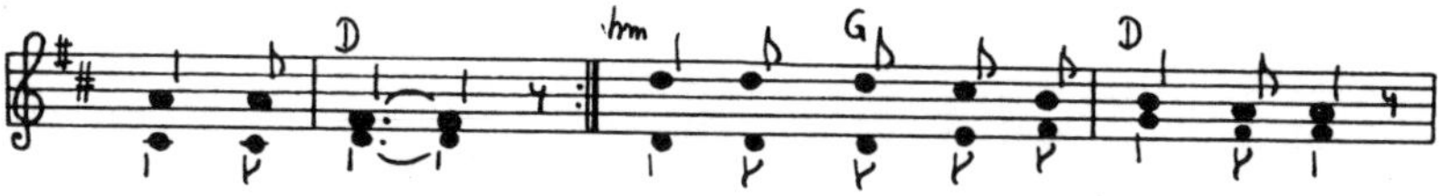

fa – ria – ho, —
fa – ria – ho. — Lu - stig ist es im grü - nen Wald,

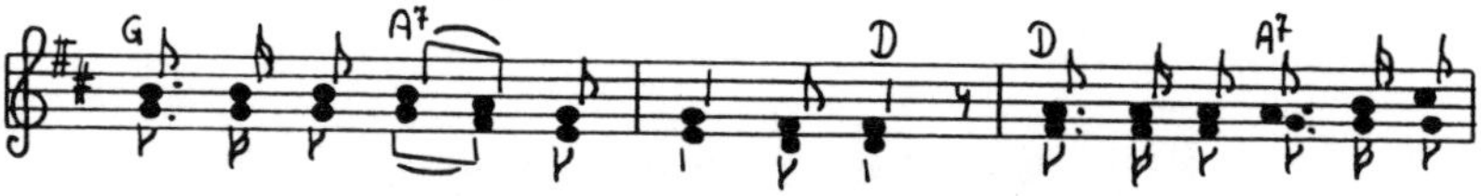

wo des Zi – geu – ners Auf - ent - halt. Fa – ri – a, fa – ri – a,

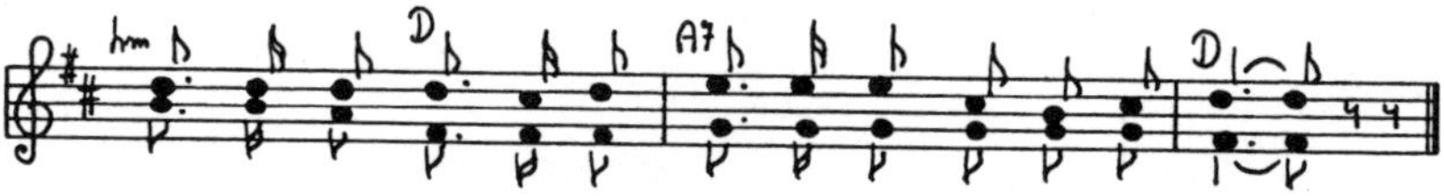

fa – ri – a, fa – ri – a, fa – ri – a, fa – ri – a – ho. —

2. Sollt' uns einmal der Hunger plagen, faria, fariaho, gehn wir uns ein Häschen jagen, faria, fariaho. Häschen nimm' dich wohl in Acht, wenn des Jägers Büchse kracht. Faria …

3. Sollt' uns einmal der Durst sehr quälen, faria, fariaho, gehn wir hin zu Wasserquellen, faria, fariaho. Trinken das Wasser wie Moselwein, als

wär's der schönste Champagnerwein. Faria ...

4. Mädel, willst du Tabak rauchen, faria, fariaho, brauchst dir keine Pfeif' zu kaufen, faria, fariaho. Pfeif' und Tabak hab' ich hier, geb' ich gerne, gerne dir. Faria ...

5. Wenn uns tut der Beutel hexen, faria, fariaho, lassen wir unsre Taler wechseln, faria, fariaho. Wir treiben die Zigeunerkunst, da kommen die Taler wieder all zu uns. Faria ...

6. Und wie's ist gangen und wie's ist gewesen, faria, fariaho, können wir in den Planeten lesen, faria, fariaho. Schaun uns die Weiber wohl in die Hand wird der Planet schon werden bekannt. Faria ...

7. Wenn wir auch kein Federbett haben, faria, fariaho, tun wir uns ein Loch ausgraben, faria, fariaho, legen Moos und Reisig nein, das soll uns ein Federbett sein. Faria ...

DIE SONNE TÖNT

bis zu 8 Stimmen
(Einsatz in jedem Takt möglich)

E. Crusius
(Ambach 37)

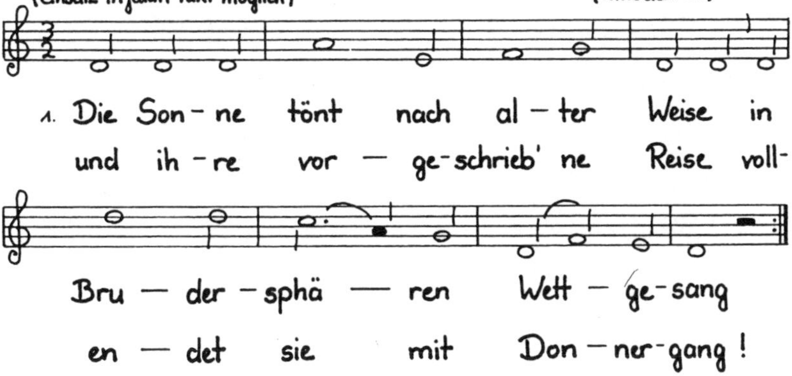

Goethe

(2. Strophe siehe Anhang)

ZIGEUNER

Worte und Weise sind mündlich überliefert

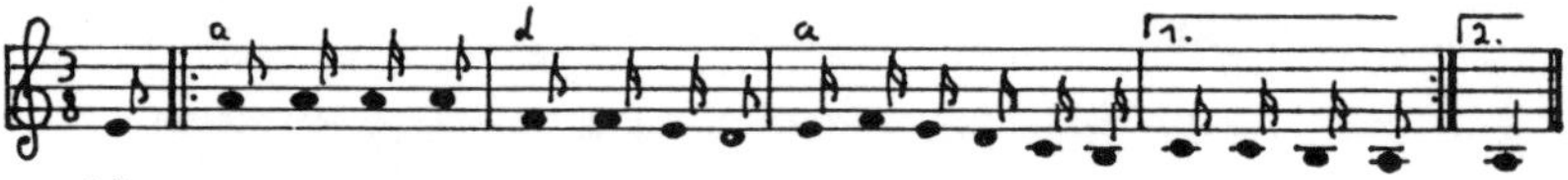

1. Nja, nja, nja, nja, nja .....

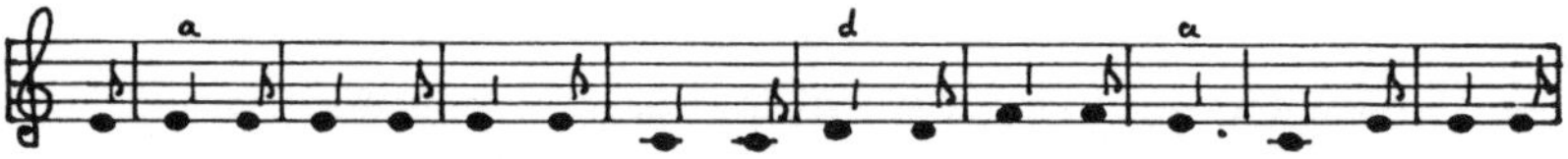

Bei Regen o-der Sonnenschein, im Sommer und im Win-ter, ziehn oh-ne

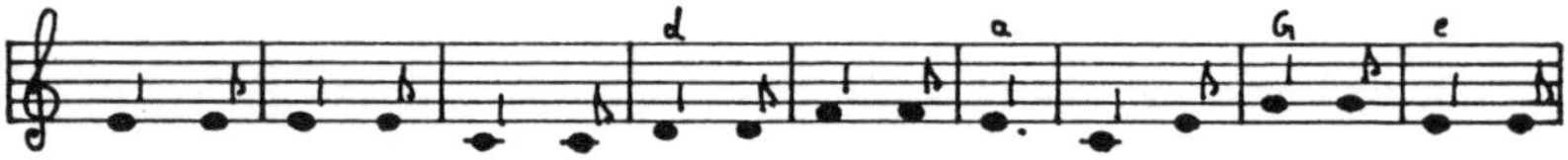

Rast, jahraus, jahrein, wir braungebrannten Kin-der am Waldesrand, am

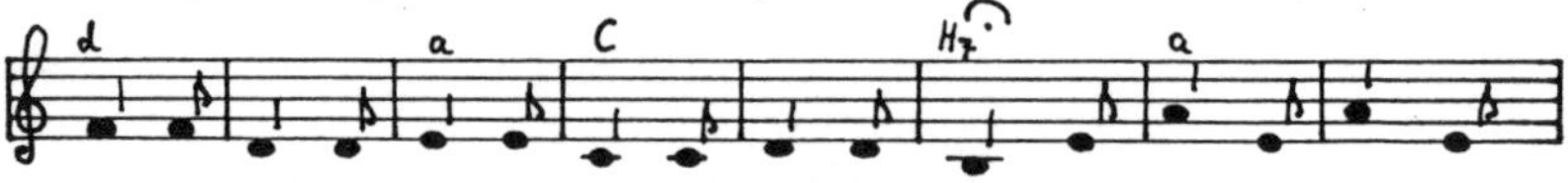

Seegestad, auf Bergeshöhn, auf engem Pfad. Nur zu, nur zu, nur

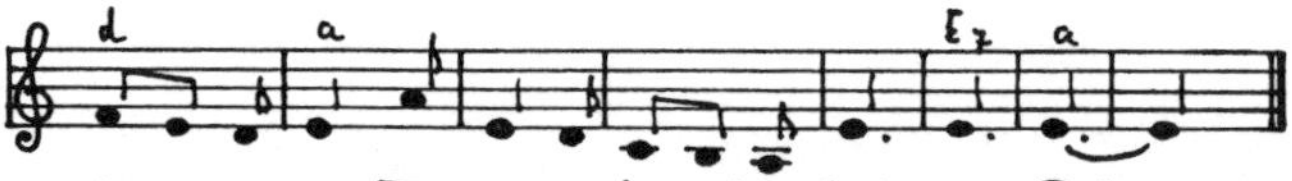

im-mer zu, Zi-geu-ner ha-ben kei-ne Ruh.

2. Die Jugend ging dem Pferde nach im holperigen Wagen,
und wenn die morsche Achse brach, mußt uns die Mutter tragen.
Wir spielten nur mit Roß und Hund und jeder wuchs und blieb gesund. Nur zu...

3. Ich kann nun nicht mehr stille stehn, ich kann nur ruhlos reisen.
Kann nicht zwei Tage gleiches sehn, mögt ihr mich Stromer heißen;
bin unbeschwert, hab kein Zuhaus. Jetzt zieh, mein Pferd, mein Lied ist aus. Nur zu..

Geburtstagslied

Pär Ahlborn

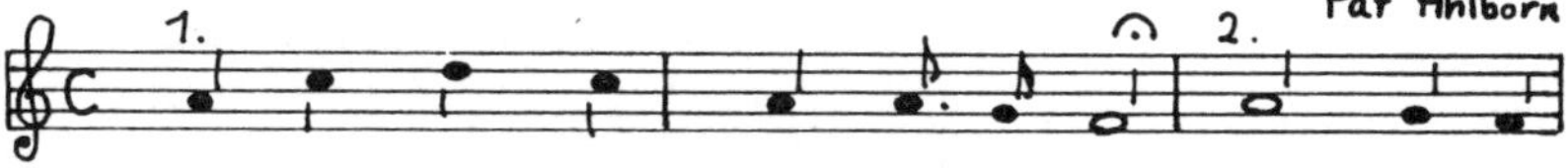

Önskar på din fö-del-se-dag fröjder av

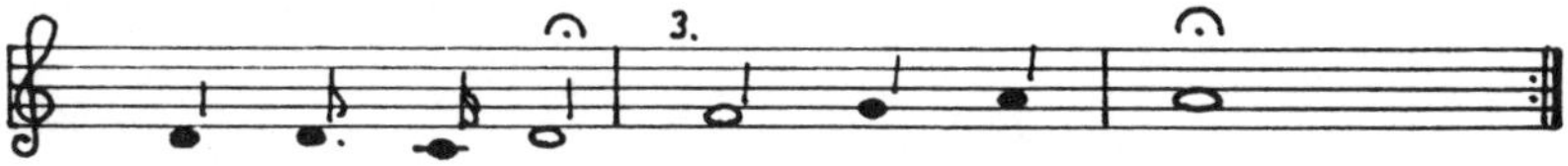

al — la de slag till ditt be — hag.

Gott, weil er groß ist

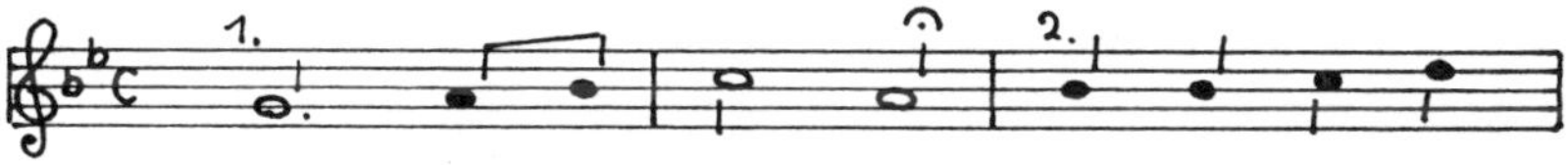

Gott, weil er groß ist, gibt auch gerne

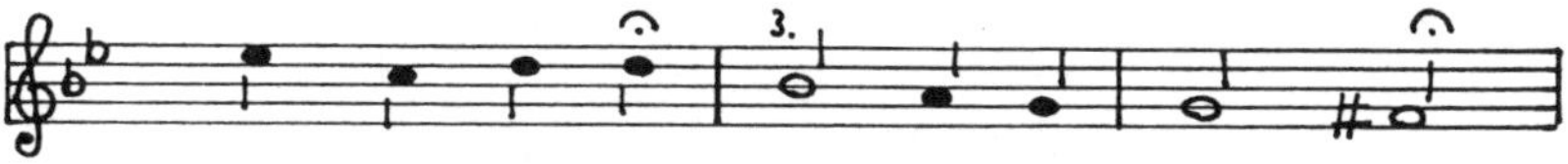

große Gaben. Ach, daß wir Ar — men

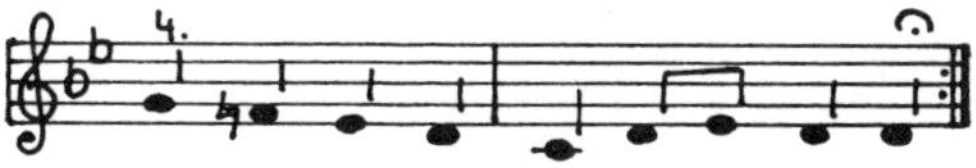

nur so klei-ne Her-zen haben.

Gaukler

Wort und Weise:
Werner Helwig

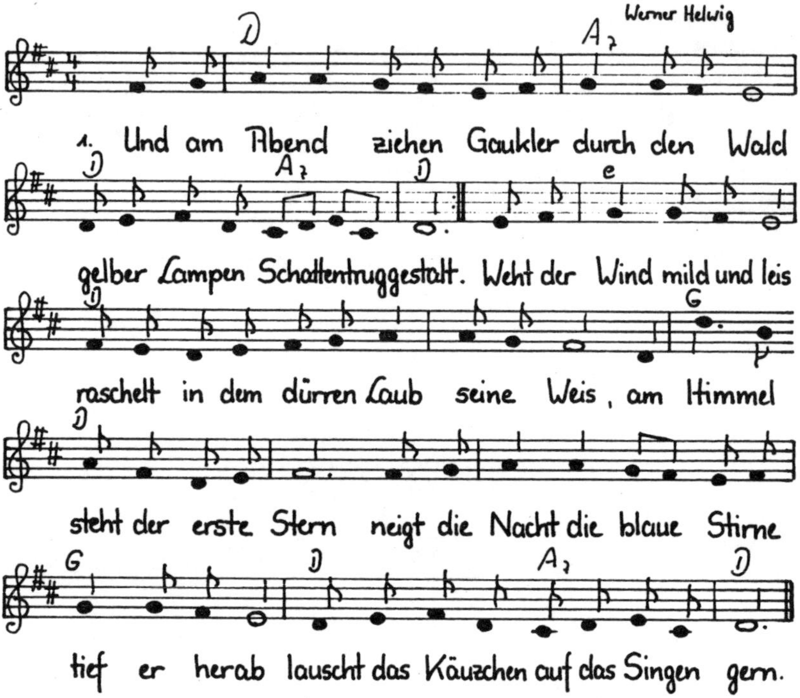

2. Und es tänzeln Mädchen durch das hohe Gras, sammeln
Zweige, Kleidersaum wird naß. Weht der Wind ...

3. Qualmt das kleine Ofenrohr am Wagendach
Pferdchen schütteln Silberschellen sacht. Weht der Wind ...

4. Hebt ein Singen vor des Wagens Fenster an,
schallt so heiter durch den düstern Tann. Weht der Wind ...

SAKURA (KIRSCHBLÜTE)

aus Japan
Frühlings- und Volkslied

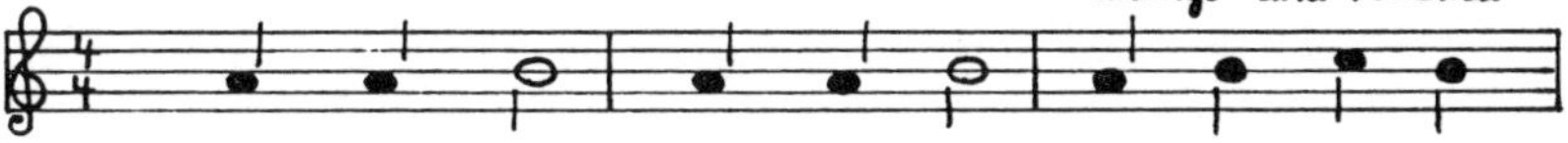

Sa - ku - ra, sa - ku - ra, ja - jo - i - no

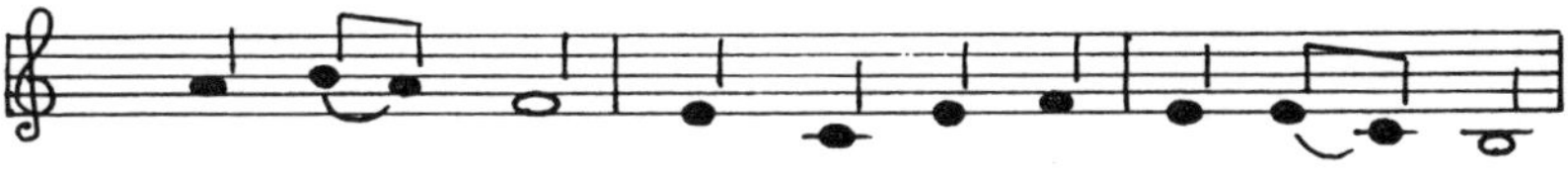

so - ra wa mi - wa - ta - su ka - gi — ri,

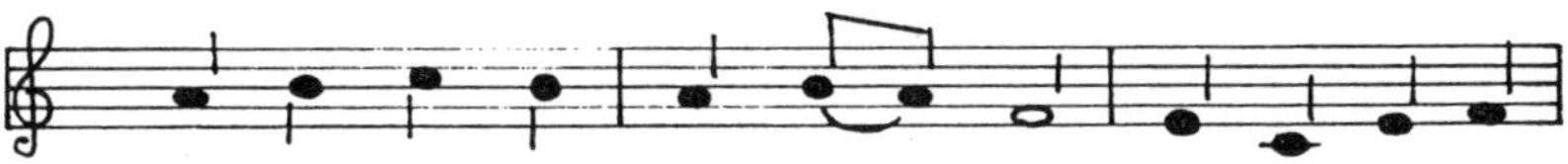

ka - su - mi ka, ku - mo ka, ni - o - i so

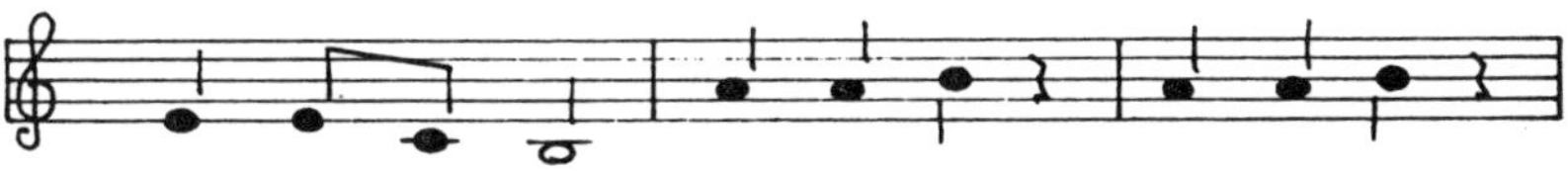

i — su — ru. I - sa - ja, i - sa - ja

langsamer

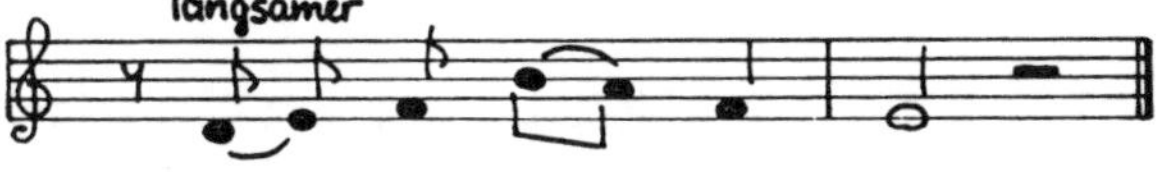

mi — ni - ju — ka — n.

Sakura, Sakura, sind das am Frühlingshimmel, soweit man sehen kann, Nebel oder Wolken? Duft steigt auf.
Auf! auf! laßt uns hingehen und schauen.

SING, SING, WAS GESCHAH

Litauisch, aus dem Memelland

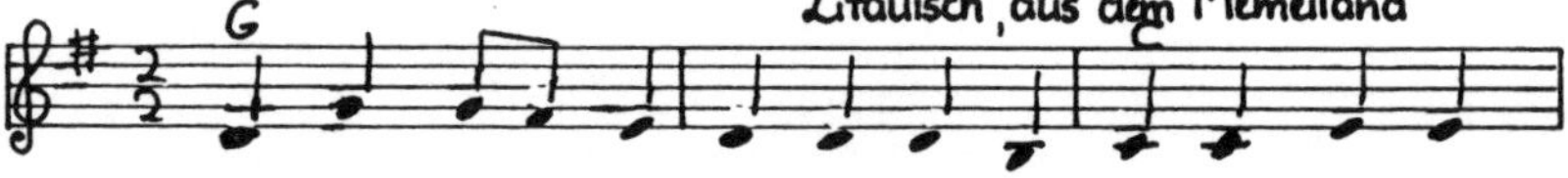

1. Zo-gen einst fünf wil-de Schwäne, Schwäne leuchtend

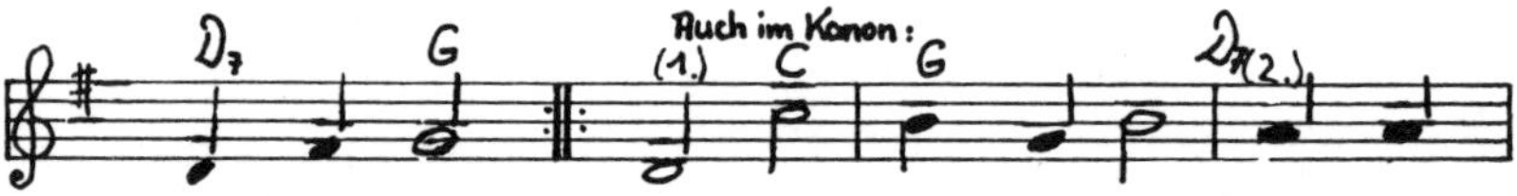

weiß und schön. Sing, sing was ge-schah? Keiner ward

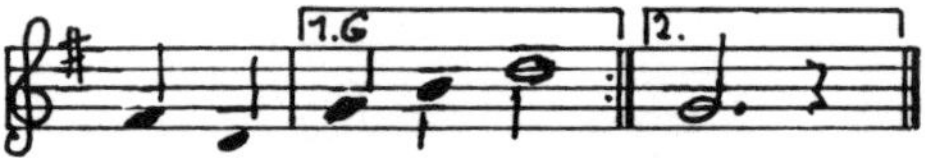

mehr ge-se-hen, ja sehn.

2. Wuchsen einst fünf junge Birken, grün und frisch am Bachesrand.
Sing, sing was geschah? Keine in Blüten stand.

3. Zogen einst fünf junge Burschen stolz und kühn zum Kampf hinaus.
Sing, sing was geschah? Keiner kehrt nach Haus.

4. Wuchsen einst fünf junge Mädchen schlank und schön am Memelstrand.
Sing, sing was geschah? Keine den Brautkranz wand.

(T Übertragung: Karl Plenzat)

Bajuschki baju

Russisches Wiegenlied

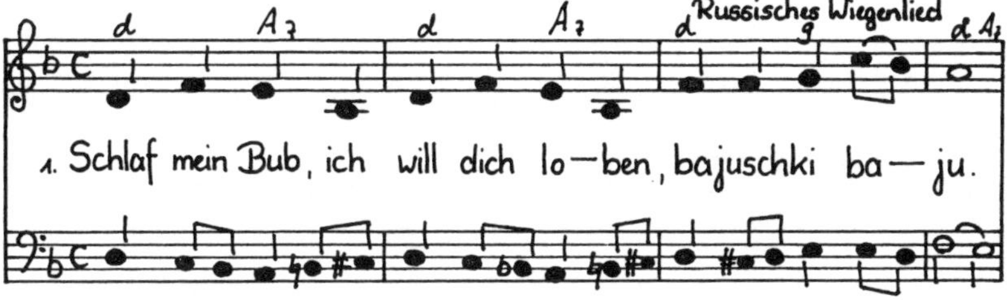

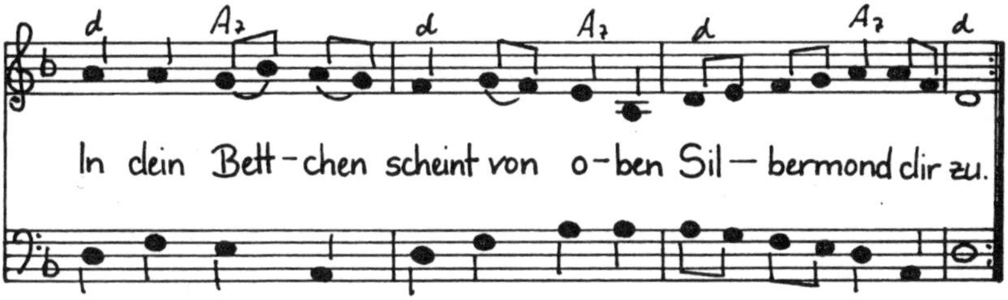

2. Durch die Felsen durch die Lande strömt des Tereks Flut.
Der Tschetschene schleicht am Strande, wetzt sein Messer gut.

3. Doch dein Vater ist ein Reiter greift ihn auf im Nu,
schlaf, mein Kind, schlaf ruhig weiter, bajuschki, baju. (siehe Anhang)

Hält einer über uns die Wacht

zu 4 Stimmen

nach einem altenglischen Kanon

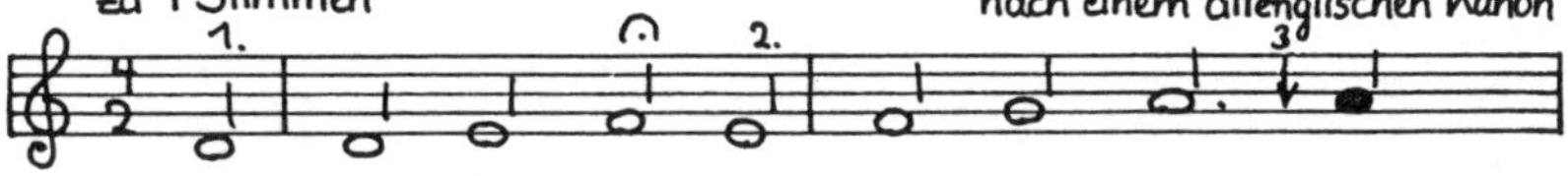

Hält ei – ner ü – ber uns die Wacht; drum

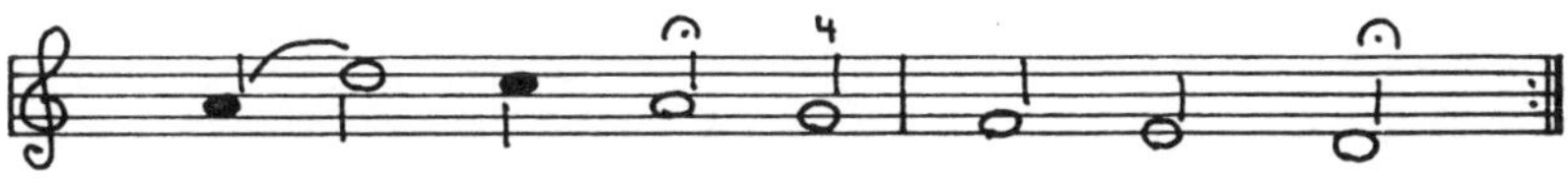

schla — fet ru – hig: Gu – te Nacht!

Elche

Satz: Klaus Knigge

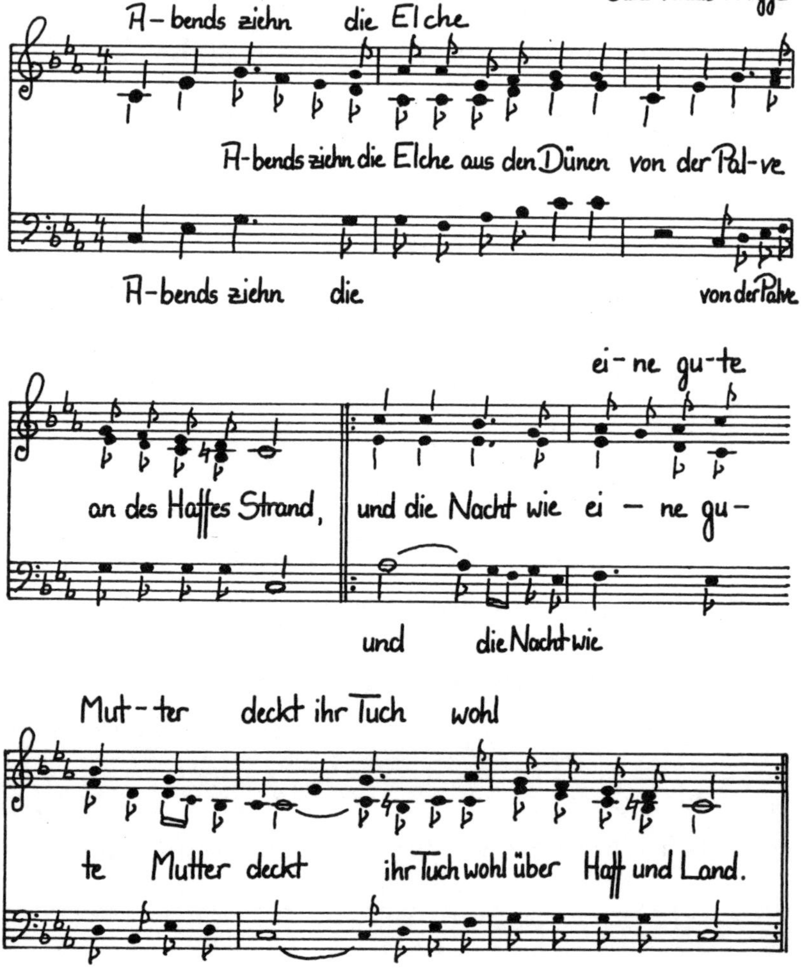

Elche

Worte: Heinrich Eichen
Weise: Gerd Lascheit

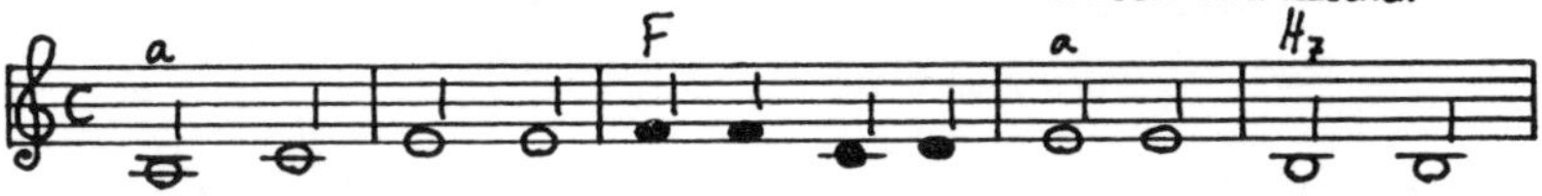

1. A – bends tre – ten Elche aus den Dünen ziehen

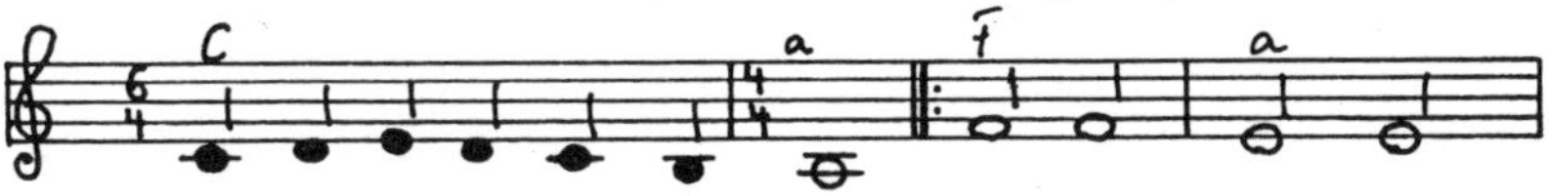

von der Palve an den Strand, wenn die Nacht wie

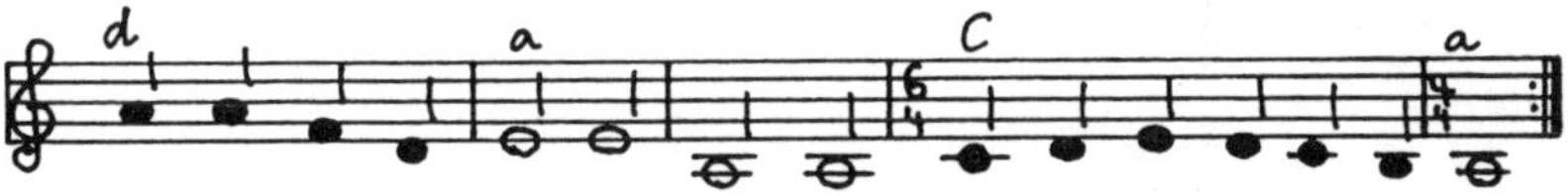

ei – ne gu – te Mutter lei – se deckt ihr Tuch auf Haff und Land.

2. Ruhig trinken sie vom großen Wasser, darin Sterne wie am Himmel stehn –
und sie heben ihre starken Köpfe lautlos in des Sommerwindes Wehn.

3. Langsam schreiten wieder sie von dannen, Tiere einer längst versunknen Zeit –
und sie schwinden in der Ferne Nebel wie im hohen Tor der Ewigkeit.

Am Brunnen vor dem Tore

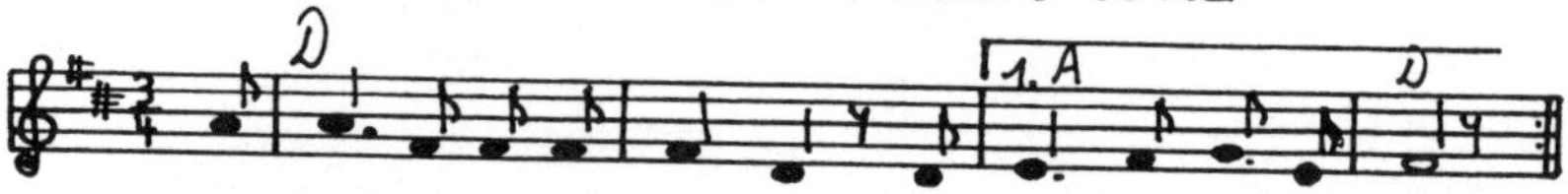

1. Am Brunnen vor dem To – re da steht ein Lindenbaum,
ich träumt in seinem Schatten so

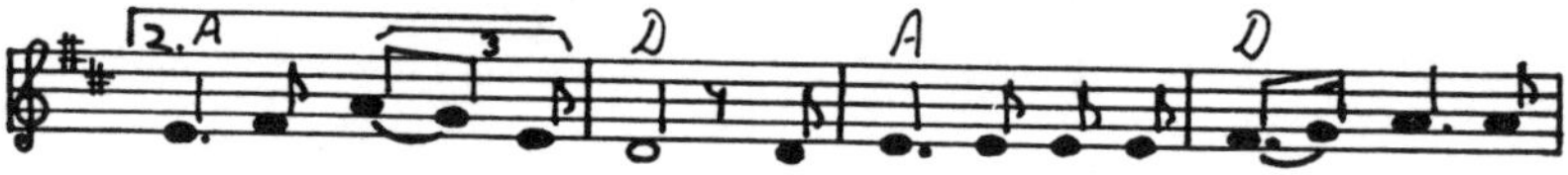

manchen sü – ßen Traum. Ich schnitt in seine Rin – de so

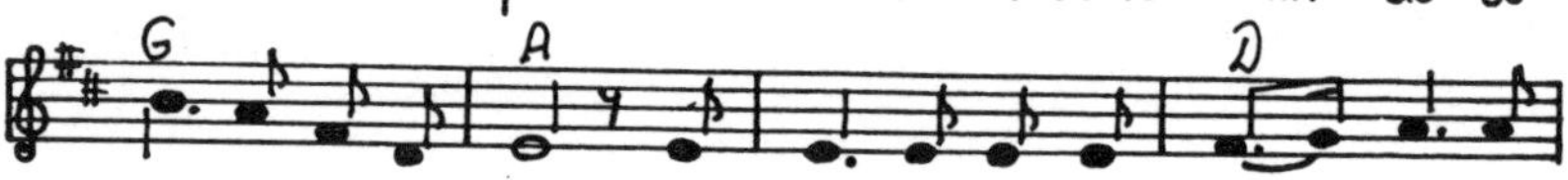

manches liebe Wort, es zog in Freud und Lei – de zu

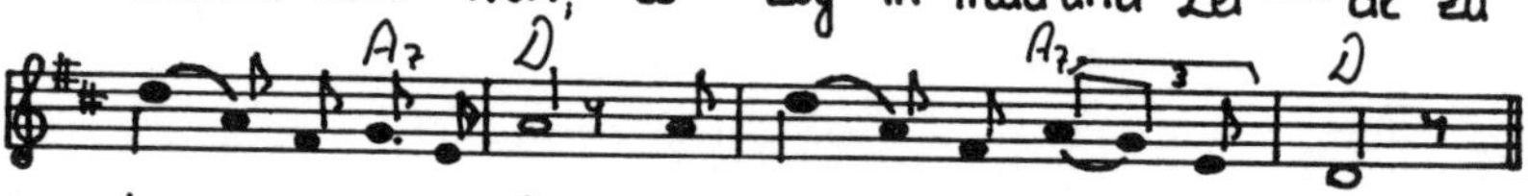

ihm mich immer fort, zu ihm mich immer fort.

2. Ich mußt auch heute wandern vorbei in tiefer Nacht, da hab ich noch im Dunkel die Augen zugemacht, und seine Zweige rauschten, als riefen sie mir zu: Komm her zu mir, Geselle, |: hier findst Du Deine Ruh. :|

3. Die kalten Winde bliesen mir grad ins Angesicht, der Hut flog mir vom Kopfe, ich wendete mich nicht. Nun bin ich manche Stunde entfernt von jenem Ort, noch immer hör ich's rauschen: |: Du fändest Ruhe dort! :|

In einem kühlen Grunde

Weise: Fr. Glück, 1814

Worte: Joseph Fr. von Eichendorff

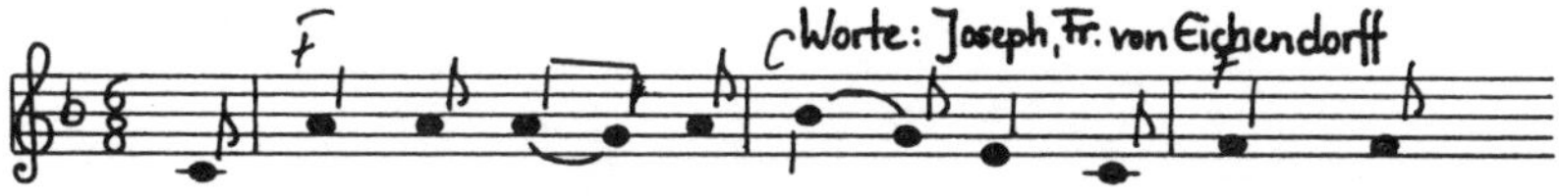

1. In ei-nem küh-len Grun-de, da geht ein

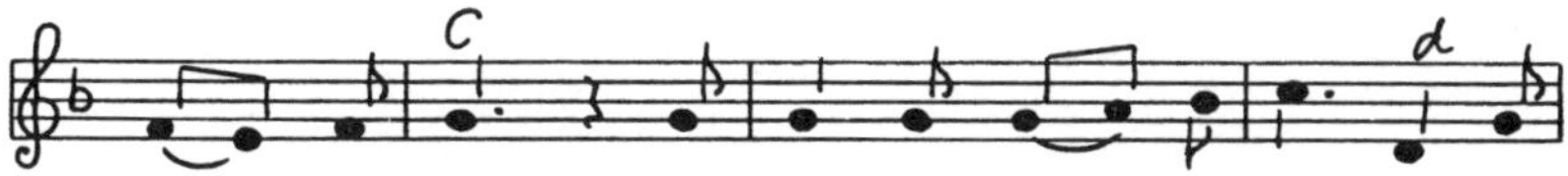

Müh-len-rad; mein Lieb-ste ist verschwunden, die

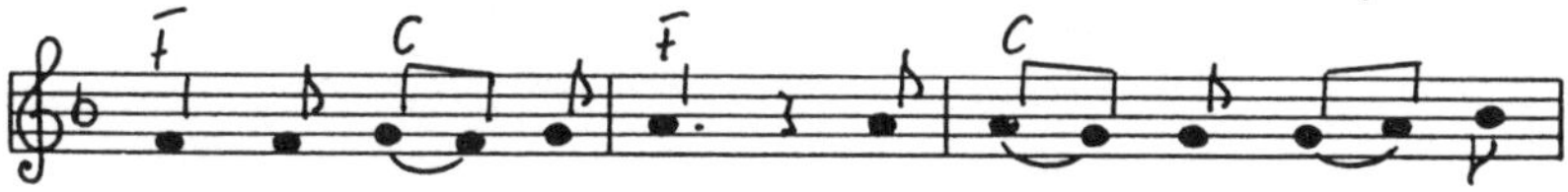

dort ge-woh-net hat; mein Lieb-ste ist ver-

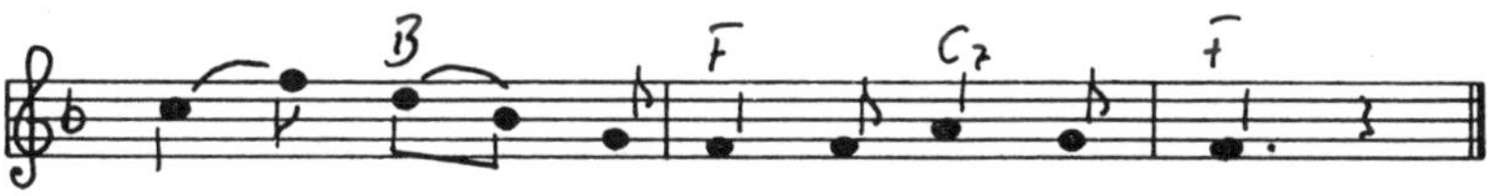

schwun-den, die dort ge-woh-net hat.

2. Sie hat mir Treu versprochen, gab mir ein'n Ring dabei;
|: sie hat die Treu gebrochen, mein Ringlein sprang entzwei. :|

3. Ich möcht als Spielmann reisen, weit in die Welt hinaus,
|: und singen meine Weisen und gehn von Haus zu Haus. :|

4. Ich möcht als Reiter fliegen wohl in die blut'ge Schlacht,
|: um stille Feuer liegen im Feld bei dunkler Nacht. :|

5. Hör ich das Mühlrad gehen: ich weiß nicht, was ich will,
|: ich möcht am liebsten sterben, da wär's auf einmal still. :|

Die Moorsoldaten

Text: Esser / Langhoff
Melodie: Rudi Goguel
Bearbeitung: Hanns Eisler

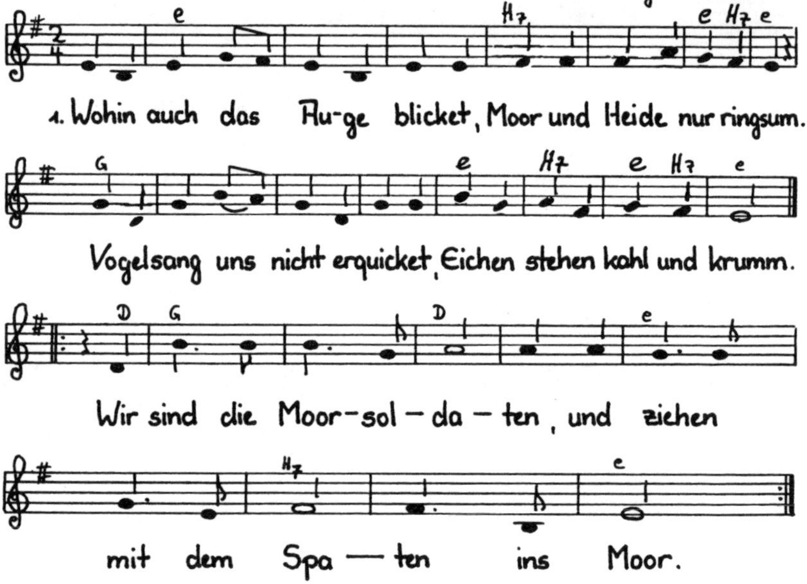

2. Hier in dieser öden Heide
ist das Lager aufgebaut,
wo wir fern von jeder Freude
hinter Stacheldraht verstaut.
Wir sind ...

3. Morgens ziehen die Kolonnen
in das Moor zur Arbeit hin,
graben bei dem Brand der Sonnen,
doch zur Heimat steht der Sinn.
Wir sind ...

4. Heimwärts, heimwärts! Jeder sehnet
sich nach Eltern, Weib und Kind.
Manche Brust ein Seufzer dehnet,
weil wir hier gefangen sind.
Wir sind ...

5. Auf und nieder gehn die Posten,
keiner, keiner kann hindurch.
Flucht wird nur das Leben kosten.
Vierfach ist umzäunt die Burg.
Wir sind ...

6. Doch für uns gibt es kein Klagen.
Ewig kanns nicht Winter sein.
Einmal werden froh wir sagen:
Heimat, du bist wieder mein!
Dann ziehn die Moorsoldaten
nicht mehr mit dem Spaten ins Moor.

(Das Lied entstand 1933 im Konzentrationslager Börgermoor als Antwort auf die Grausamkeiten der Bewacher. Es verbreitete sich rasch und wurde zu einem Symbol der bedrohten Menschlichkeit.)

Es war ein König in Thule

Weise: C. Fr. Zelter, 1758-1832

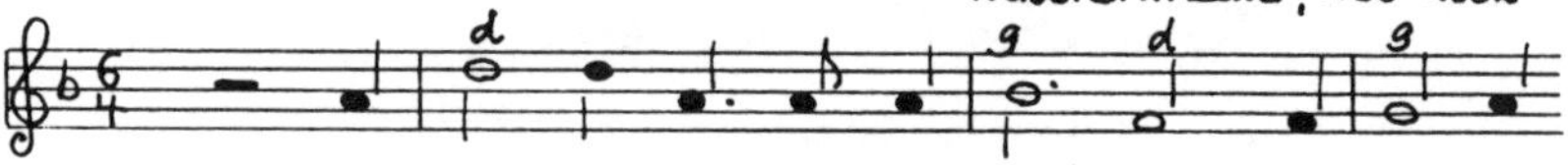

1. Es war ein Kö-nig in Thu-le, gar treu bis

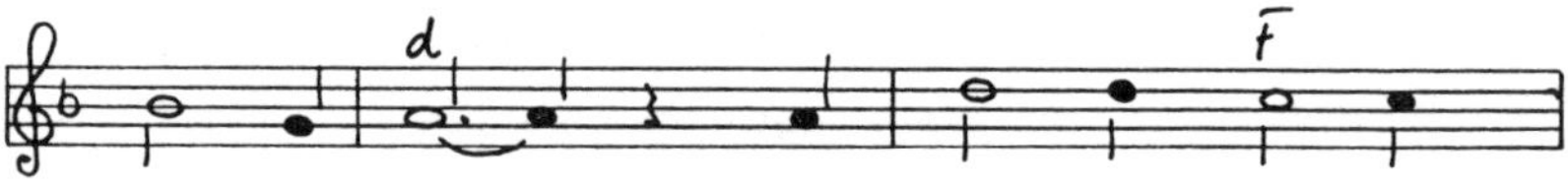

an das Grab, dem ster-bend sei-ne

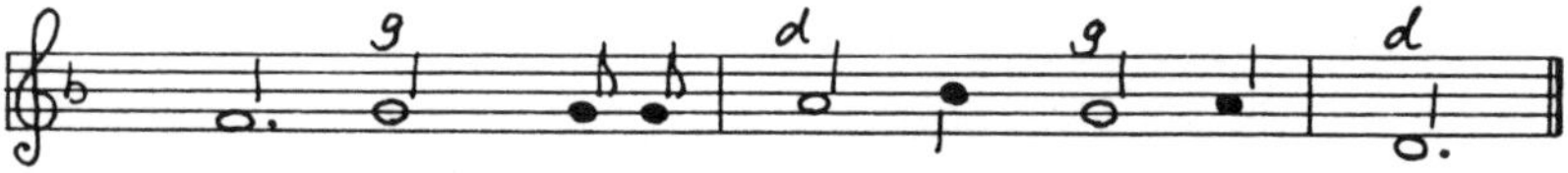

Buh-le ei-nen gold-nen Be-cher gab.

(Worte: J. W. von Goethe, 1749-1832)

2. Es ging ihm nichts darüber, er leert' ihn jeden Schmaus,
die Augen gingen ihm über, so oft er trank daraus.

3. Und als er kam zum Sterben, zählt' er seine Städt' im Reich,
gönnt alles seinen Erben, den Becher nicht zugleich.

4. Er saß beim Königsmahle, die Ritter um ihn her,
auf hohem Vätersaale dort auf dem Schloß am Meer.

5. Dort stand der alte Zecher, trank letzte Lebensglut,
und warf den heil'gen Becher hinunter in die Flut.

6. Er sah ihn stürzen, trinken und sinken tief ins Meer.
Die Augen täten ihm sinken, trank nie einen Tropfen mehr.

Es war ein König in Thule

Carl Friedrich Zelter
(1758 - 1832)

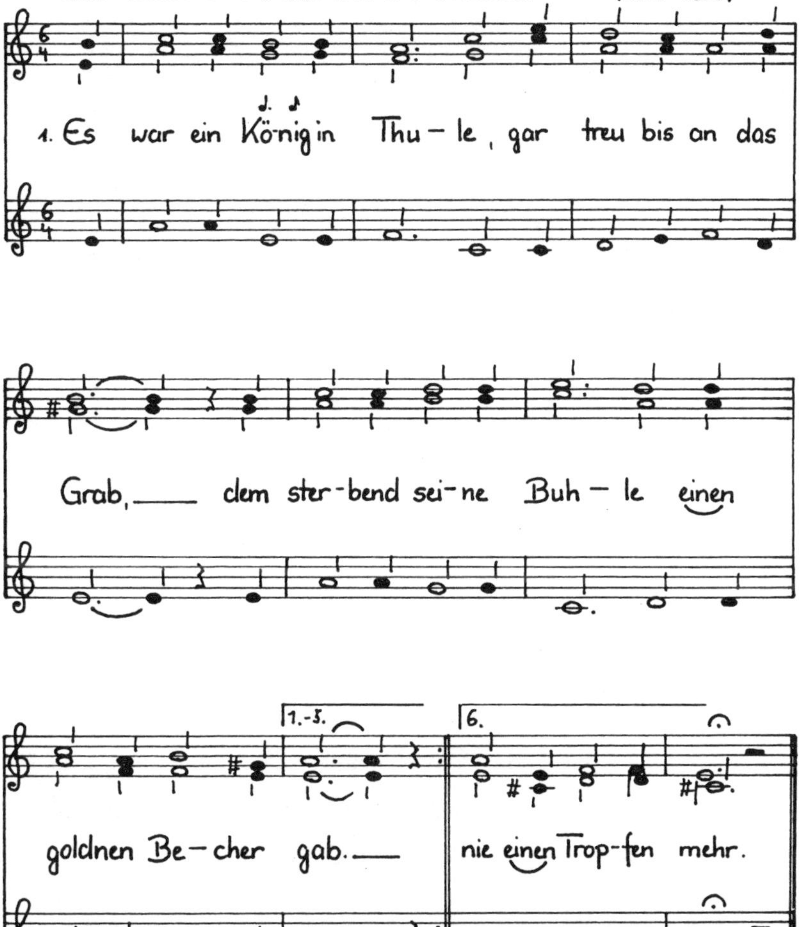

(siehe Anhang)

Es ist ein Schnitter, heißt der Tod

Wort und Satz: aus einem fliegenden Blatt um 1638

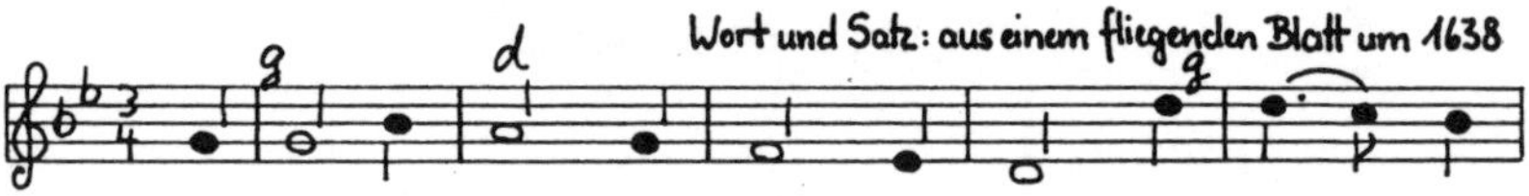

1. Es ist ein Schnit-ter, heißt der Tod, hat G'walt vom

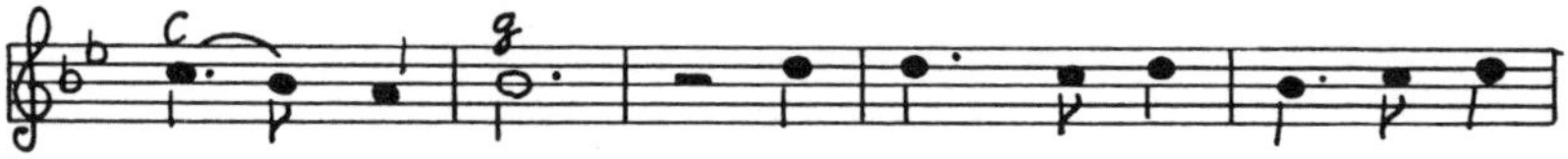

gro – ßen Gott. Heut wetzt er das Mes-ser, es

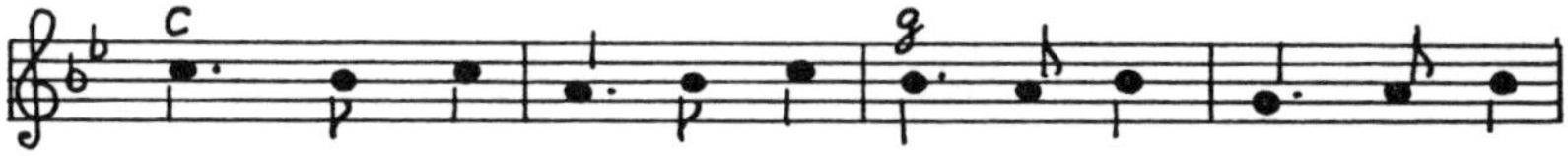

schneid't schon viel bes-ser, bald wird er drein schneiden, wir

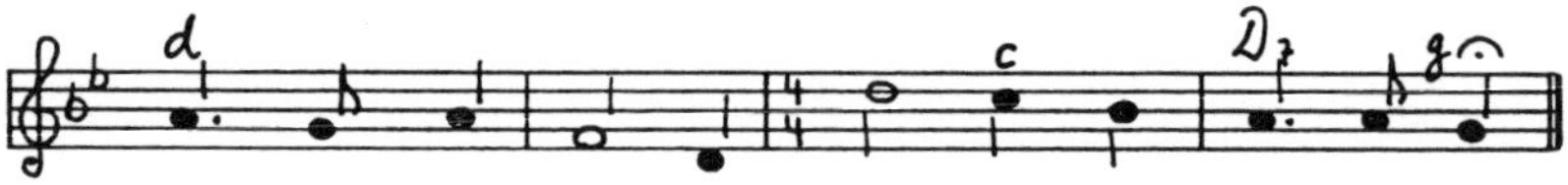

müs-sen's er – lei – den: hüt dich, schöns Blü-me-lein.

2. Was heut noch grün und frisch dasteht, wird morgen weggemäht:
die edel Narzissen, die englische Schlüssel, die schön Hyazinth,
die türkische Bind: hüt dich, schöns Blümelein!

3. Viel hunderttausend ungezählt, da unter die Sichel hinfällt:
rot Rosen, weiß Liljen, beid wird er austilgen, ihr Kaiserkronen,
man wird euch nicht schonen: hüt dich, schöns Blümelein.

4. Trutz Tod! Komm her, ich fürcht dich nit! Trutz, komm und tu ein'n Schnitt! Wenn er mich verletzet, so werd ich versetzet, ich will es erwarten im himmlischen Garten: freu dich, schöns Blümelein!

Molondron

Spanien

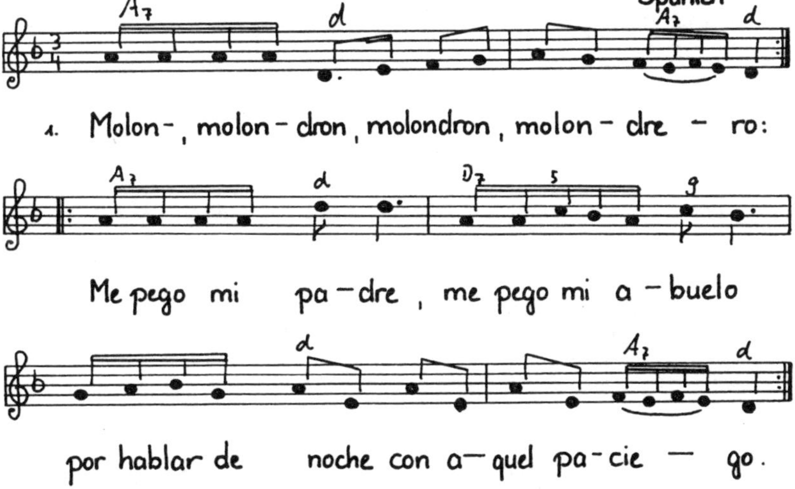

2. Molon-, molondron, molondron, molondrero:
Por hablar de noche con aquel paciego
me han zumbao la cara, me han zumbao el cuerpo.

(siehe Anhang)

Blau und Weiss

Jukka Kuoppamäki

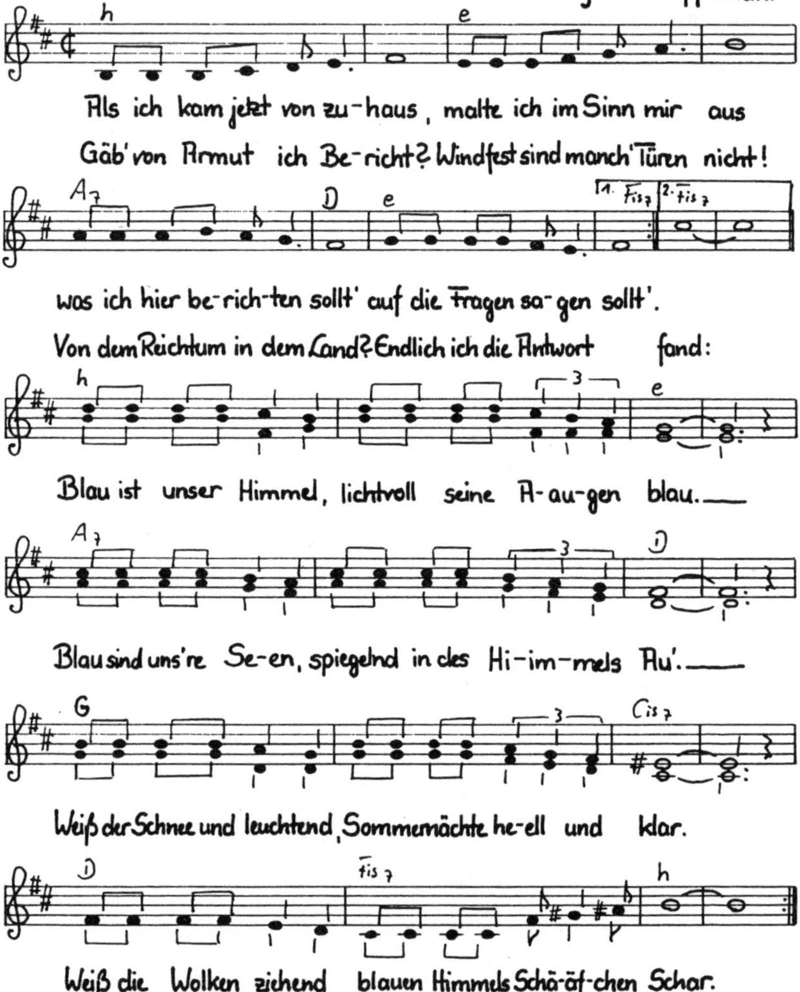

2. Aus der Erde, neu geschafft,
Erde noch bedeckt mit Eis
Wärme fühlt' ich, und mit Kraft
strahlt sie vom Granit so heiß.
Hohe Tannen flüstern leis',
bringen Grüß' von Land zu Land
Uns're Farben Blau und Weiß
sind der Freiheit lichtes Band.

Blau ist unser Himmel, lichtvoll seine Augen blau.
Blau sind uns're Seen, spiegelnd in des Himmels Au'.
Weiß der Schnee und leuchtend, Sommernächte hell und klar.
Weiß die Wolken ziehend, blauen Himmels Schäfchen Schar.

(Übersetzung: J. Kuoppamäkki)

Gute Nacht

zu 4 Stimmen aus England

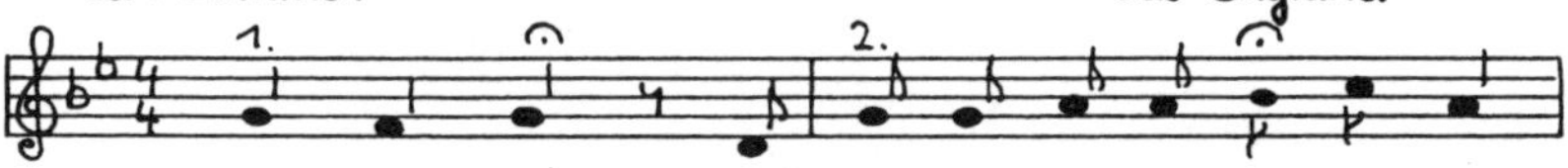

Gu – te Nacht! Nun ru-het, bis der Tag erwacht

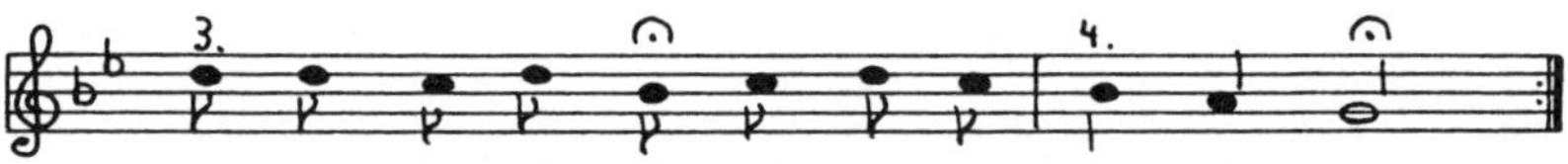

und die hel – le Mor-gen-son-ne euch an – lacht.

KLEINER MANN

Jukka Kuoppamäki

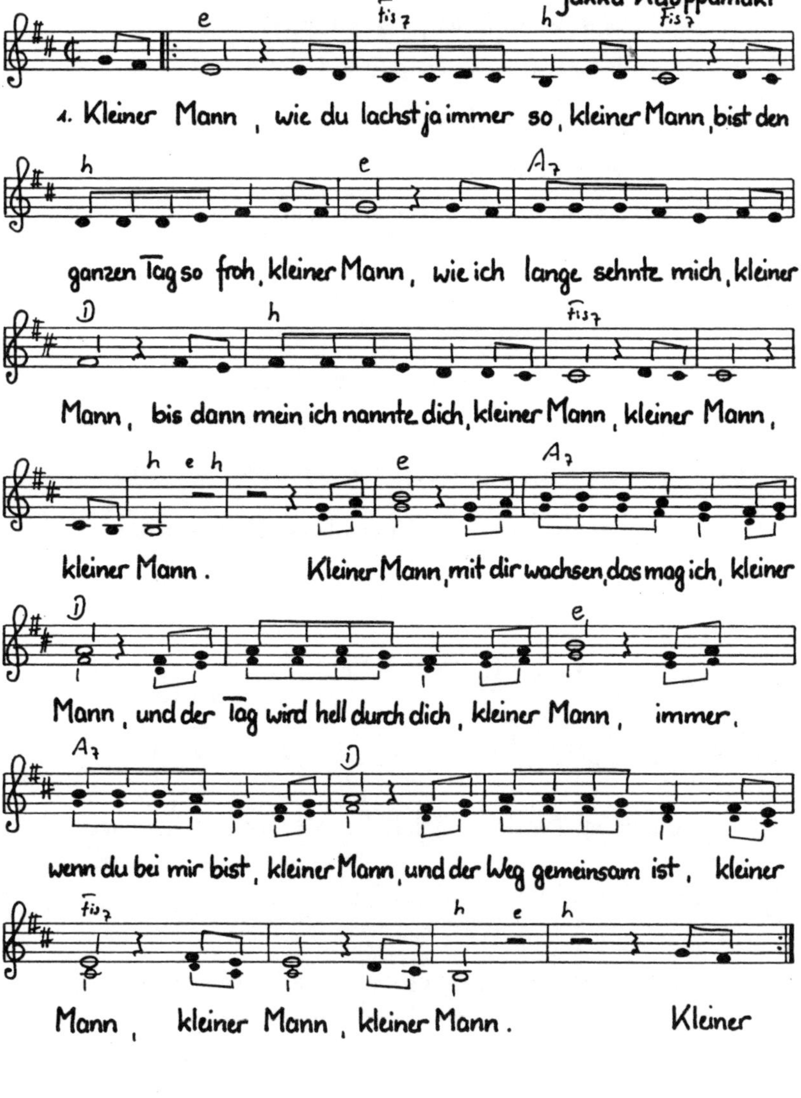

2. Kleiner Mann, nein, Du weißt noch nichts da-von,
kleiner Mann, was Du wert bist mir, mein Sohn,
kleiner Mann, bist das Wich-tig-ste für mich,
kleiner Mann, meine Welt dreht sich um Dich.
Kleiner Mann (3×), mit Dir wach-sen, das mag ich
kleiner Mann, und der Tag wird hell durch Dich.
Kleiner Mann, setz' Du mei-ne Ar-beit fort,
kleiner Mann, bist mein's Le-bens-in-halt's Hort.
Kleiner Mann, klei-ner Mann, klei-ner Mann.

3. Kleiner Mann, wirst Du einst er-wach-sen sein,
kleiner Mann, bist Du niemals ganz al-lein,
kleiner Mann, nennst Du eig'-ne Söh-ne Dein,
kleiner Mann, kehrt das Glück ganz bei Dir ein.
Kleiner Mann, klei-ner Mann, klei-ner Mann.
Kleiner Mann (3×), mit Dir wach-sen, das mag ich,
kleiner Mann, und der Tag wird hell durch Dich.
Kleiner Mann, bist Du groß ge-wor-den dann,
kleiner Mann, fängst Du selbst zu träu-men an.
Kleiner Mann, klei-ner Mann, klei-ner Mann.

Voi minä pikkuinen poika

Finnland

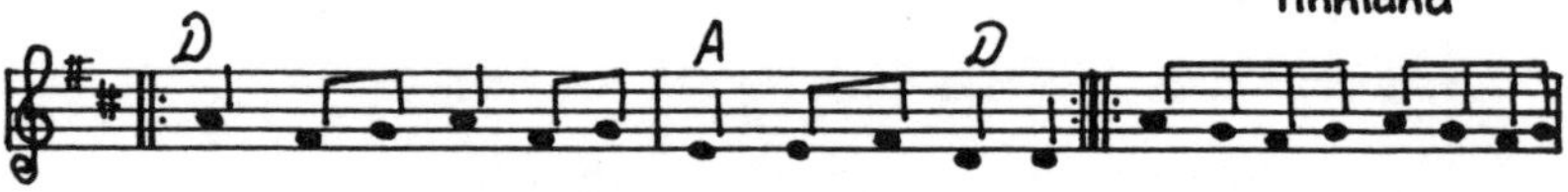

Voi minä, voi minä pik-kuinen poika. Mikä sinun, mikä sinun

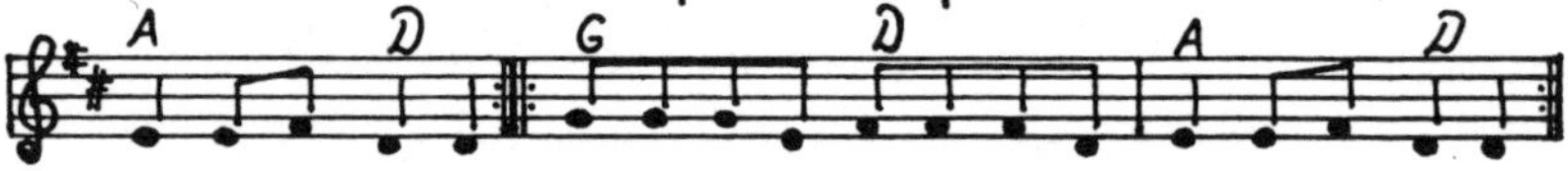

pik-kuinen poika. Uni minun, uni minun, pik-kuinen poika.

(siehe Anhang)

Tuku, tuku lampaitani

Finnland

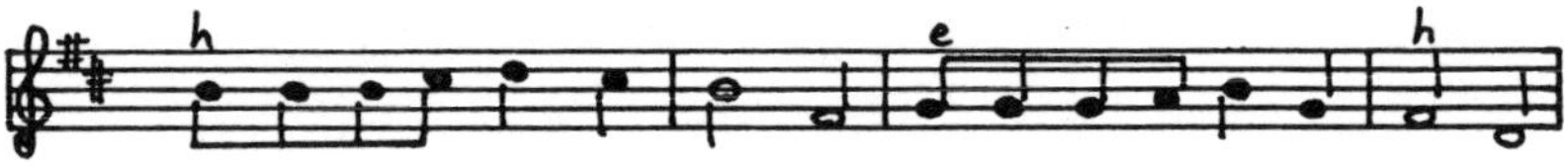

1. Tuku, tuku lampai-ta-ni, ki-li, ki-li ki-li-ä-ni.

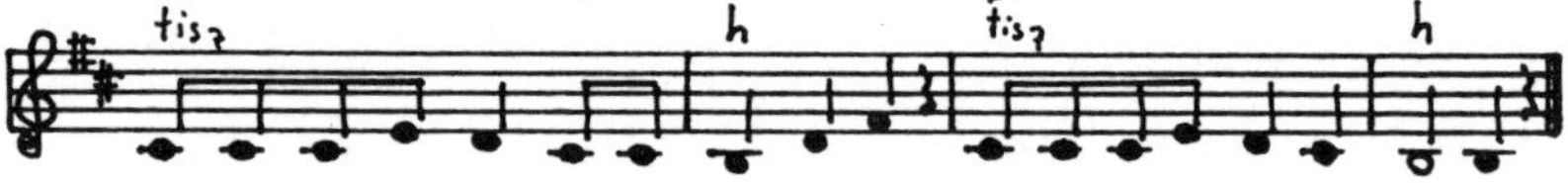

Pä-kä, pä-kä puskuri-pässi-ä, pä-kä, päkä pässi-ä-ni.

2. Aurinko mailleen laskehtii,
kussapa kultani viipyypi,
kyllä me tavataan huomenna
toisemme suurella salolla. (siehe Anhang)

Rai riitia

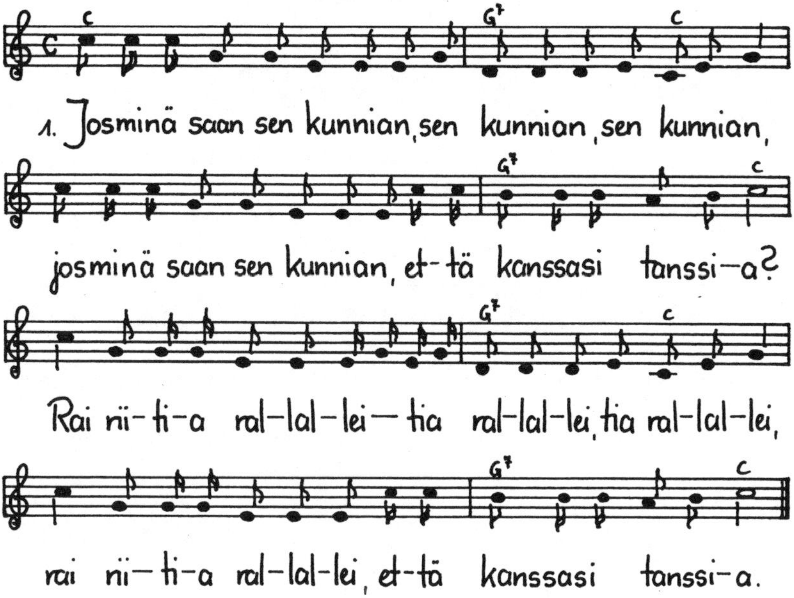

2. Nyt on mulla se kunnia, se kunnia, se kunnia,
nyt on mulla se kunnia, että kanssasi tanssia.
Rai riitia rallallei...

3. Nyt on loppu se kunnia, se kunnia, se kunnia,
nyt on loppu se kunnia, että kanssasi tanssia.
Rai riitia rallallei...

(siehe Anhang)

Finnlandlied

Satz: H. Grabner

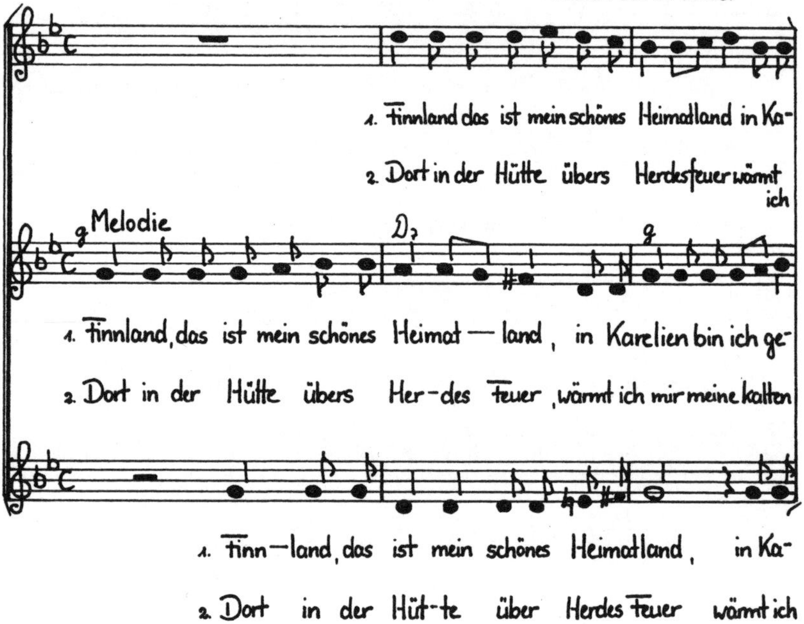

3. Denn als ich lebte dort am blauen Strand
hab in Unmut ich oft gesessen,
und ich lief fort vom Heimatland
und nun kann nimmer ich's vergessen.

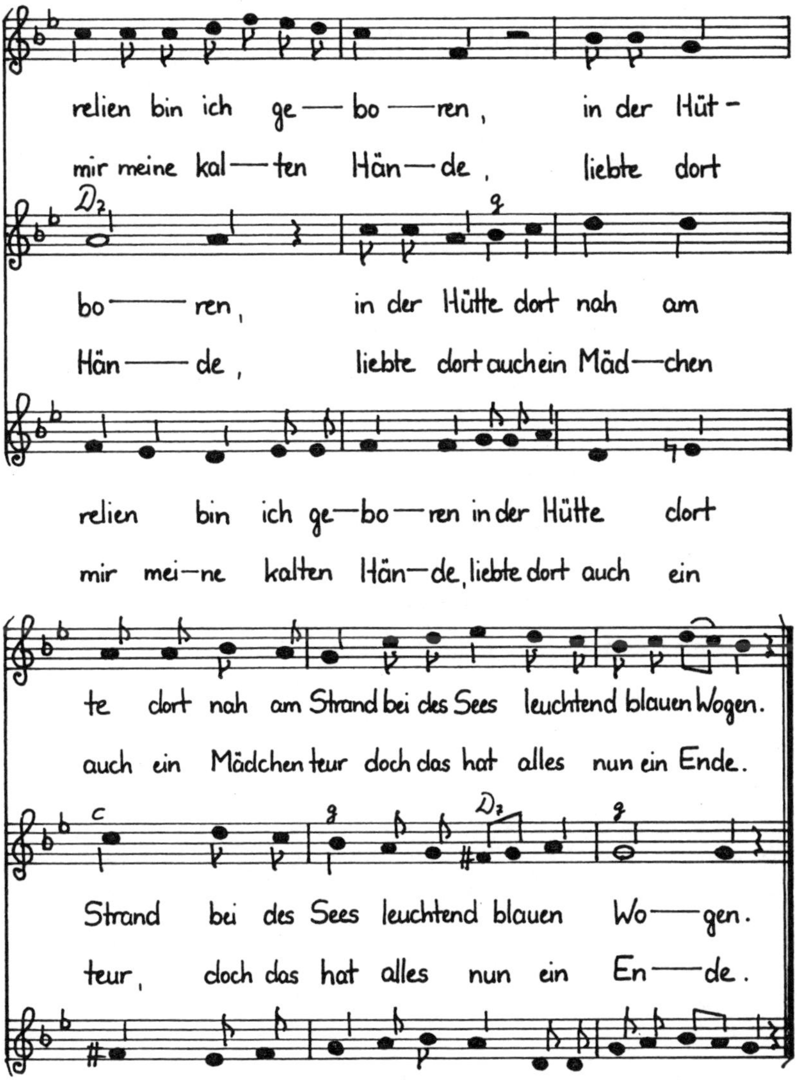
relien bin ich ge — bo — ren, in der Hüt -
mir meine kal — ten Hän — de, liebte dort
D7 g
bo —— ren, in der Hütte dort nah am
Hän —— de, liebte dort auch ein Mäd — chen
relien bin ich ge — bo — ren in der Hütte dort
mir mei — ne kalten Hän — de, liebte dort auch ein
te dort nah am Strand bei des Sees leuchtend blauen Wogen.
auch ein Mädchen teur doch das hat alles nun ein Ende.
c g D7 g
Strand bei des Sees leuchtend blauen Wo — gen.
teur, doch das hat alles nun ein En — de.

Schwanen-Sang

Volkslied aus Island

Satz: K. Knigge 1970

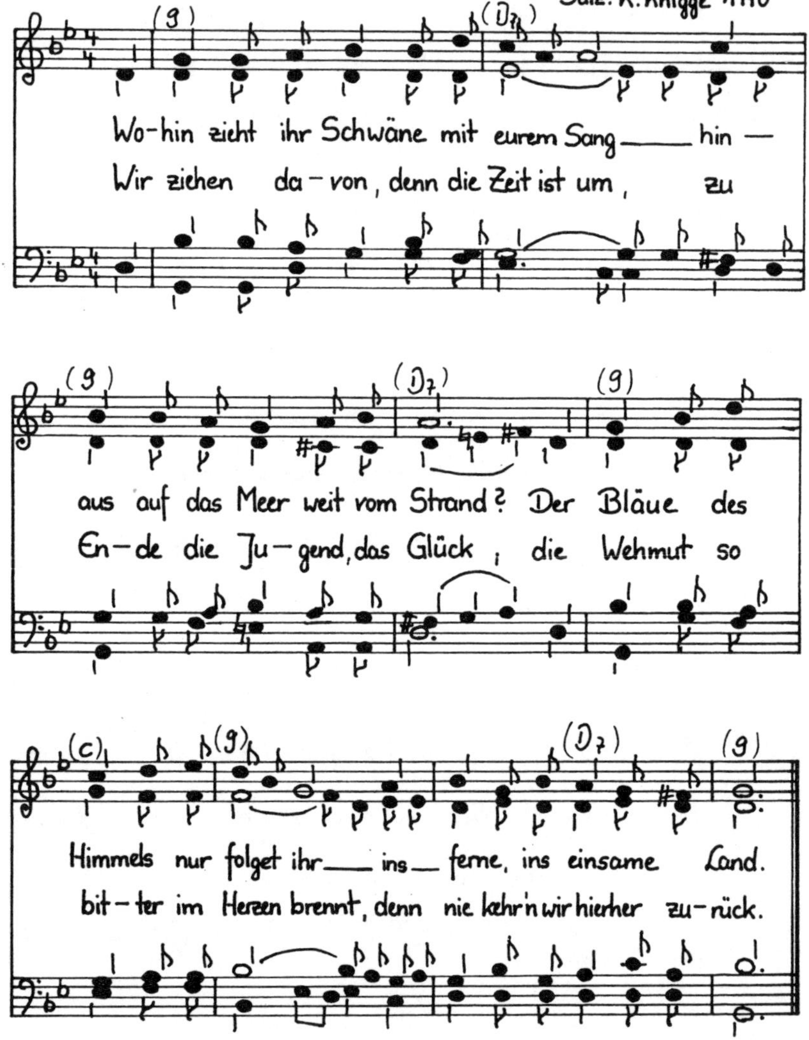

Hert a Majssje

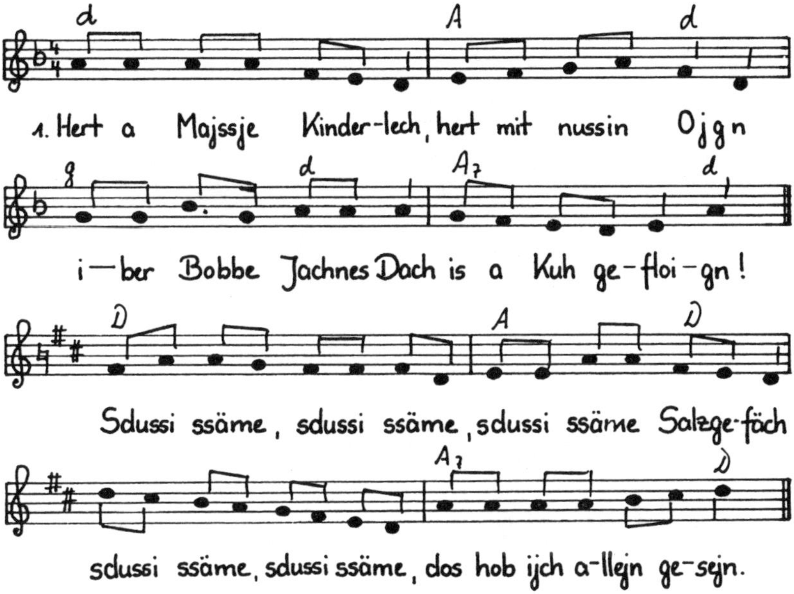

2. Simmer Obend in der Frieh is a Schnej gegangen
Oif a vargebrenntten Stroich is a Bär gehangen!

3. Oif a Boim getanzt aschejr hobn Gäns und Ziegen
Un die Katz hot sijch gesetzt, oismelken die Fliegen!

Majssje = Märchen ; nussin = erwartungsvoll ; Bobbe = Großmutter

Simmer = Sommer ; vargebrenntten Stroich = verbrannter Strauch ; Bär = Beere

Boim = Baum ; aschejr = zusammen ; oismelken = melken

Dos kelbl

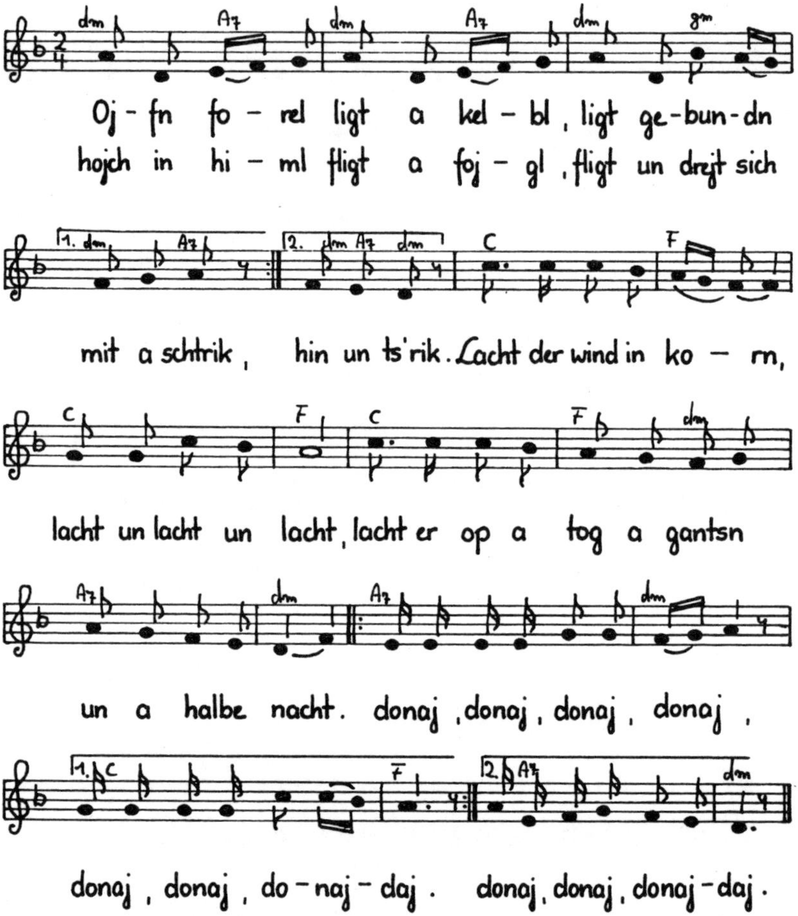
Oj - fn fo - rel ligt a kel - bl, ligt ge-bun-dn
hojch in hi - ml fligt a foj - gl, fligt un drejt sich
mit a schtrik, hin un ts'rik. Lacht der wind in ko - rn,
lacht un lacht un lacht, lacht er op a tog a gantsn
un a halbe nacht. donaj, donaj, donaj, donaj,
donaj, donaj, do - naj - daj. donaj, donaj, donaj - daj.

Schrejt dos kelbl, sogt der pojer,
wer-ssche hejst dich sajn a kalb?
Wolst gekent doch sajn a fojgl,
wolst gekent doch sajn a schwalb.

Lacht der wind in korn...

Bidne kelblech tut men bindn,
un men schlept sej un men schecht.
Wer's hot fligl, flit arojf tsu,
is bej kejnem nischt kejn knecht.

Lacht der wind in korn...

kelbl - Kälbchen, forel - Wagen, donaj - oh, Gott!, pojer - Bauer
wolst gekennt - hättest gekonnt, bidne - arme, schecht - schlachten

HULJET, HULJET, KINDERLECH

(Lebt, Kinder, lebt)

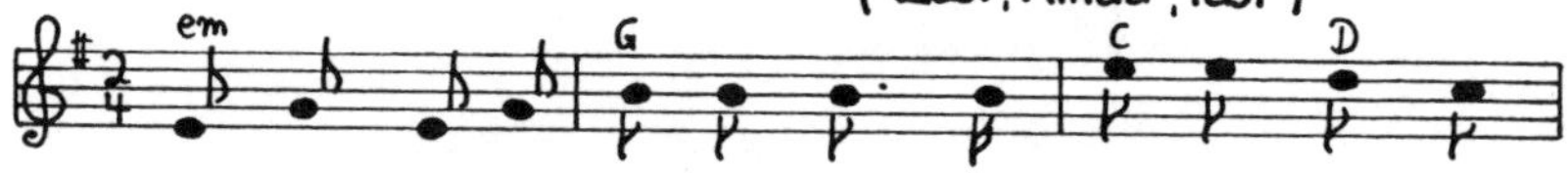

Schpilt ajch, li-be kin-der-lech der fri-ling schojn ba-

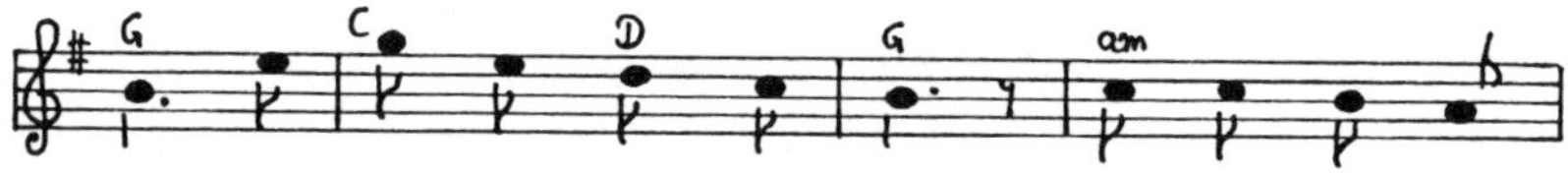

gint! Der fri-ling schojn ba-gint! Oj, wi bin ich,

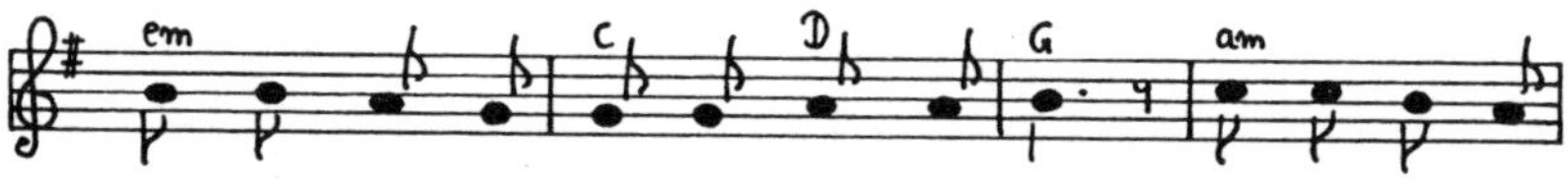

kin-der-lech, me-ka-ne ajch at sind. Oj, wi bin ich,

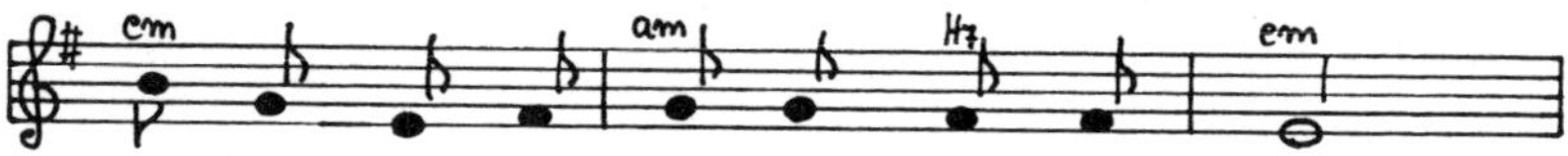

kin-der-lech, me-ka-ne ajch at-sind.

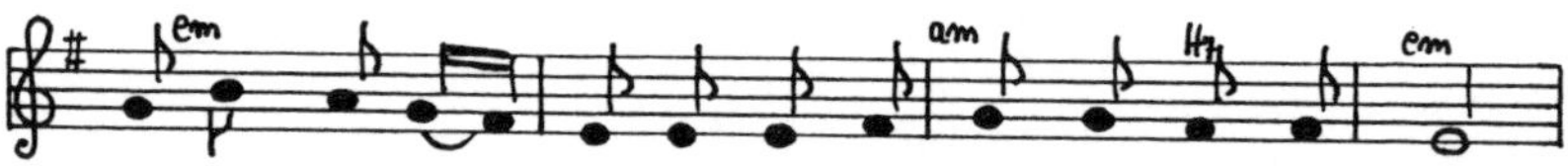

Huljet, huljet kin-derlech, kolsman ir sent noch jung.

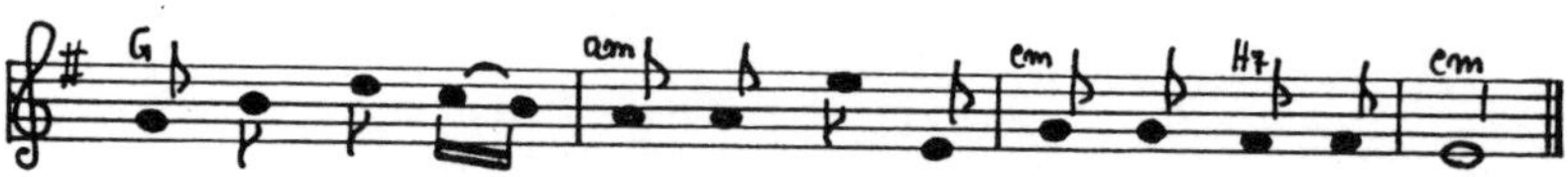

wajl fun fri-ling bis tsum winter is a katsn-schprung.

2. Schpilt ajch, libe kinderlech,
farsojmt kejn ojgn-blik,
nemt mich ojch arajn in schpil,
fargint mir ojch dos glik.

Huljet, huljet ...

3. Kukt nischt oif majn grojen kop,
tsi schtert dos ajch in schpil?
majn neschome is noch jung,
wi tsrik mit jorn fil.

Huljet, huljet ...

4. Majn neschome is noch jung,
wi ts'rik mit jorn fil.
Ach, wi gern wilt sich ir
fun altn guf arojs.

Huljet, huljet ...

5. Schpilt ajch, libe kinderlech,
farsojmt kejn ojgen-blik,
wajl der friling ekt sich bald,
mit im dos hechste glik.

Huljet, huljet ... (siehe Anhang)

As der Rebbe Elimelech

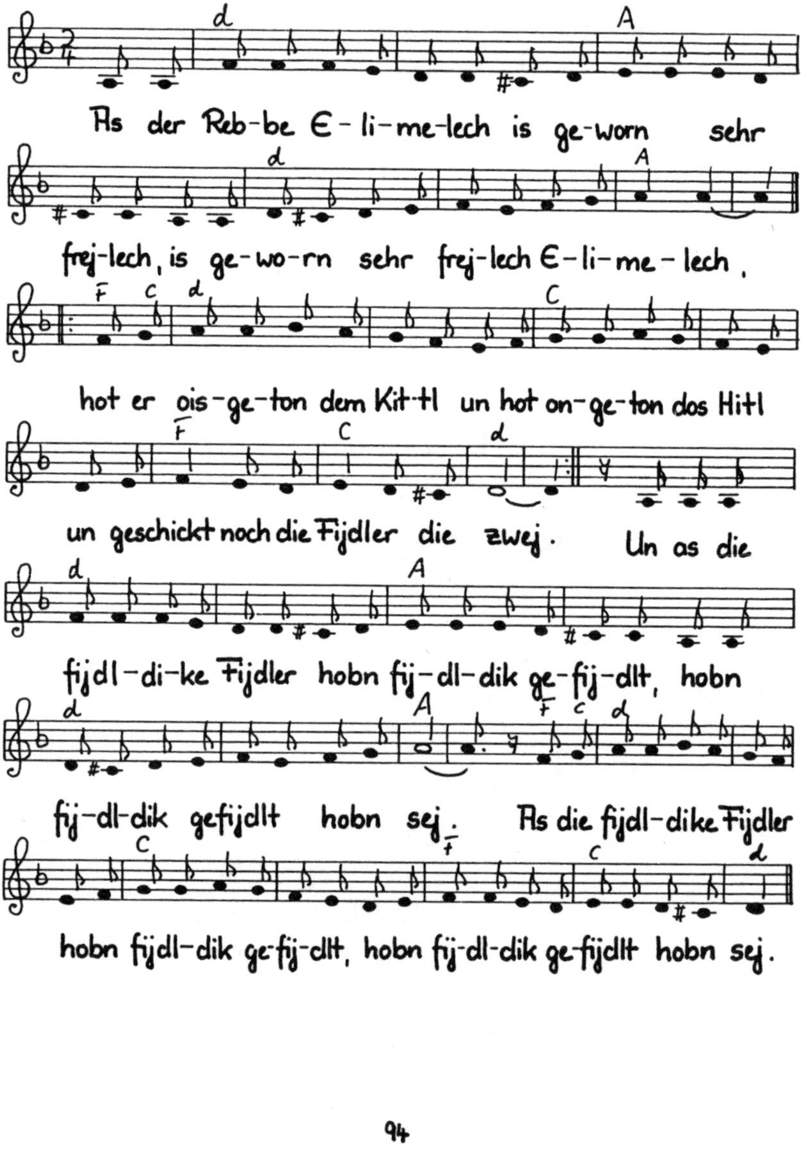

Un as der Rebbe Elimelech
Is geworn noch mehr frejlech,
Is geworn noch mehr frejlech, Elimelech,
Hot er opgemacht Hawdolä (Sabbath-Schlußgebet)
Mitn Schamäsch Rab Naphtolä
Un geschickt noch die Zimbler, die zwej.
Un as die zimbldike Zimbler
Hobn zimbldik gezimblt,
Hobn zimbldik gezimblt hobn sej.
As die zimbldike Zimbler
Hobn zimbldik gezimblt,
Hobn zimbldik gezimblt hobn sej.

Un as der Rebbe Elimelech
Is geworn gor stark frejlech,
Is geworn gor stark frejlech Elimelech,
Hot er oisgeton die Tephillin (Gebetsriemen)
Un hot oisgewischt die Brilln,
Un geschickt noch die Paikler, die zwej.
Un as die paikldike Paikler
Hobn paikldik gepaiklt,
Hobn paikldik gepaiklt hobn sej.
As die paikldike Paikler
Hobn paikldik gepaiklt,
Hobn paikldik gepaiklt hobn sej.

MARGARITKES

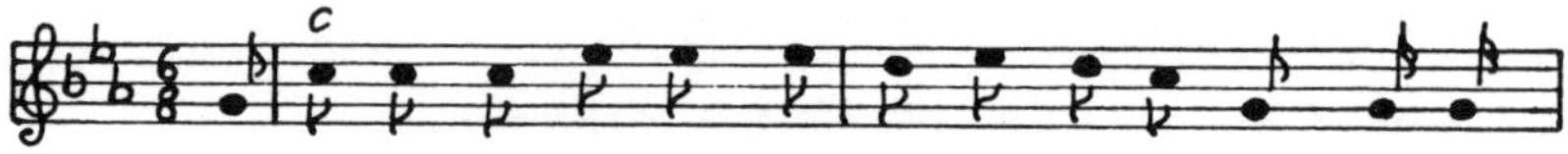

1. In Wäldl, baim Taichl, dort sennen gewach- sn Marga-

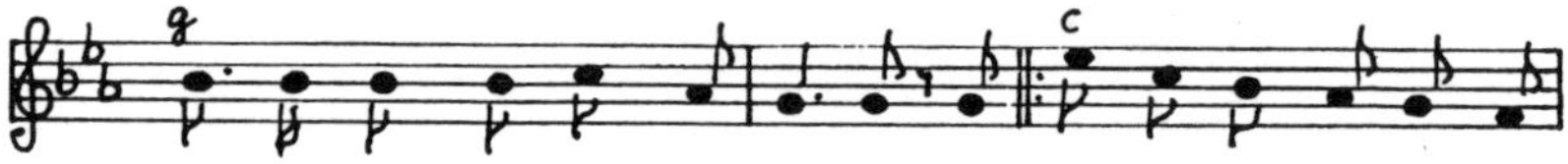

rit- kelech, ejlent un klejn; wie klejninke Sunnen mit

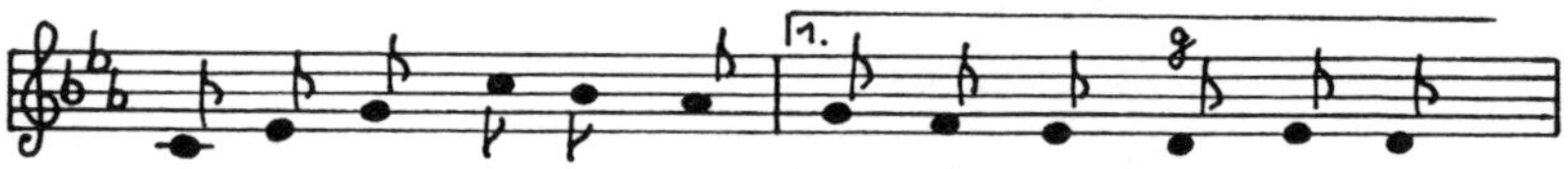

waissinke Strahlen, mit waissinke, tra – la – la

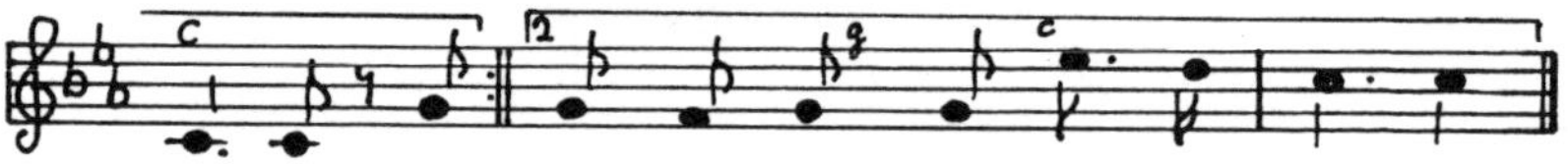

la. Wie waissinke, tra – la – la – la.

2. Dort gejt sijch a Chawelä,
Schtill un varchollämt,
Zulossn die blondinne Zepp.
Sie kuckt in der Waitkait
Un singt sijch a Liedele,
A Liedele, tralalala.

3. Do kummt ijhr antkegn
A Bocher, a schejner,
Mit Lockn, mit schwarze wie Pech;
Er winkt mit die Oign,
Un entwert ijhr frejlech
Dos Liedele, tralalala.

4. „Wos suchst du, du Mejdl,
Wos host du varlorn,
Wos host du varlorn in Wald?"
„Ijch such Margaritkes,"
Verroitlt sijch Chawelä,
Verroitlt sijch, tralalala.

5. Die Sunn is vargangn,
Der Bocher varschwundn,
Un Chawelä sitzt ganz allejn;
Sie kuckt in der Waitkait
Un chollämdik murmelt sie
s'Liedele, tralalala.

Chawelä - Evchen, varchollämt - verschämt, zulossn - aufgelassen
verroitlt - errötet, chollämdik - verträumt

S'brennt, Brüder, s'brennt

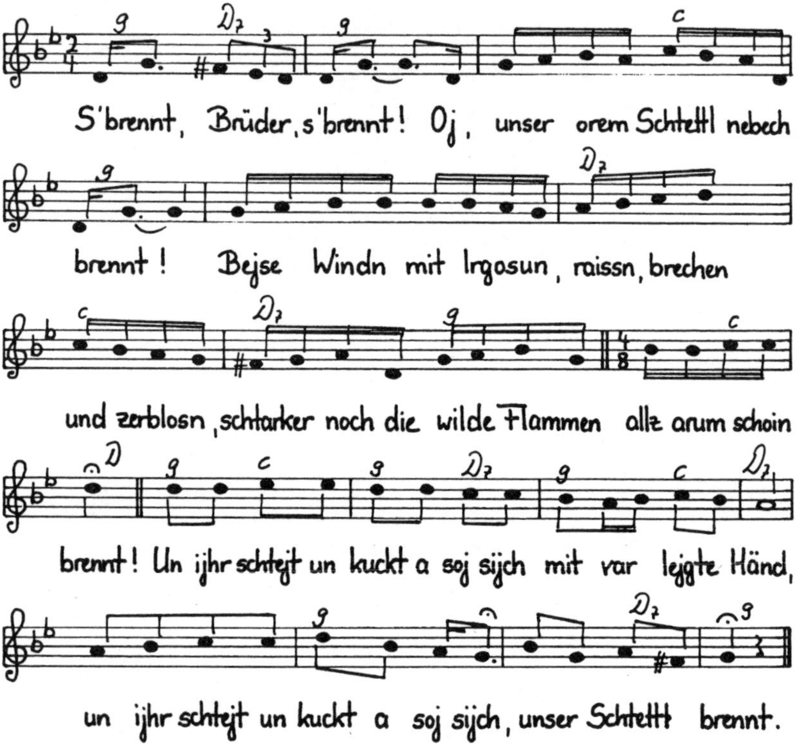

S' brennt, Brüder, s' brennt!
Oj, unser orem Schtettl nebech brennt!
S'hoben schoin die Faierzungen dos ganze Schtettl aingeschlungen,
Un die bejse Windn huschn, 's ganze Schtettl brennt!
Un ijhr schtejt un kuckt asoj sijch mit varlejgte Händ,
Un ijhr schtejt un kuckt asoj sijch, unser Schtettl brennt!

S'brennt, Brüder, s'brennt!
Oj, es konn, cholille, kummen der Moment:
Unser Schtodt mit uns zusammen
Soll oif Asch aweg in Flammen,
Blaibn soll – wie noch a Schlacht –
Nor pußte, schwarze Wänd!
Un ijhr schtejt un kuckt asoj sijch mit varlejgte Händ,
Un ijhr schtejt un kuckt asoj sijch, unser Schtettl brennt!

S'brennt, Brüder, s'brennt!
Die Hilf is nor in aich allejn gewendt!
Oib dos Schtettl is aich taier,
Nemmt die Kejlim, lescht dos Faier,
Lescht mit aier ejgen Blut,
Bawaist, as ijhr dos kennt!
Schtejt nit, Brüder, ot asoj sijch mit varlejgte Händ,
Schtejt nit, Brüder, lescht dos Faier!
Unser Schtettl brennt!

nebech - hilf Gott!, Irgosun - Brausen, cholille - Gott behüte!, kejlim - Gefäße

Tumbalalaika

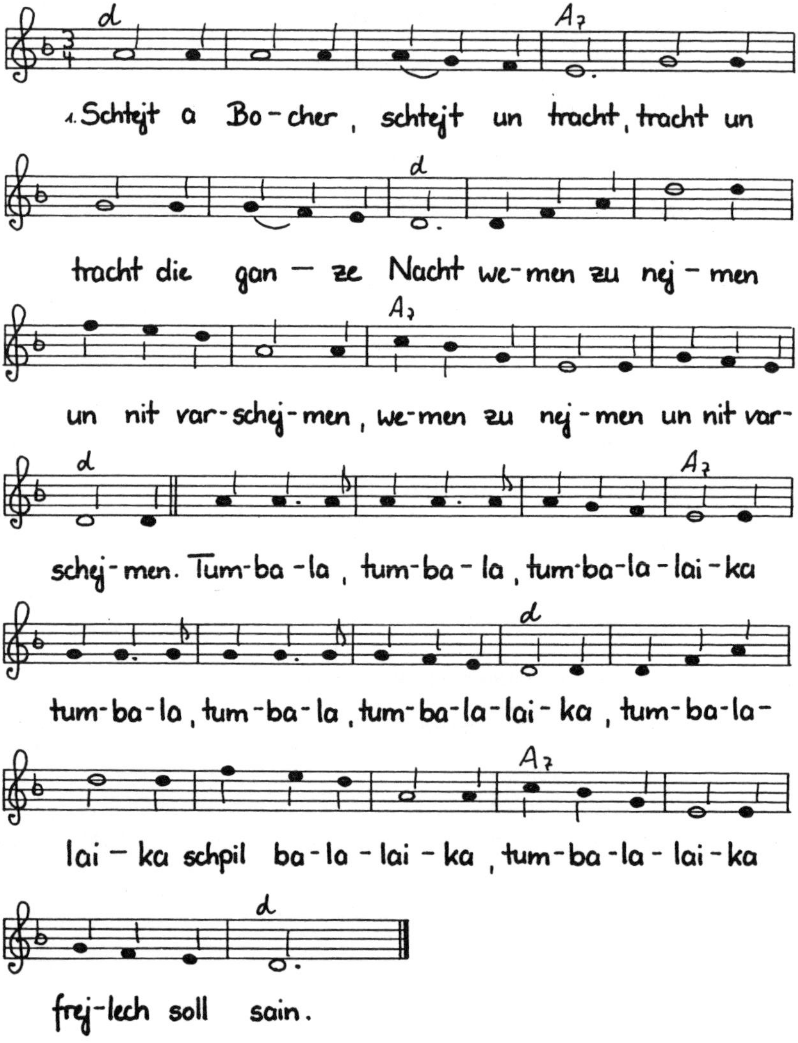

2. Mejdl, ach Mejdl ch'well baj dir fregn,
wos konn wochsn, wochsn on Rejgn,
wos konn brennen un nit ojfhern,
wos konn benken un wejnen on Trern.
Tumbala, tumbala, tumbalalaika
...

3. Narischer Bocher wos derfstu fregn,
a Schtejn konn wochsen, wochsen on Regn,
Libe konn brennen un nit oifhern,
s' Herz konn benken un wejnen on Trern.
Tumbala, tumbala, tumbalalaika
...

(siehe Anhang)

Lachend kommt der Sommer

zu 3 Stimmen — Cesar Bresgen, *1913

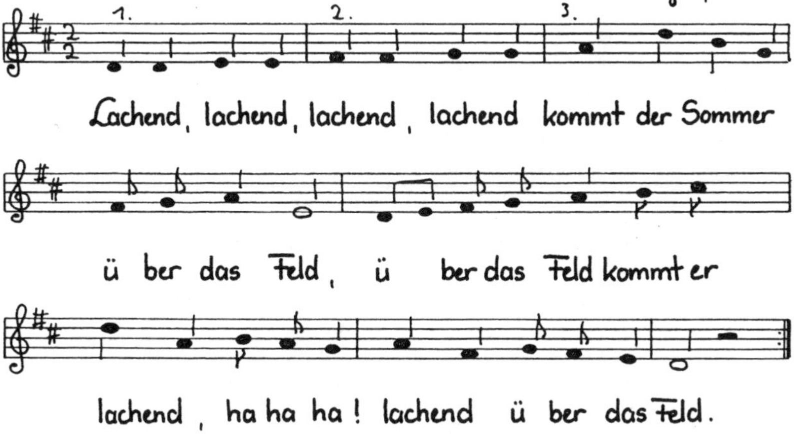

DEM MILNERS TRERN (Tränen des Müllers)

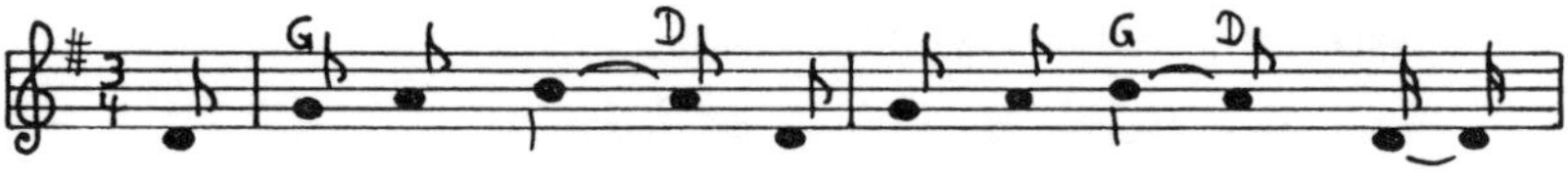

1. Oj , wi fil jor n sen en far for n , sajt

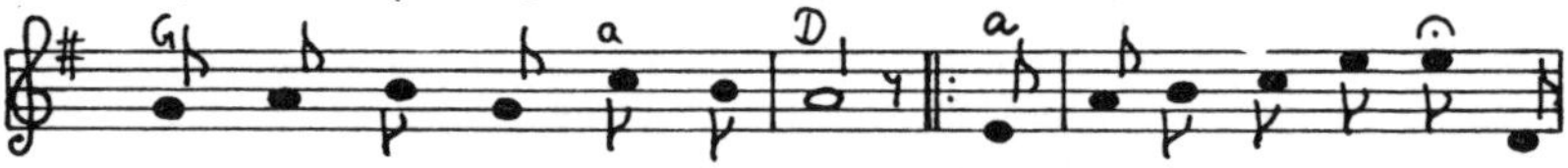

ich bin milner ot o do ; di reder drejen sich , di

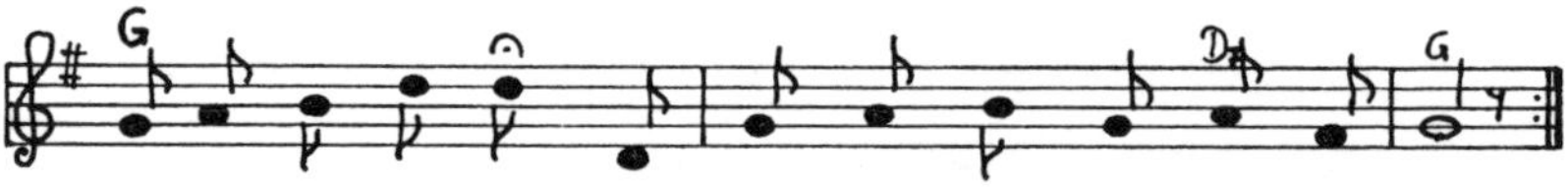

jorn gejen sich , ich bin schojn alt un grajs un gro .

2. S'is teg varhanen, 'ch wil mich dermonen, tsu 'ch hob gehat
a schtikl glik – di reder drejen sich, di jorn gejen sich,
kejn entwer is nit do zurik.

3. 'ch hob gehert sogn, men wel mich farjogen arojs fun dorf
un fun der mil ; di reder drejen sich, di jorn gejen sich,
oj, on an ek un on a tsil.

4. Fun glik vartribn, bin ich geblibn, on wajb, on kind,
o do alejn ; di reder drejen sich, di jorn gejen sich,
un ejlent bin ich wi a schtejn.

5. Wu wel ich wojnen? Wer wet mich schojnen? Ich bin schojn alt,
ich bin schojn mid. – Di reder drejen sich, di jorn gejen sich,
un ojch mit sej gejt ojs der Jid.

(siehe Anhang)

Aller Augen

H. Schütz 1657

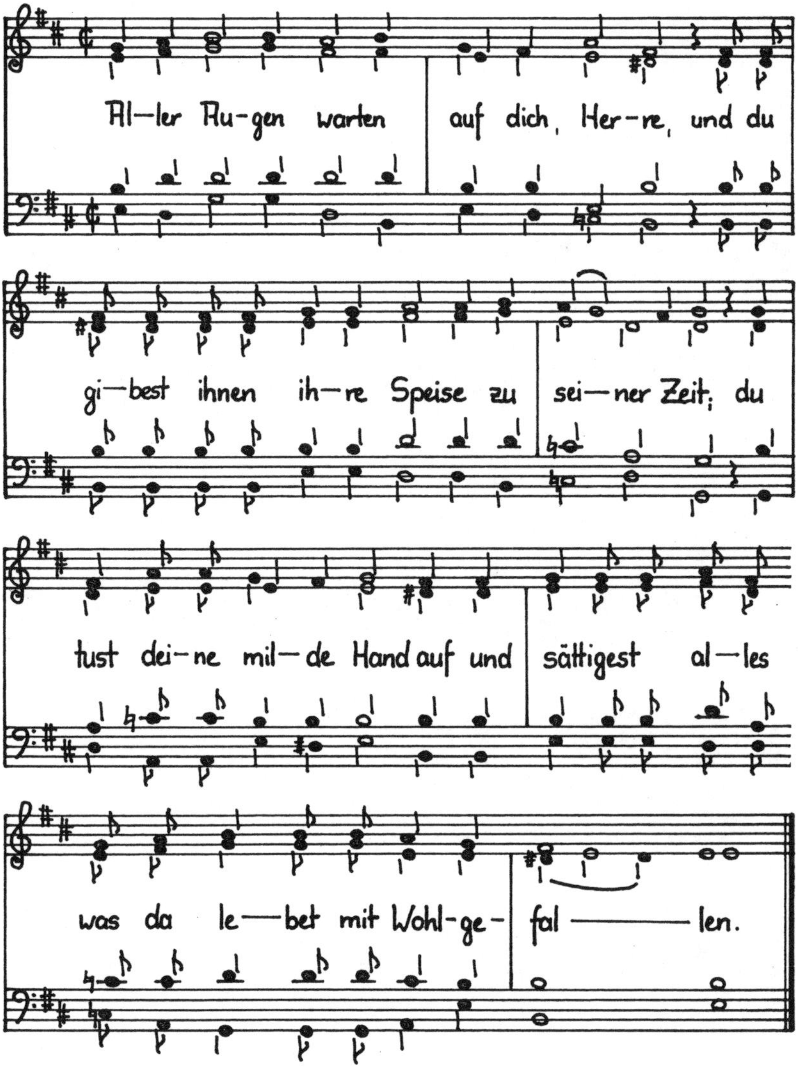

Geh aus, mein Herz, und suche Freud

Volksweise, 16. Jahrhundert
S: Michael Praetorius, 1571-1621

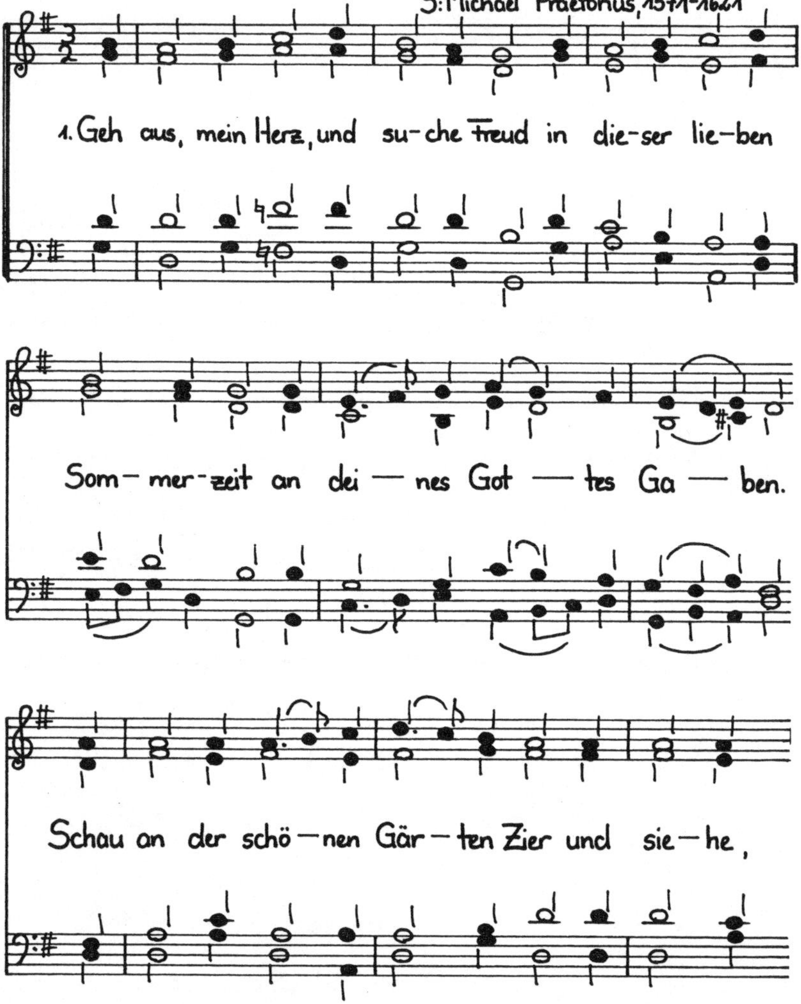

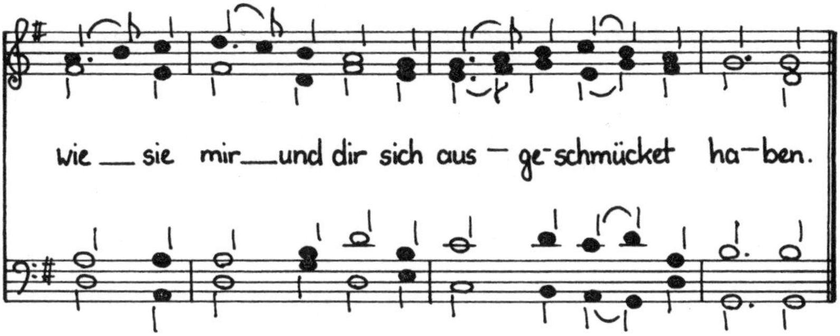

2\. Die Bäume stehen voller Laub,
das Erdreich decket seinen Staub mit einem grünen Kleide;
Narzissen und die Tulipan,
die ziehen sich viel schöner an als Salomonis Seide.

3\. Die Lerche schwingt sich in die Luft,
das Täublein fliegt aus seiner Kluft und macht sich in die Wälder;
die hochbegabte Nachtigall
ergötzt und füllt mit ihrem Schall Berg, Hügel, Tal und Felder.

4\. Ich selber kann und mag nicht ruhn,
des großen Gottes großes Tun erweckt mir alle Sinnen;
ich singe mit, wenn alles singt,
und lasse, was dem Höchsten klingt, aus meinem Herzen dringen.

Die helle Sonn leucht jetzt herfür

Melchior Vulpius um 1560-1615

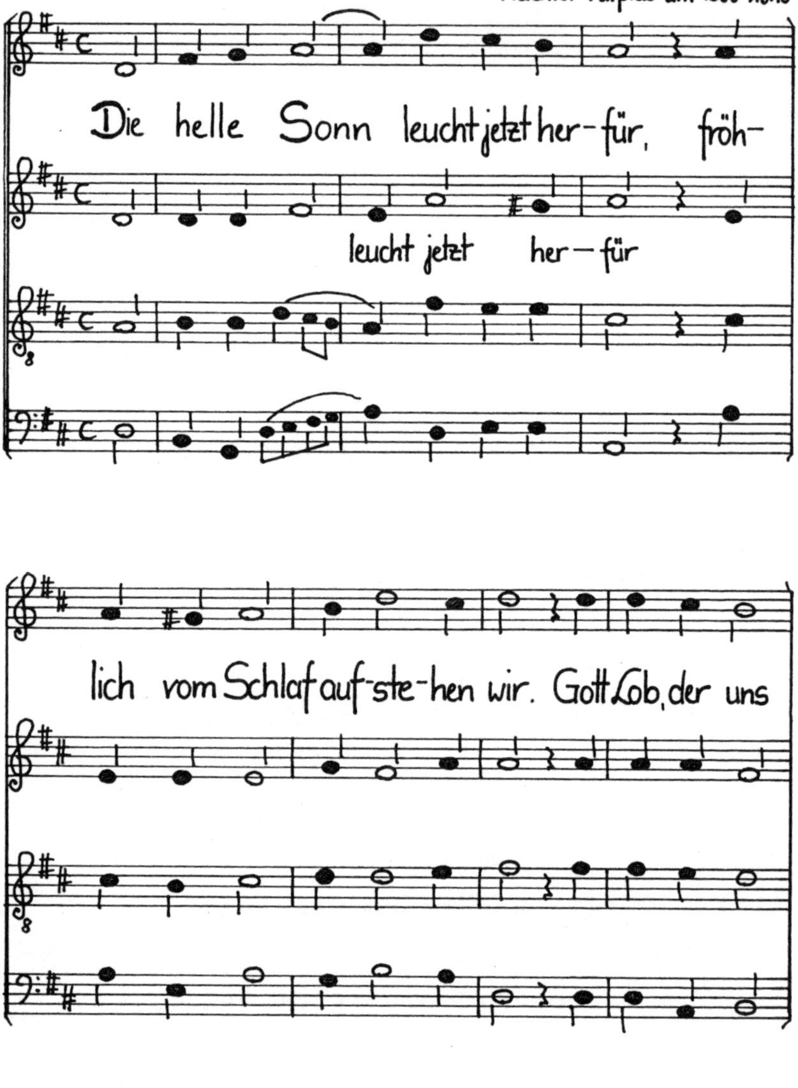

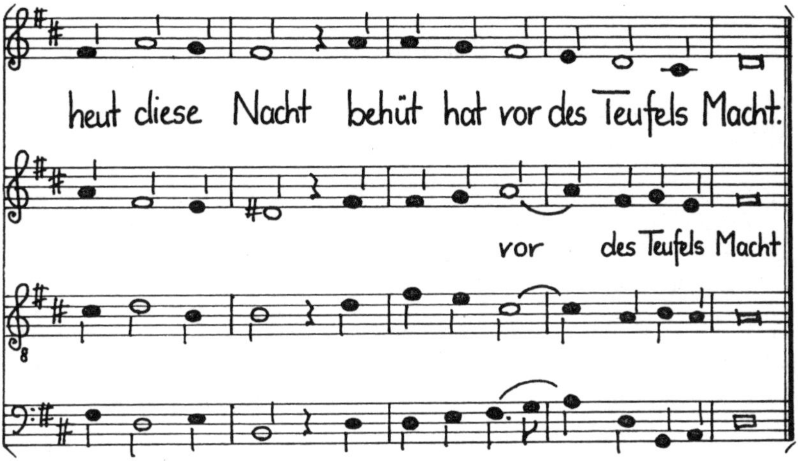

2. Herr Christ, den Tag uns auch behüt ¦ vor Sünd und Schand durch Deine Güt',
laß Deine lieben Engelein ¦ unsere Hüter und Wächter sein,

3. Daß unser Herz in G'horsam leb, ¦ Deim Wort und Willen nicht widerstreb,
daß wir Dich stets vor Augen han ¦ in allem das wir heben an.

4. Laß unser Werk geraten wohl ¦ was ein jeder ausrichten soll,
daß unsre Arbeit, Müh und Fleiß ¦ gereich zu Deinem Lob und Preis.

An hellen Tagen

Giovanni Gastoldi, um 1556-1622

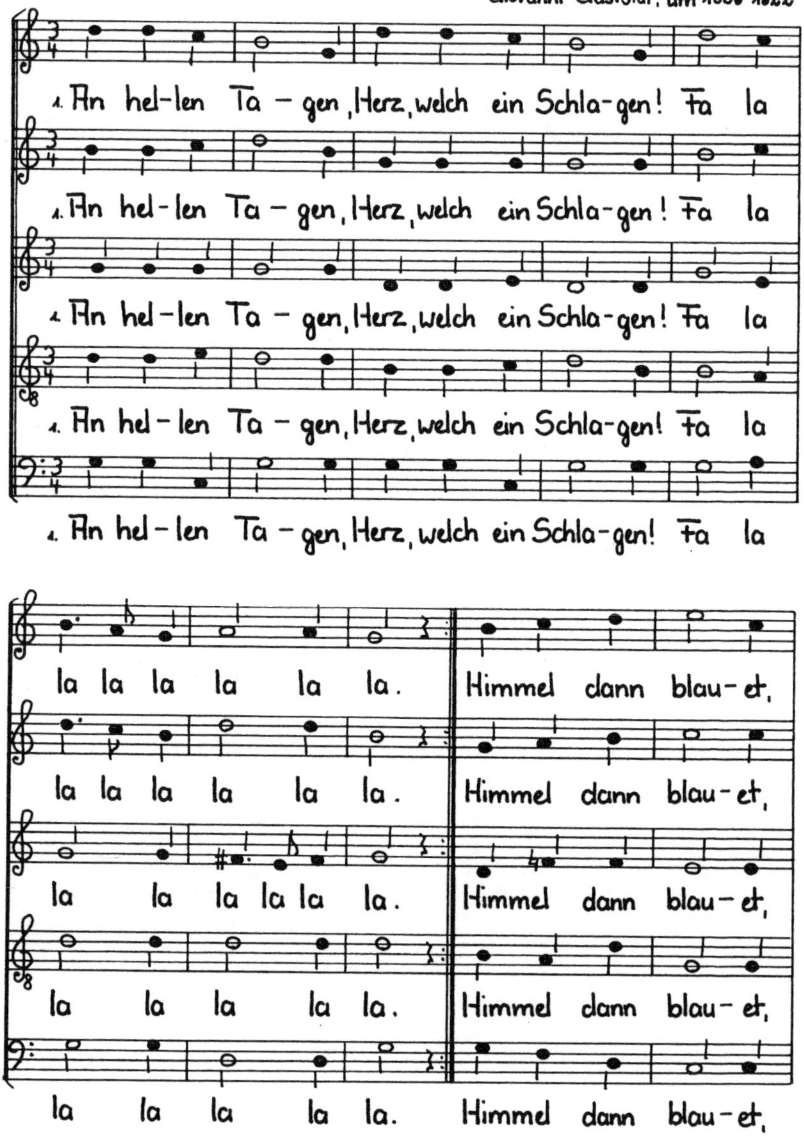

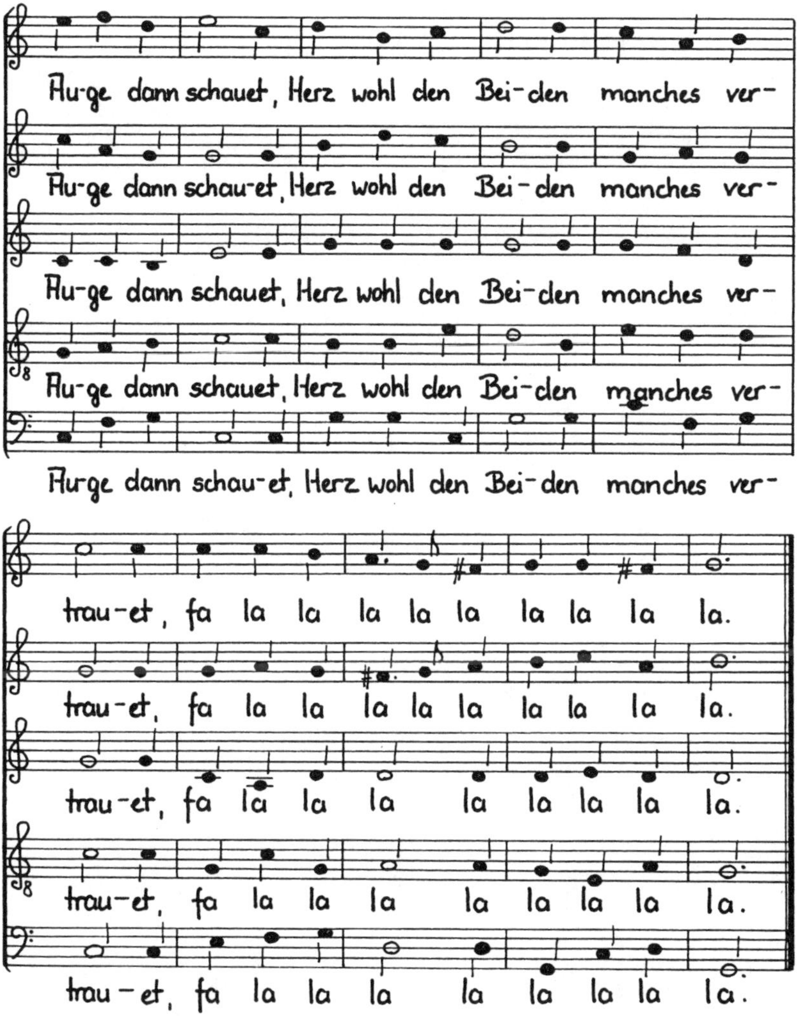

2. Beim Dämmrungsschimmer, Herz, du pochst immer, falalalalalalala.
Sind auch zerronnen Strahlen und Wonnen,
Herz will an Beiden still sich noch sonnen, falalalalalalala.

Kommt, ihr G'spielen

Melchior Franck
um 1580 – 1639

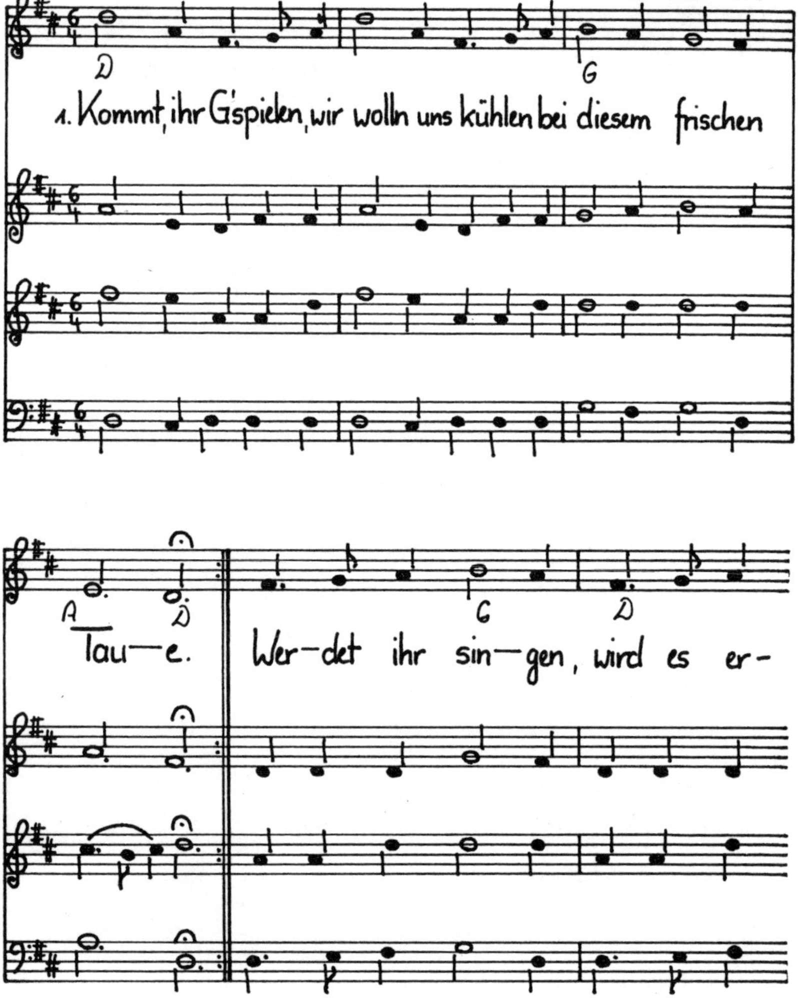

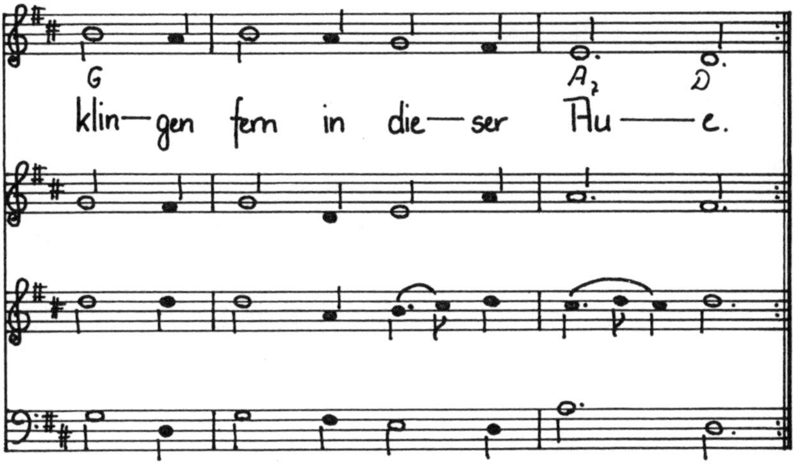

2\. Hört ihr G'sellen, die Hündlein bellen
was wollen wir beginnen:
Lasset uns kriegen, lasset uns siegen,
Sommerlust gewinnen.

3\. Auf, ihr Brüder, singt hoch und nieder,
den Sommer zu gewinnen:
Ist es nicht Schande, weit in dem Lande,
wenn wir uns besinnen.

Kommt und laßt uns tanzen

Kanon zu vier Stimmen

Altfranzösisch aus dem 13. Jahrhundert

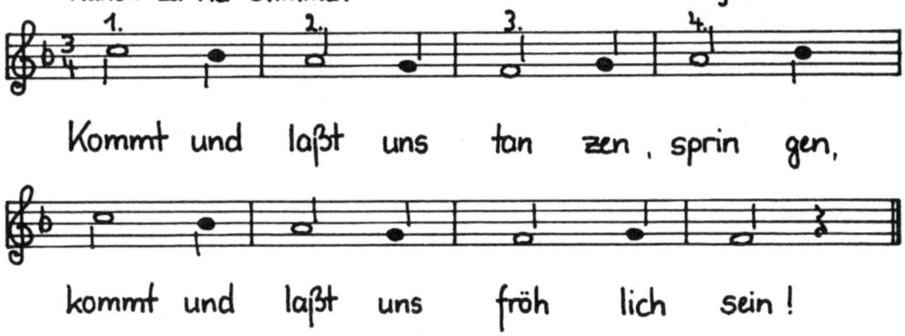

Der Morgenstern ist aufgedrungen

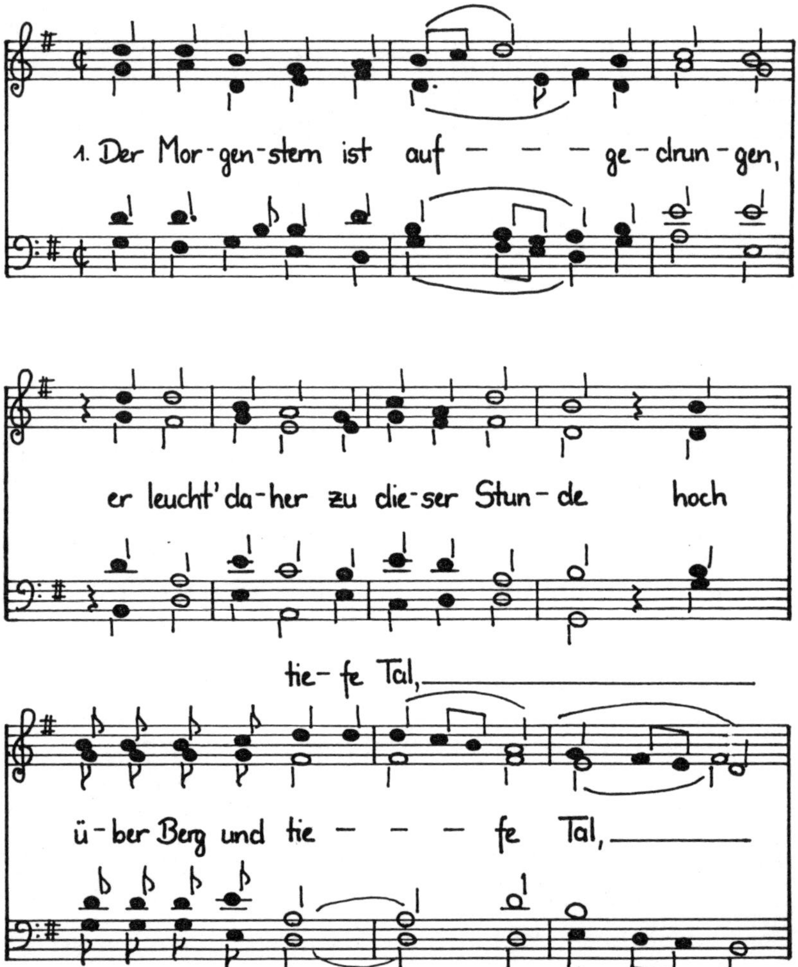

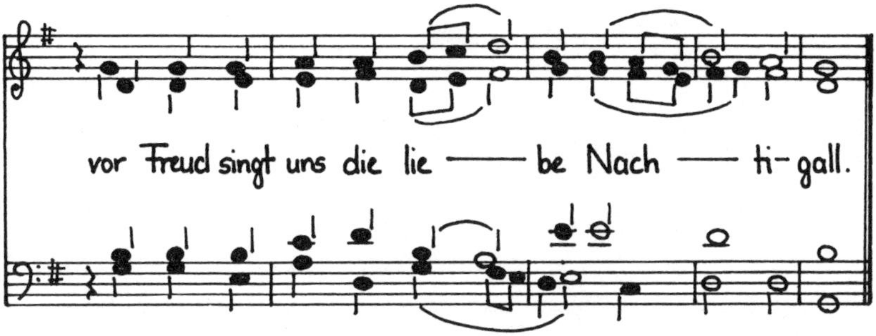

2. Der Wächter singt wohl an der Zinnen,
weckt auf den Held mit sachten Sinnen:
„Wach auf, es ist wohl an der Zeit!"
Gott schütz der Jungfrau Ehr, dem Held seinen jungen Leib.

3. „Fahr hin, feins Lieb, daß Gott dich behüte!
Mich macht das Scheiden also müde;
es hat mein Herz von Freud in Trauern gebracht.
Daß ich von dir muß scheiden: ade zur guten Nacht!"

W: bei Michael Praetorius, 1609
S: Michael Praetorius, 1571-1621

Harmonie der Sterne

Werner Gneist

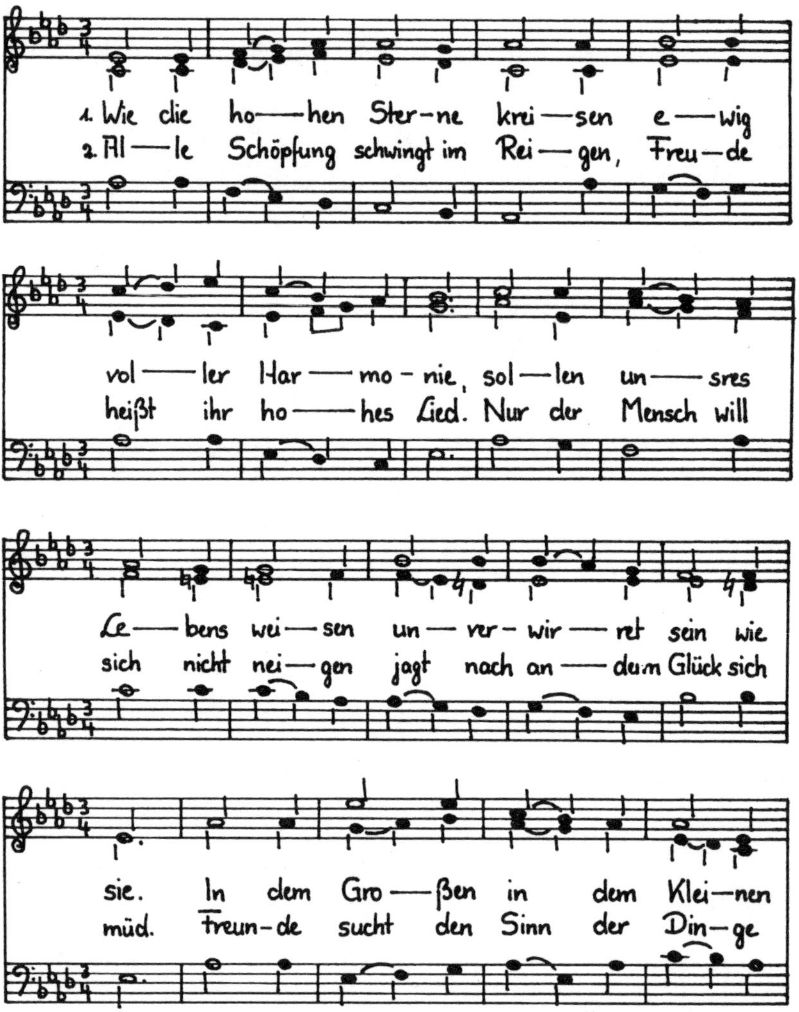

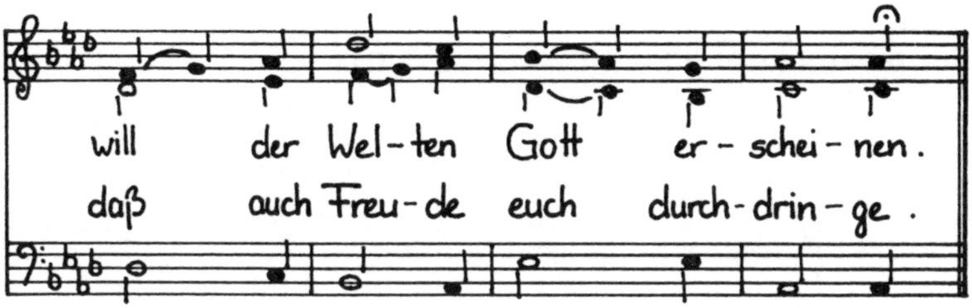

Dona nobis pacem!

zu 3 Stimmen

Komponist unbekannt

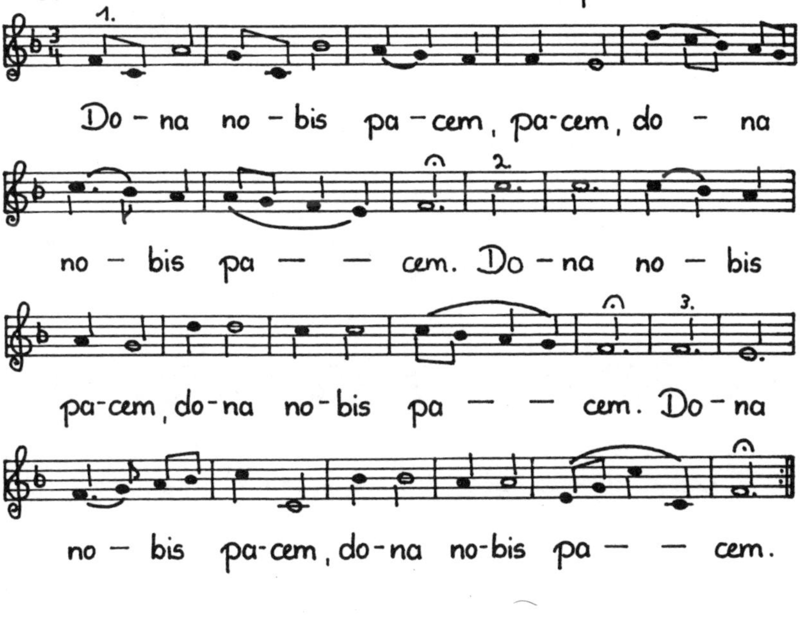

Hinunter ist der Sonnen Schein

W+Sätze: Melchior Vulpius, um 1560-1615
aus „Ein schön geistlich Gesangbuch", 1609

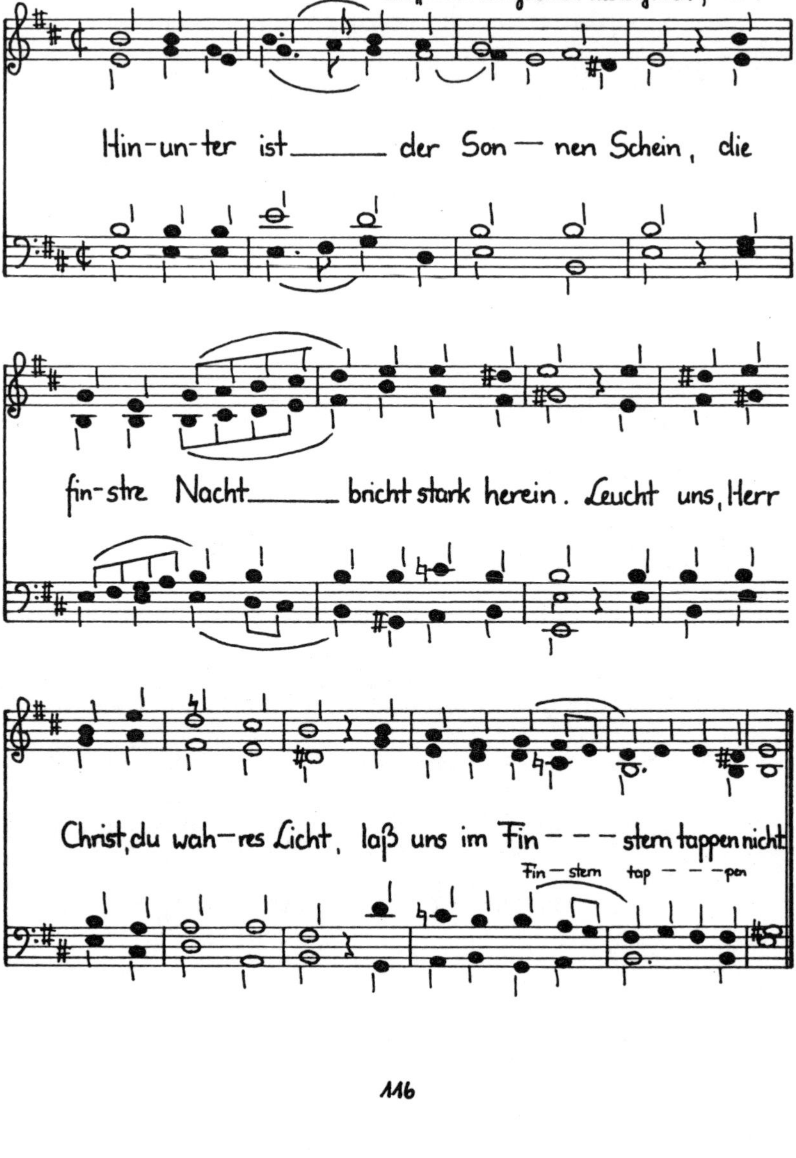

Dir sei Dank, daß du uns den Tag vor Schaden, Gfahr und mancher Plag
durch deine Engel hast behüt' aus Gnad und väterlicher Güt.
Womit wir han erzürnet dich, dasselb verzeih uns gnädiglich
und rechn es unsrer Seel nicht zu, laß schlafen uns mit Fried und Ruh.
Durch dein Engel die Wach bestell, daß uns der böse Feind nicht fäll;
vor Schrecken, Angst und Feuersnot behüt uns heint, o lieber Gott.

Schläft ein Lied

zu 4 Stimmen

Klaus Knigge

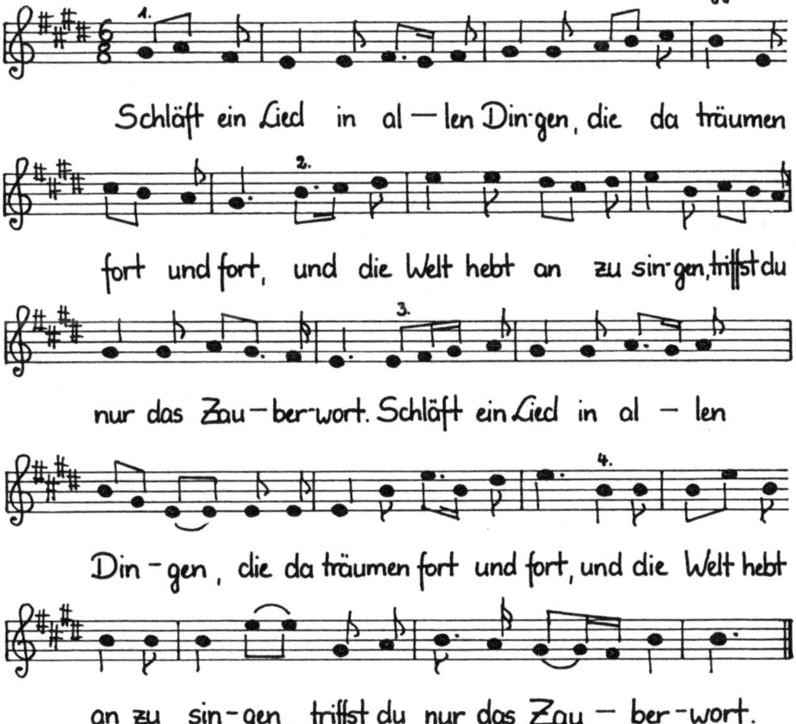

(J. v. Eichendorff)

Nun ruhen alle Wälder

W: Heinrich Isaac, vor 1450-1517
S: J.S. Bach, 1685 - 1750
aus der Matthäus-Passion („Wer hat dich so geschlagen")

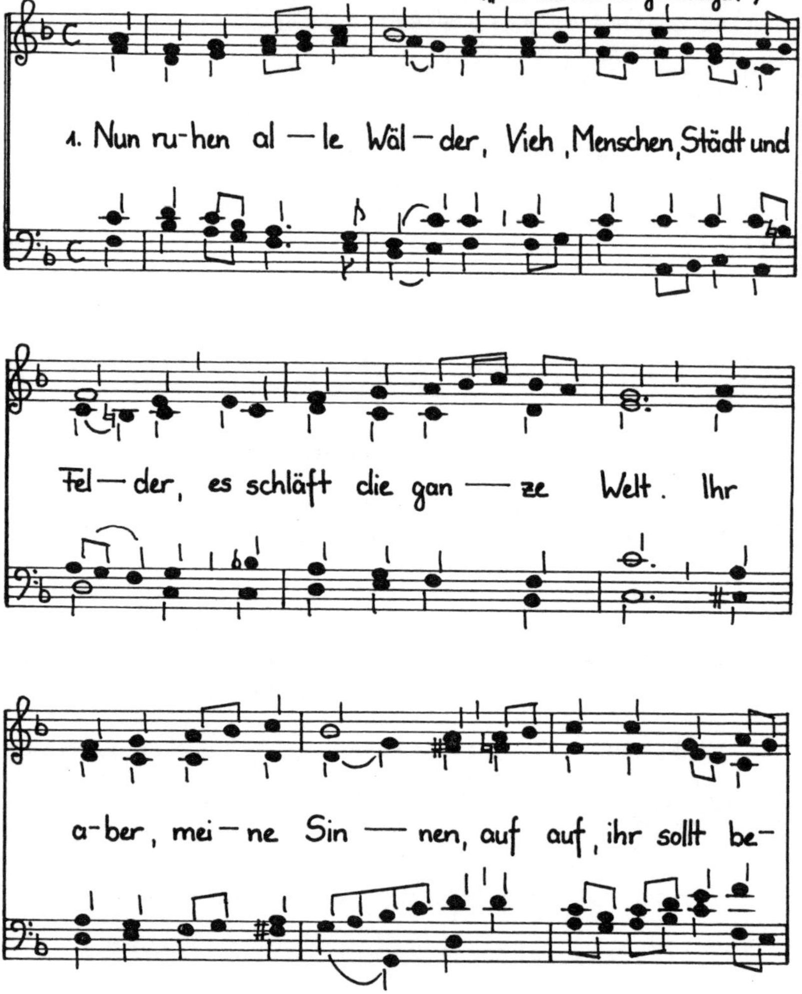

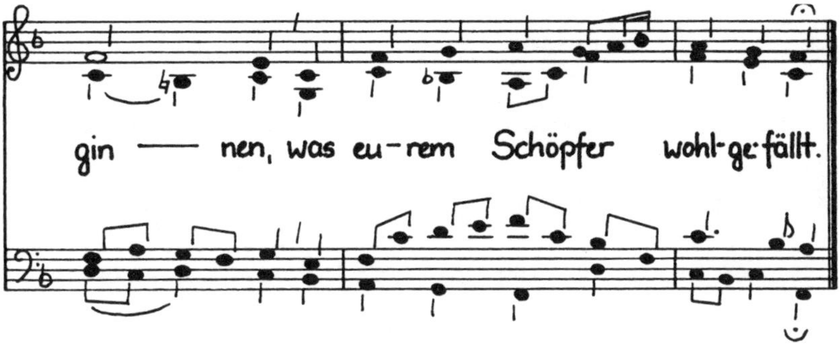

2. Der Leib eilt nun zur Ruhe,
legt Kleider ab und Schuhe,
das Bild der Sterblichkeit;
die zieh' ich aus, dagegen wird Christus mir anlegen
das Kleid der Ehr und Herrlichkeit.

3. Auch euch, ihr meine Lieben,
soll heute nicht betrüben
kein Unfall noch Gefahr;
Gott laß euch ruhig schlafen, stell' euch die güldnen Waffen
ums Bett und seiner Engel Schar.

Komm, Trost der Welt

Auch in E oder F zu singen

W. und S.: Christian Lahusen

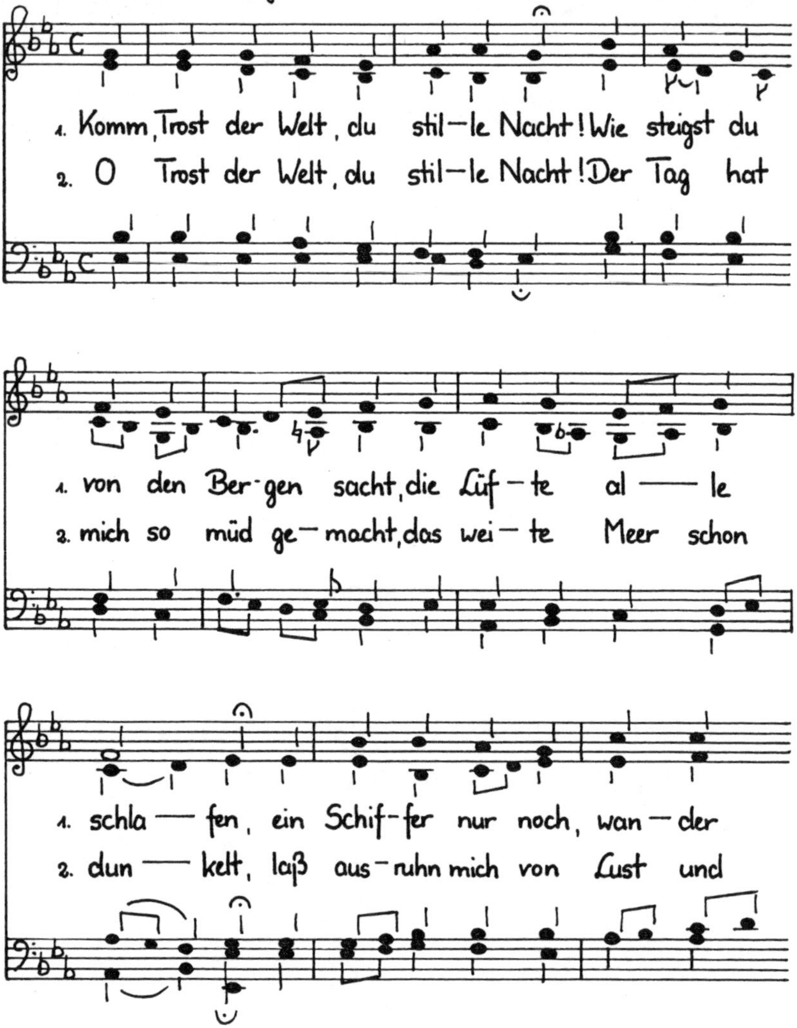

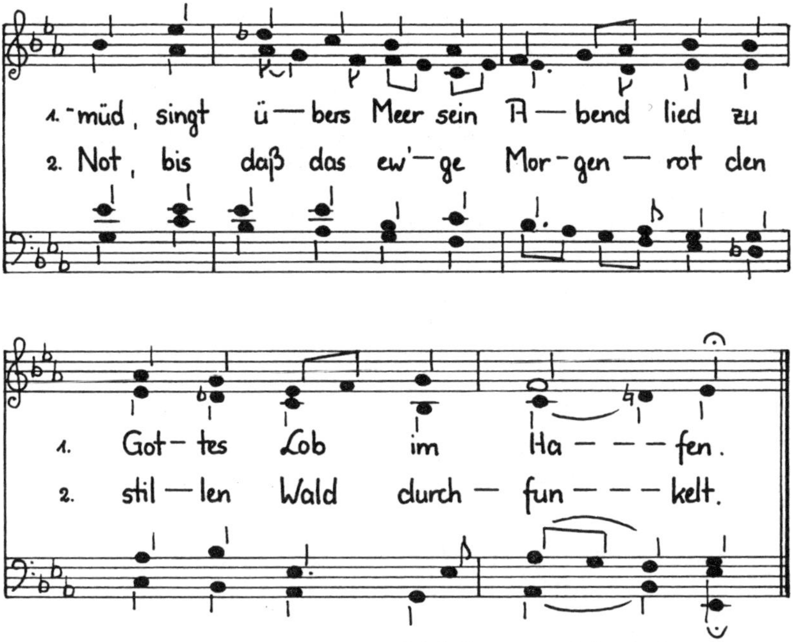

Text: Joseph von Eichendorff, 1788-1857

DA PACEM

Melchior Franck, 1573(?)-1639

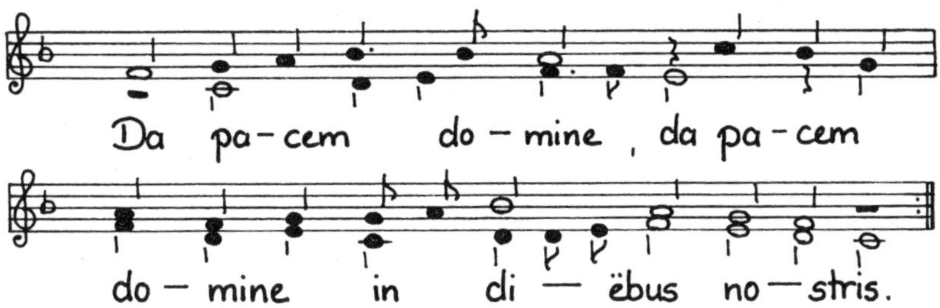

23. Psalm

H. Schütz
Kornelius B.

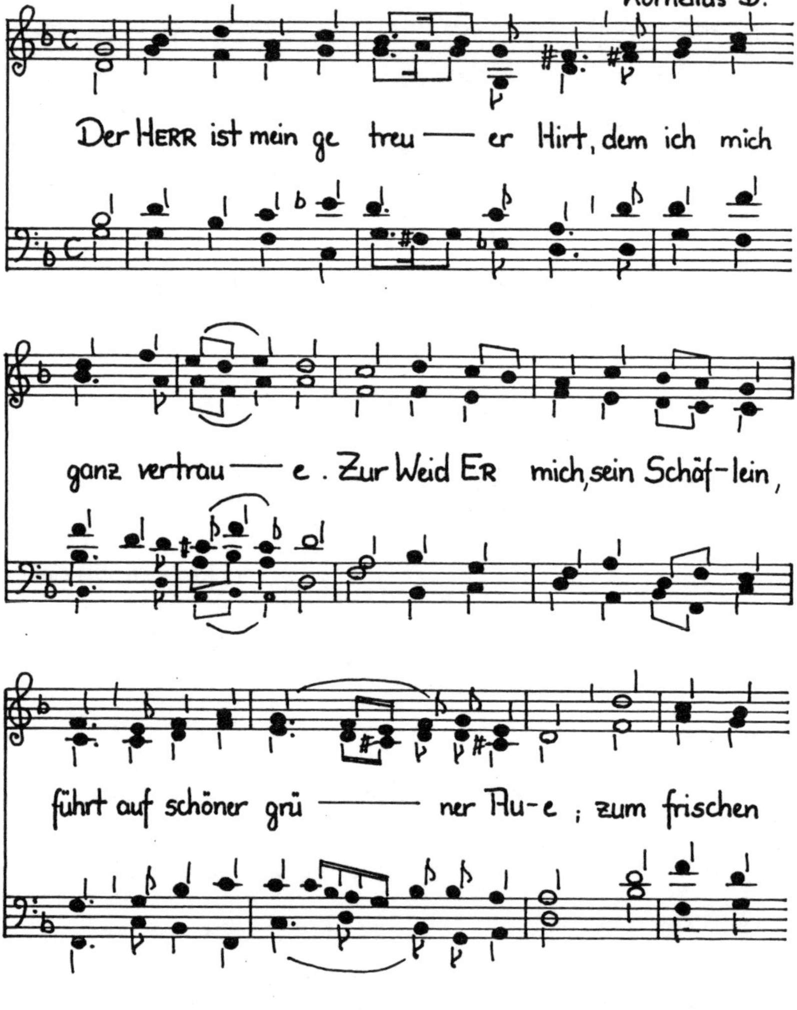

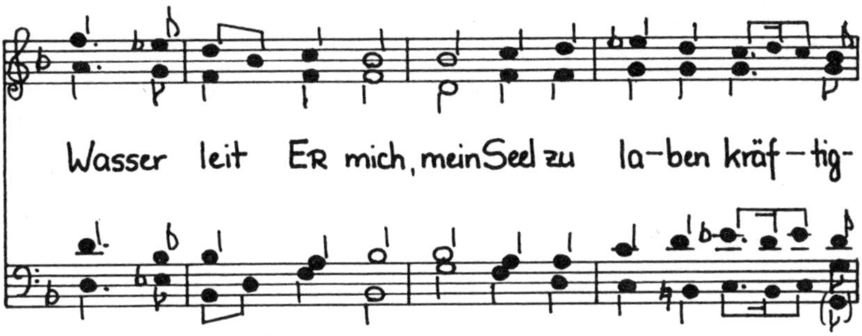

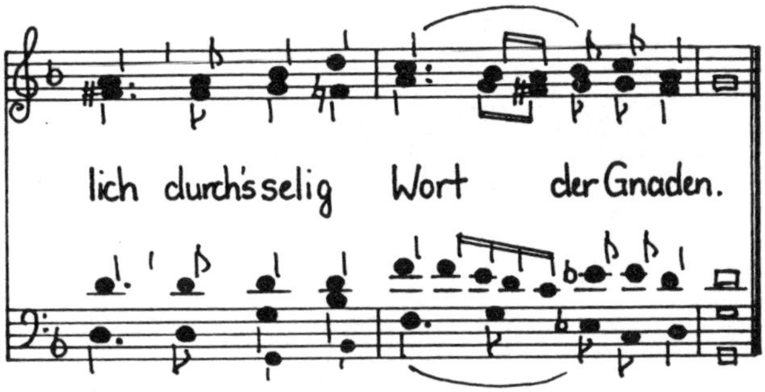

2. ER führet mich auf rechter Bahn von Seines Namens wegen;
obgleich viel Trübsal geht heran auf Todes finstern Stegen,
so grauet mir doch nicht dafür, mein treuer Hirt ist stets bei mir,
sein Steck und Stab mich tröstet.

3. Ein' köstlich' Tisch ER mir bereit, sollt's auch die Feind verdrießen;
schenkt mir voll ein, das Öl der Freud über mein Haupt tut fließen.
Sein Güte und Barmherzigkeit werden mir folgen alle Zeit
in seinem Haus ich bleibe.

Zur Feier

Christoph Willibald Gluck, 1714–1787
aus „Iphigenie in Aulis", 1779

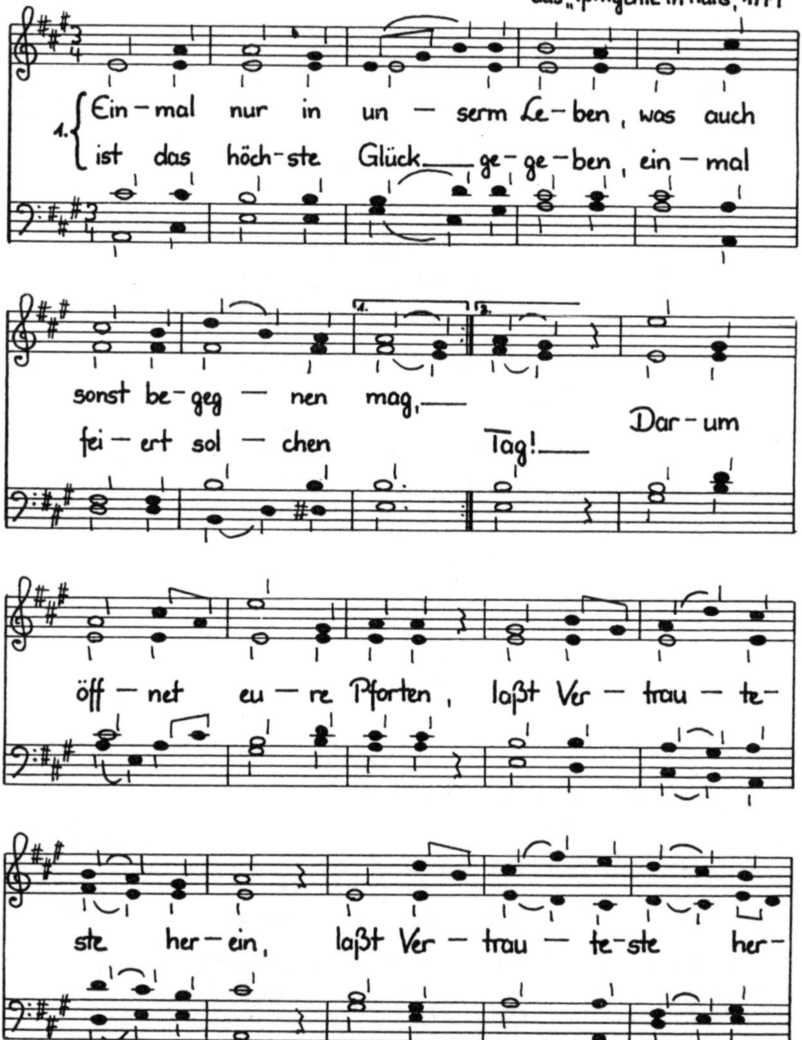

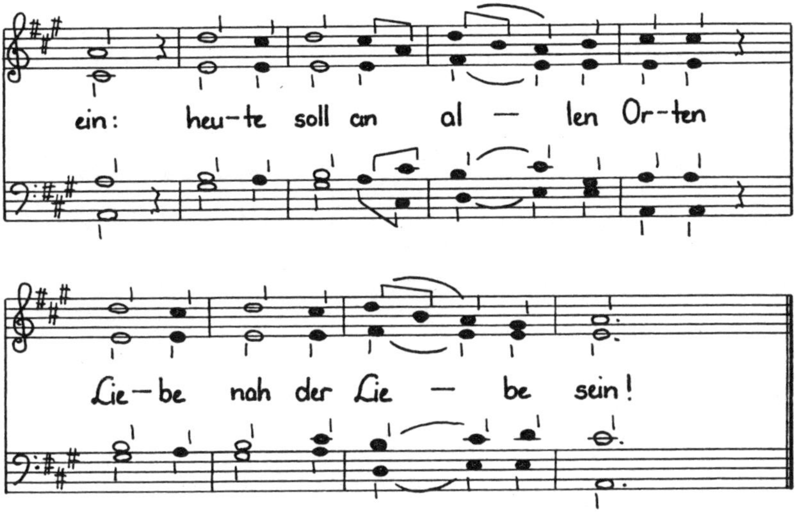

2. Grüßt den Tag, der froh erglänzend
bunten Schmucks der Nacht entsteigt,
sich gesellig nun begrenzend
segensvoll zum Berge neigt. (siehe Anhang)

(Johann Wolfgang von Goethe, 1749–1832)

Adoramus te

E. Palestrina

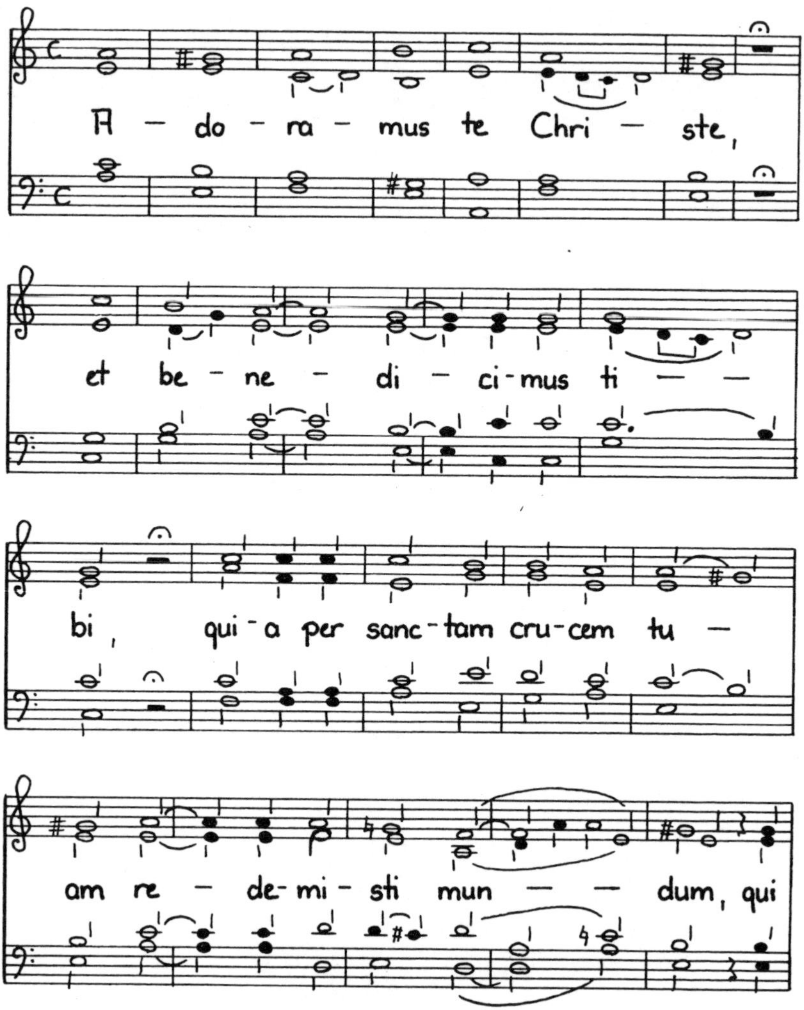

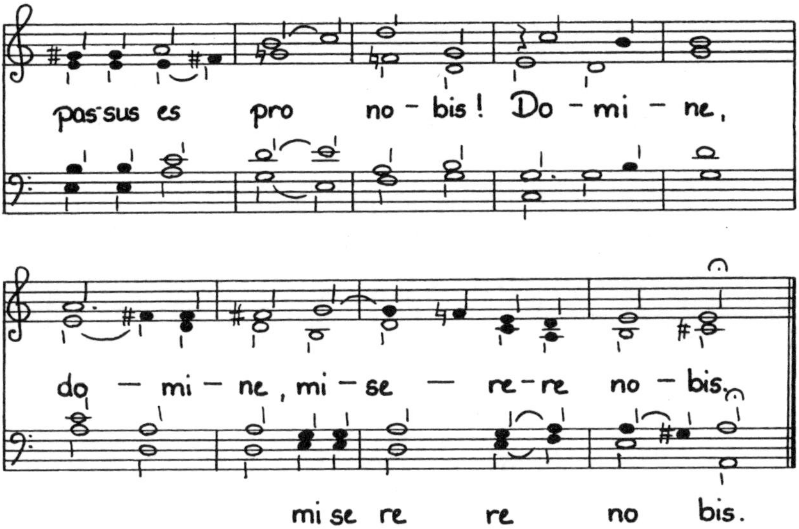

(siehe Anhang)

By the Waters

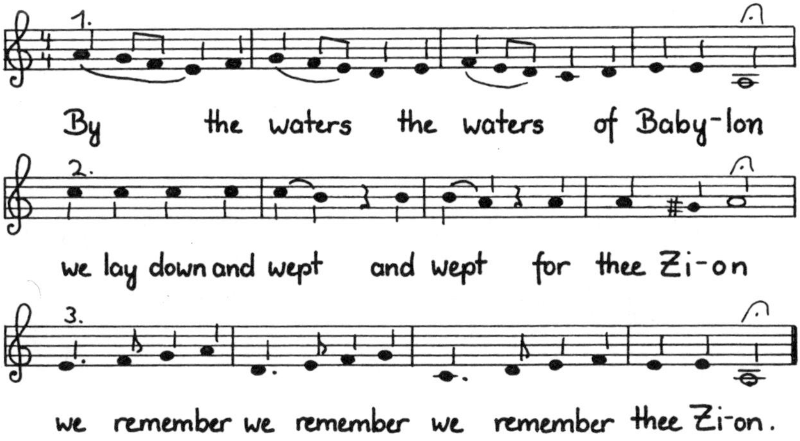

Befiehl du deine Wege

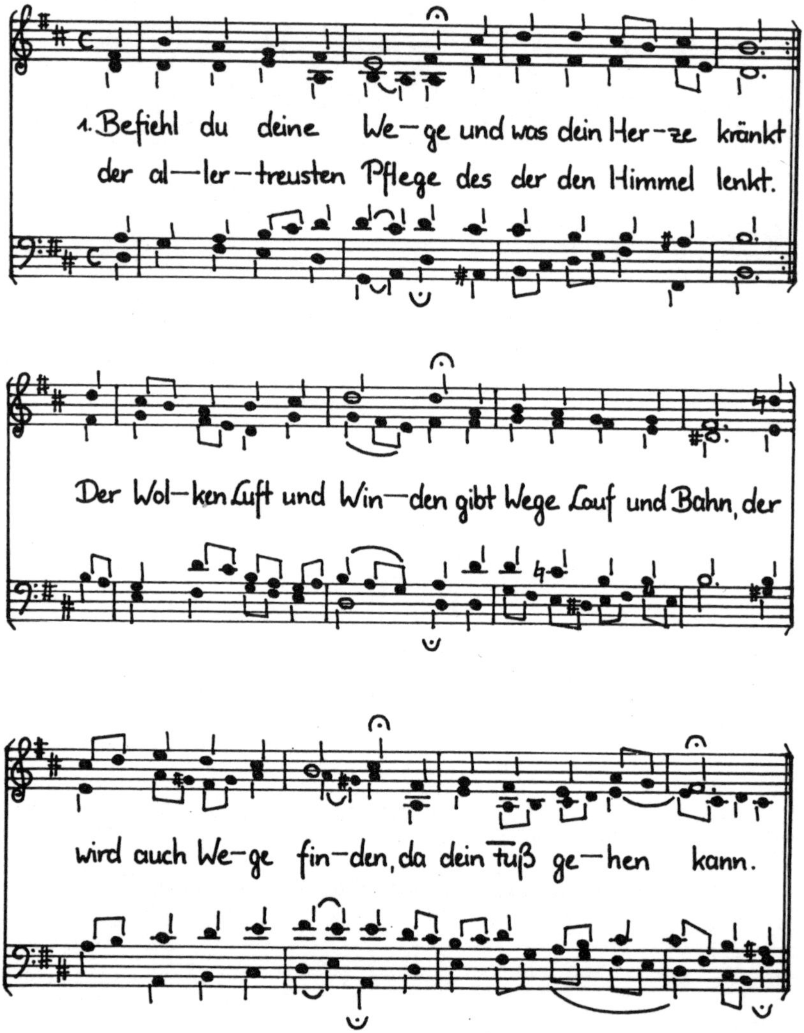

2. Dem Herren mußt du trauen,
wenn dir's soll wohl ergehn
auf Sein Werk mußt du schauen,
wenn dein Werk soll bestehn.
Mit Sorgen und mit Grämen
und mit selbsteigner Pein
läßt Gott sich gar nichts nehmen,
es muß erbeten sein.

3. Und ob gleich alle Teufel
hier wollten widerstehn,
so wird doch ohne Zweifel
Gott nicht zurücke gehn.
Was Er sich vorgenommen
und was Er haben will,
das muß doch endlich kommen
zu seinem Zweck und Ziel.

IST AUCH EIN TAG...

Siglinde Schumacher, * 1940

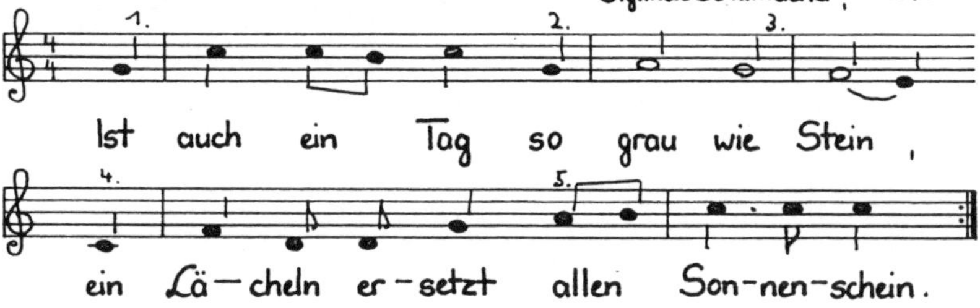

Wer nur den lieben Gott läßt walten

T+W: Georg Neumark, 1621-1681

S: J.S. Bach, 1685-1750, aus der Kantate 197 „Gott ist unsre Zuversicht"

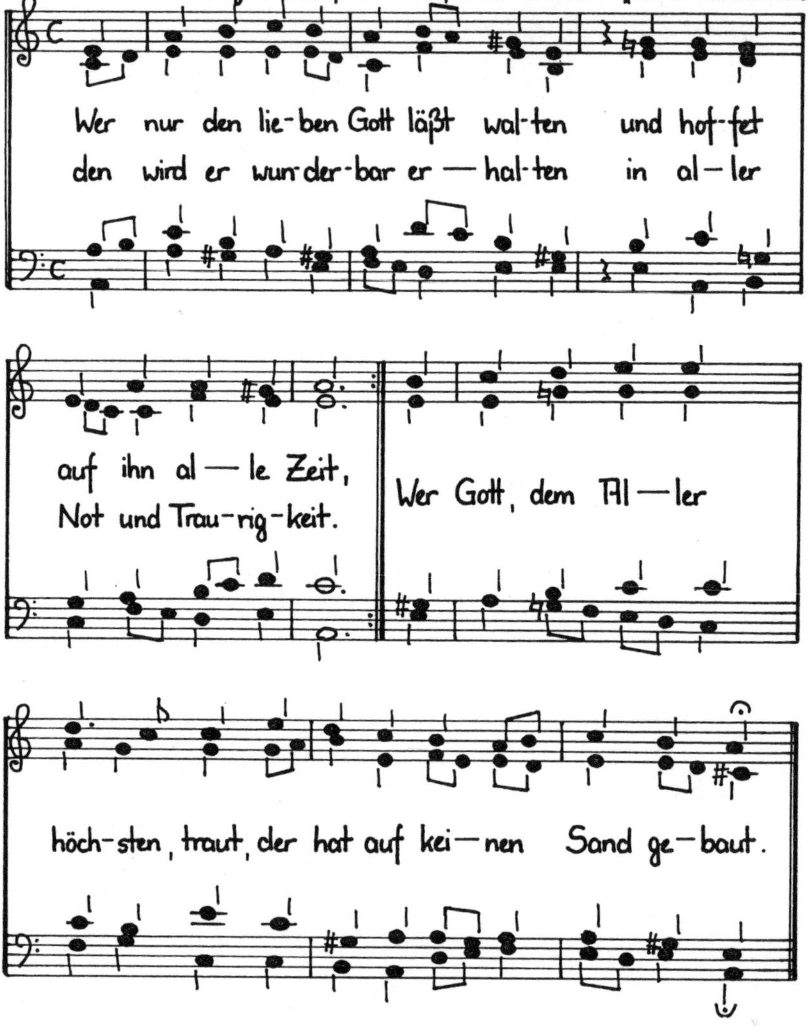

2. Was helfen uns die schweren Sorgen,
was hilft uns unser Weh und Ach?
Was hilft es, daß wir alle Morgen
beseufzen unser Ungemach?
Wir machen unser Kreuz und Leid
nur größer durch die Traurigkeit.

3. Sing, bet und geh auf Gottes Wegen,
verricht das Deine nur getreu
und trau des Himmels reichem Segen,
so wird er bei dir werden neu.
Denn welcher seine Zuversicht auf Gott setzt,
den verläßt er nicht.

WILLST DU IMMER WEITER SCHWEIFEN

Joseph Haydn

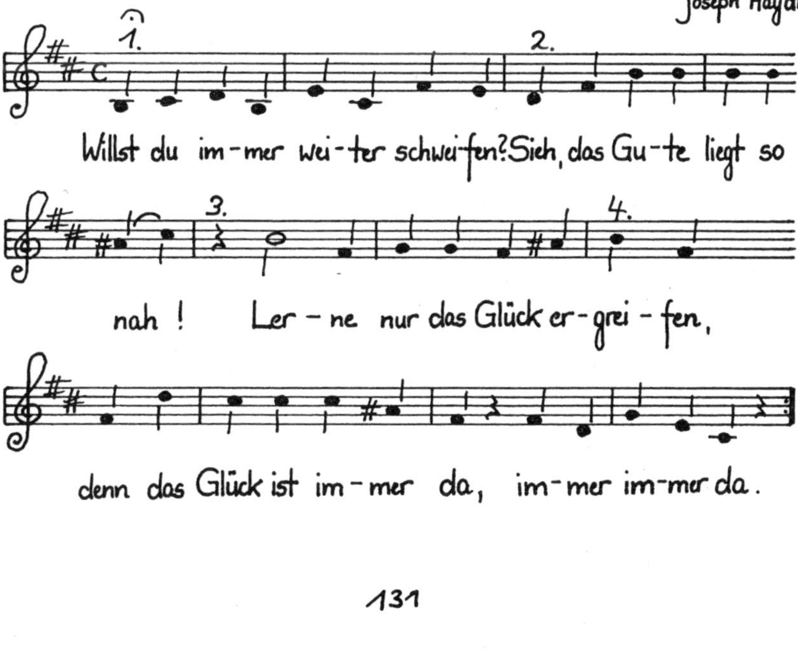

In the Quest

Michael Wilson 1931

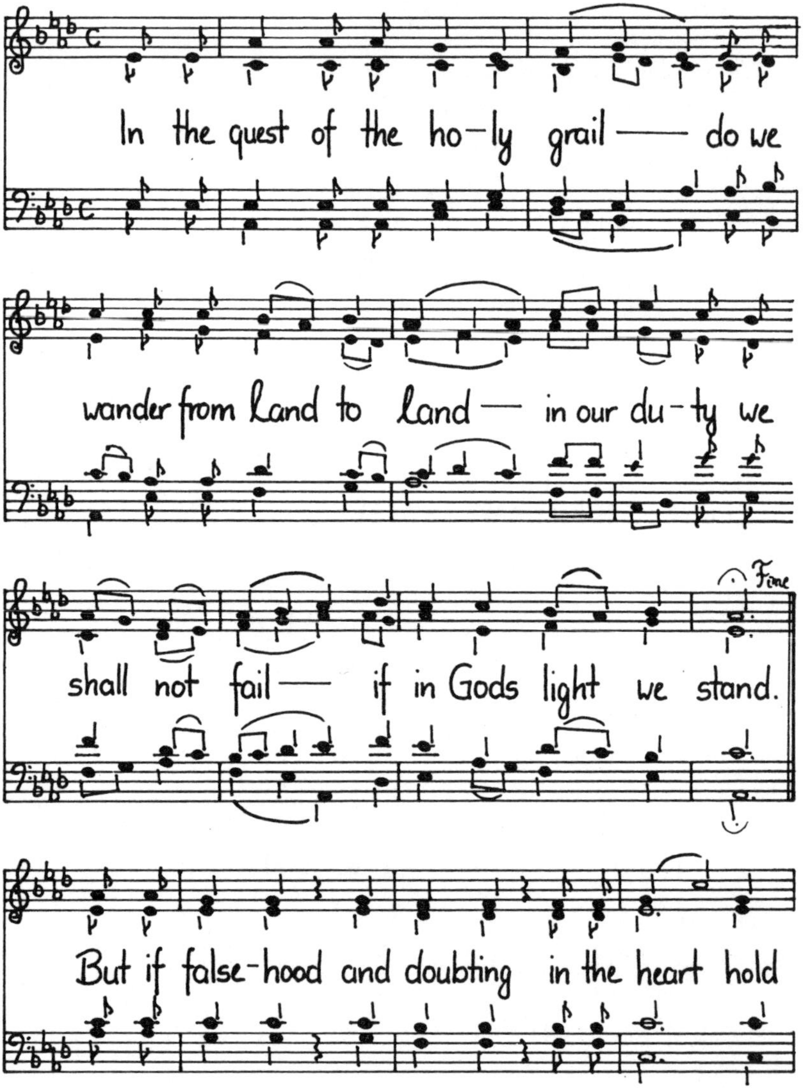

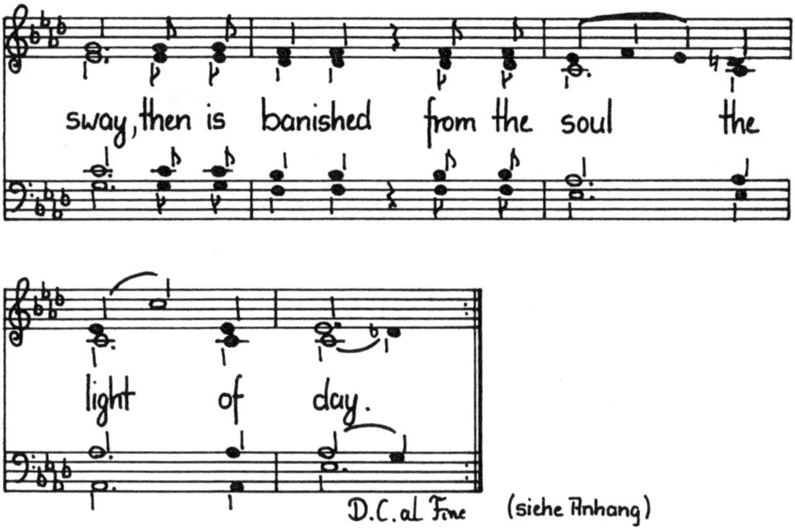

ERNTE

zu 3 Stimmen

Nach einem englischen Kanon

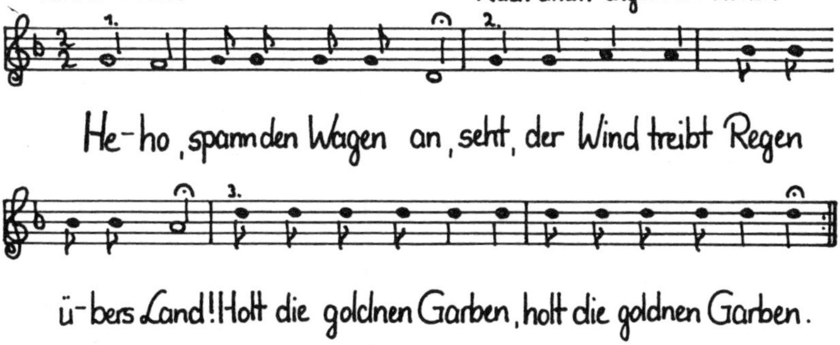

JE NE L'OSE DIRE Chanson

Pierre Certon, † 1572

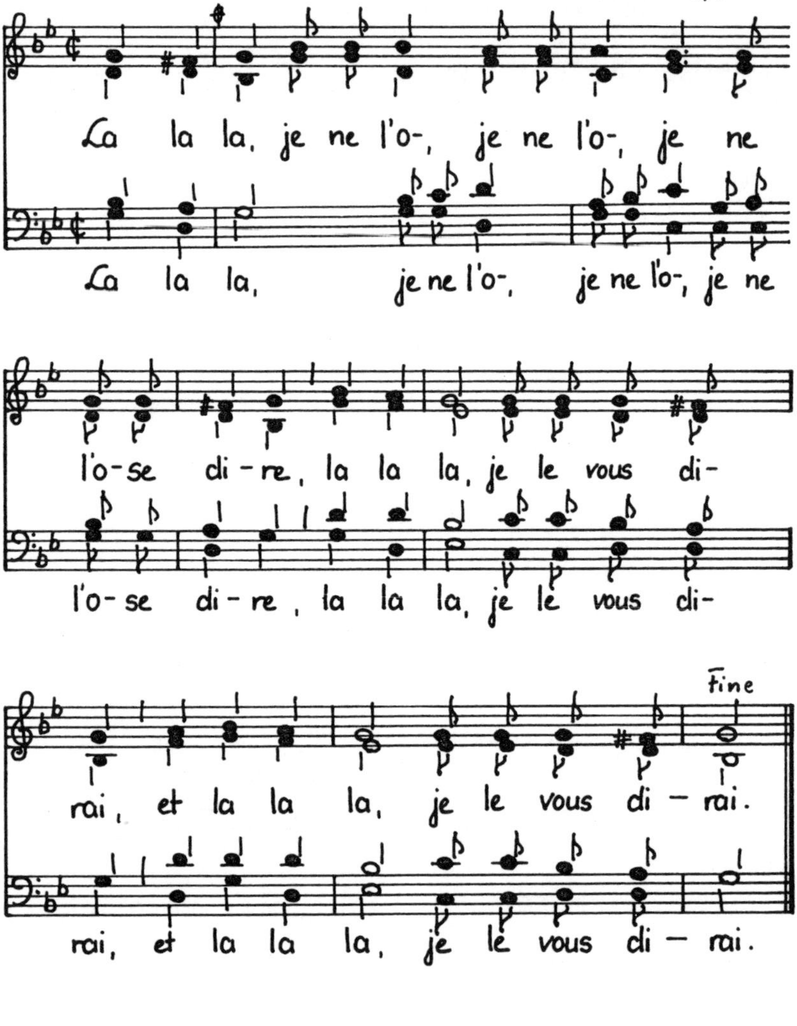

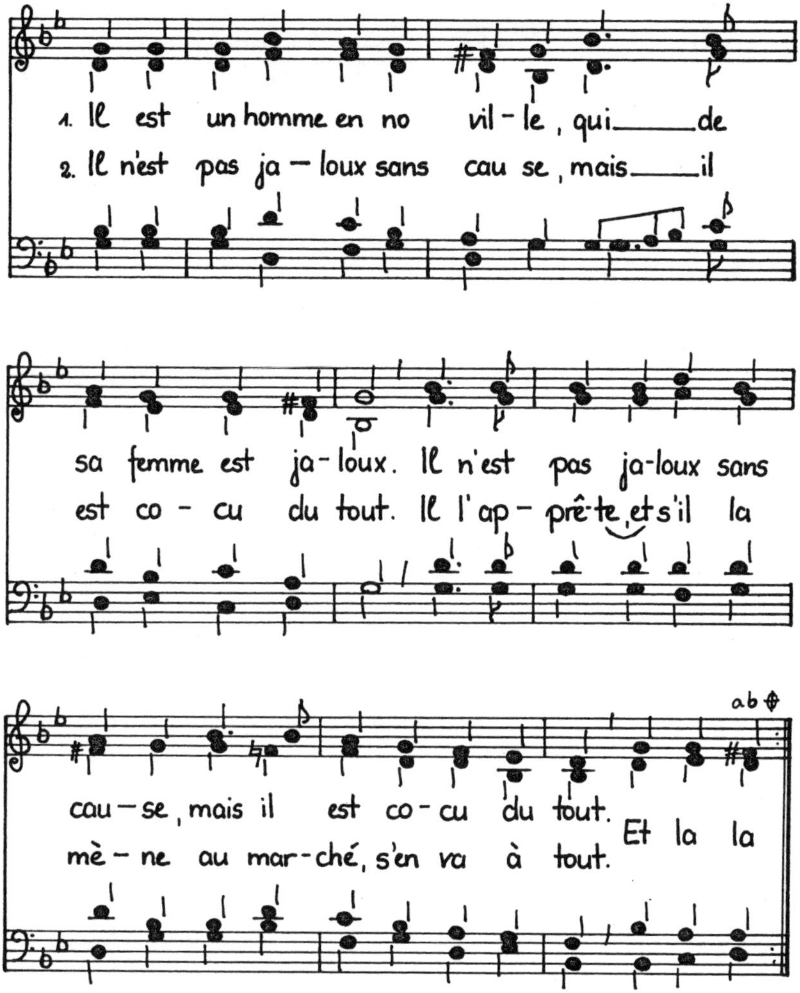
1. Il est un homme en no vil - le, qui de
2. Il n'est pas ja - loux sans cau se, mais il
sa femme est ja - loux. Il n'est pas ja - loux sans
est co - cu du tout. Il l'ap - prê - te, et s'il la
cau - se, mais il est co - cu du tout.
mè - ne au mar - ché, s'en va à tout.
Et la la
ab

An die Freude

S: L. v. Beethoven, 1770-1827
T: Fr. v. Schiller, 1759-1805, gekürzt

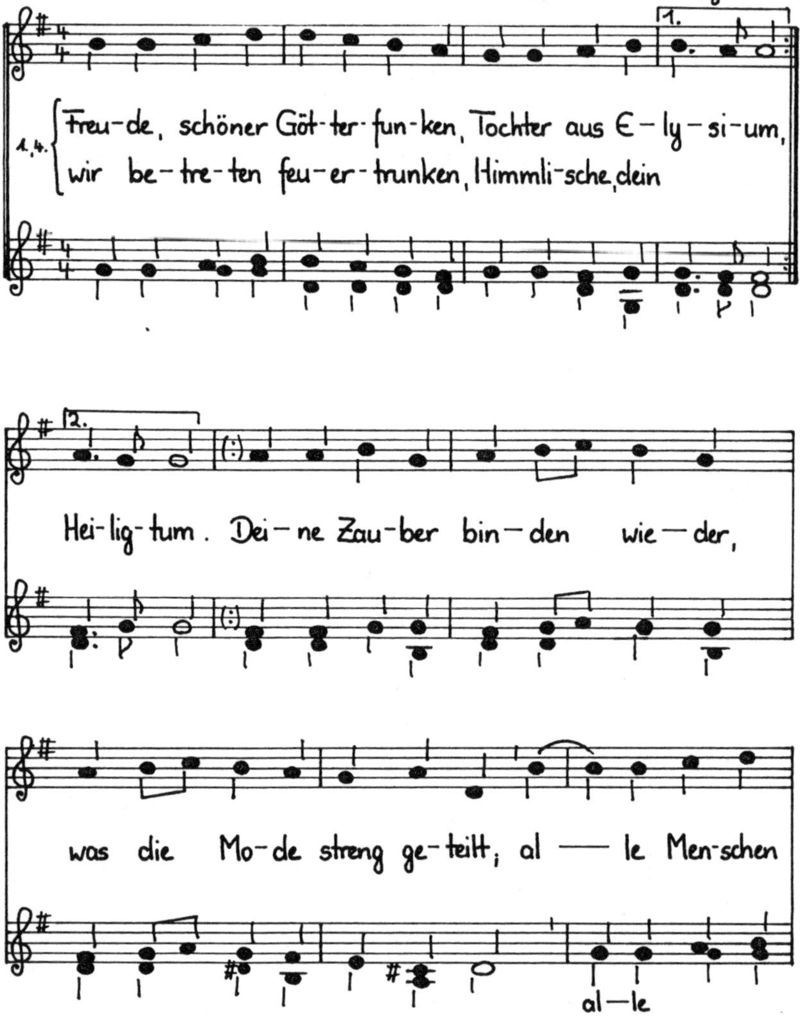

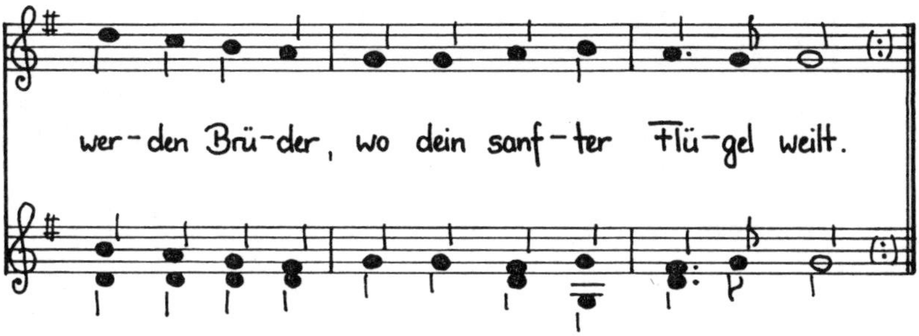

2. Wem der große Wurf gelungen, eines Freundes Freund zu sein,
wer ein holdes Weib errungen, mische seinen Jubel ein!
Ja – wer auch nur eine Seele sein nennt auf dem Erdenrund!
Und wers nie gekonnt, der stehle weinend sich aus diesem Bund!

3. Freude heißt die starke Feder in der ewigen Natur.
Freude, Freude treibt die Räder in der großen Weltenuhr.
Blumen lockt sie aus den Keimen, Sonnen aus dem Firmament,
Sphären rollt sie in den Räumen, die des Sehers Rohr nicht kennt.

Viva la Musica!

Praetorius

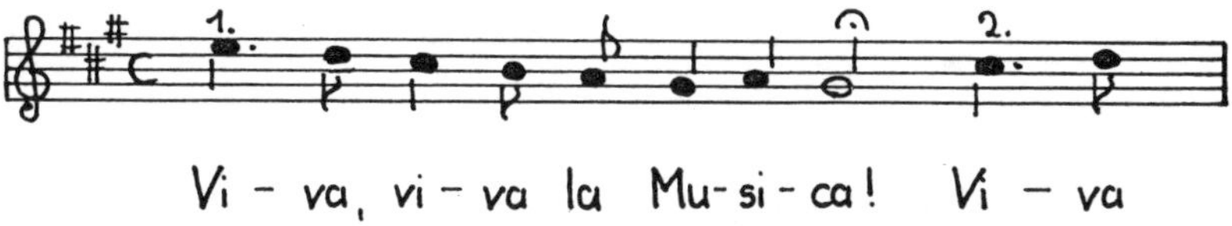

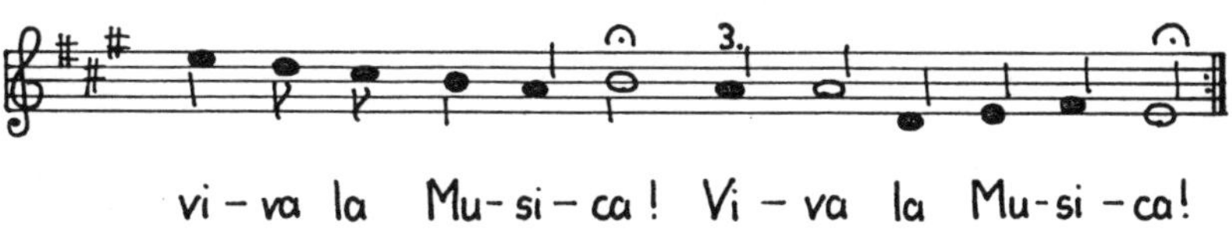

Aus der Zauberflöte:

W. A. Mozart

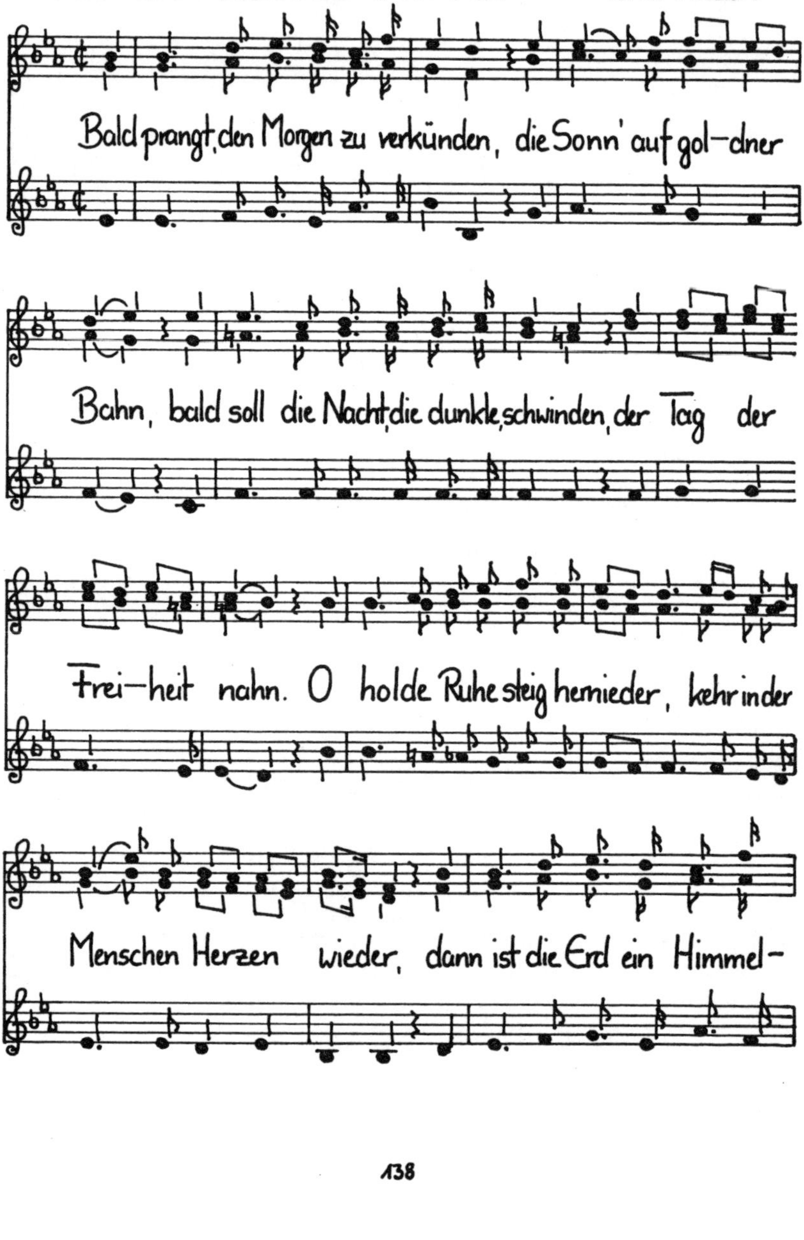

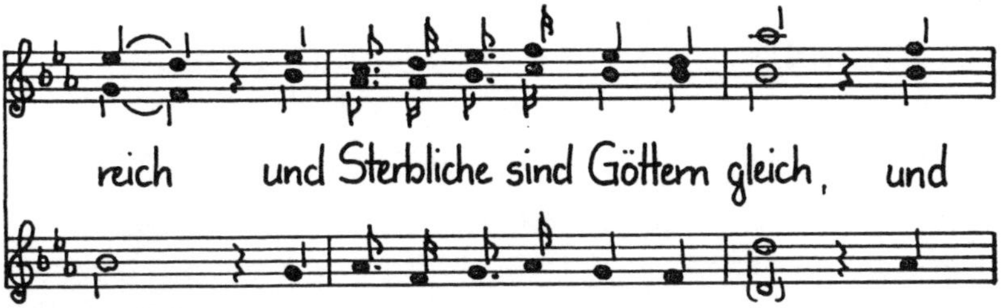

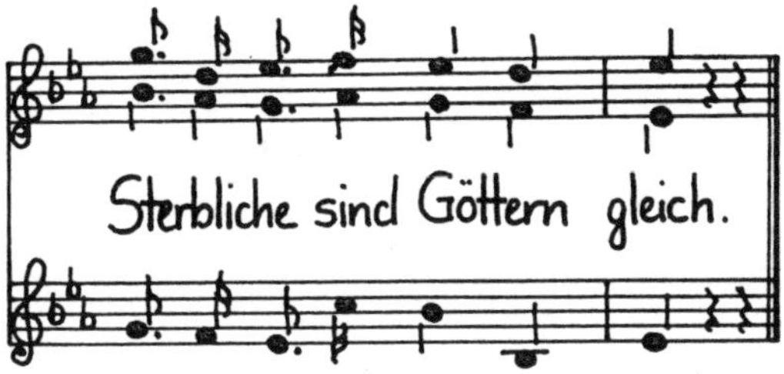

MORGENSANG

zu 6 Stimmen

Mozart

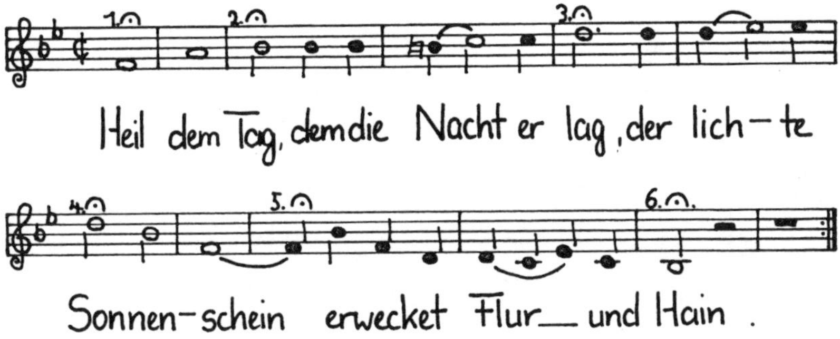

FREUNDE, LAẞT UNS FRÖHLICH LOBEN

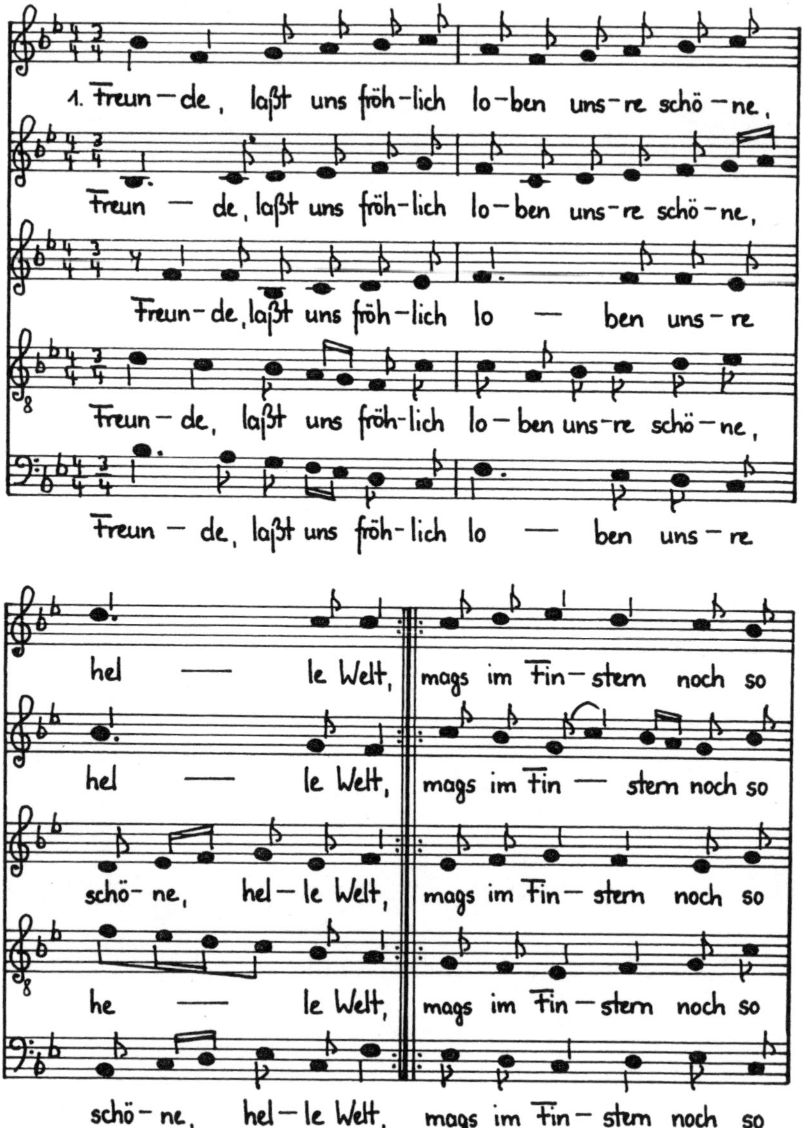

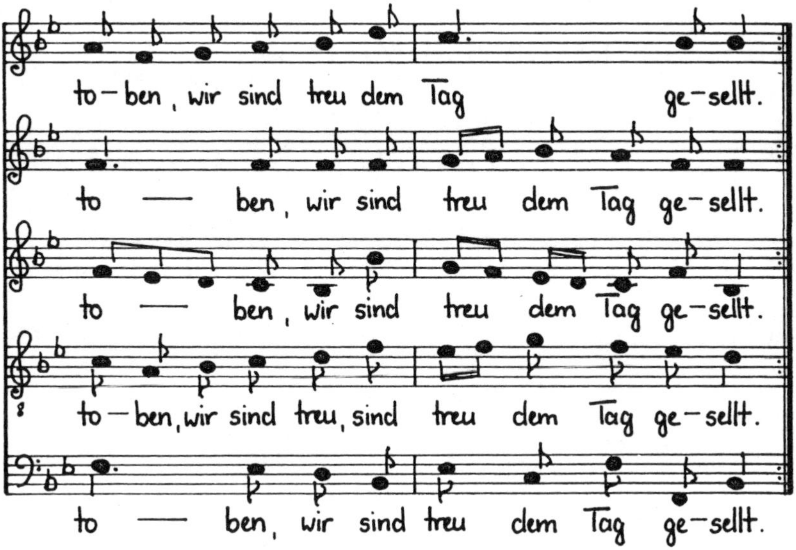

2. Sonne, Wolken, Schnee und Regen ziehen über uns dahin,
um uns glühet Gottes Segen, und wir stehen mittendrin.

3. Laßt die alte Welt sich heben in das helle Morgenlicht,
daß uns wieder neues Leben aus den alten Schollen bricht.

4. = 1.

W+S: Gottfried Wolters, *1910
Text: Hannes Kraft, *1909

Flandrischer Totentanz

S: Josef Gunzinger, * 1920

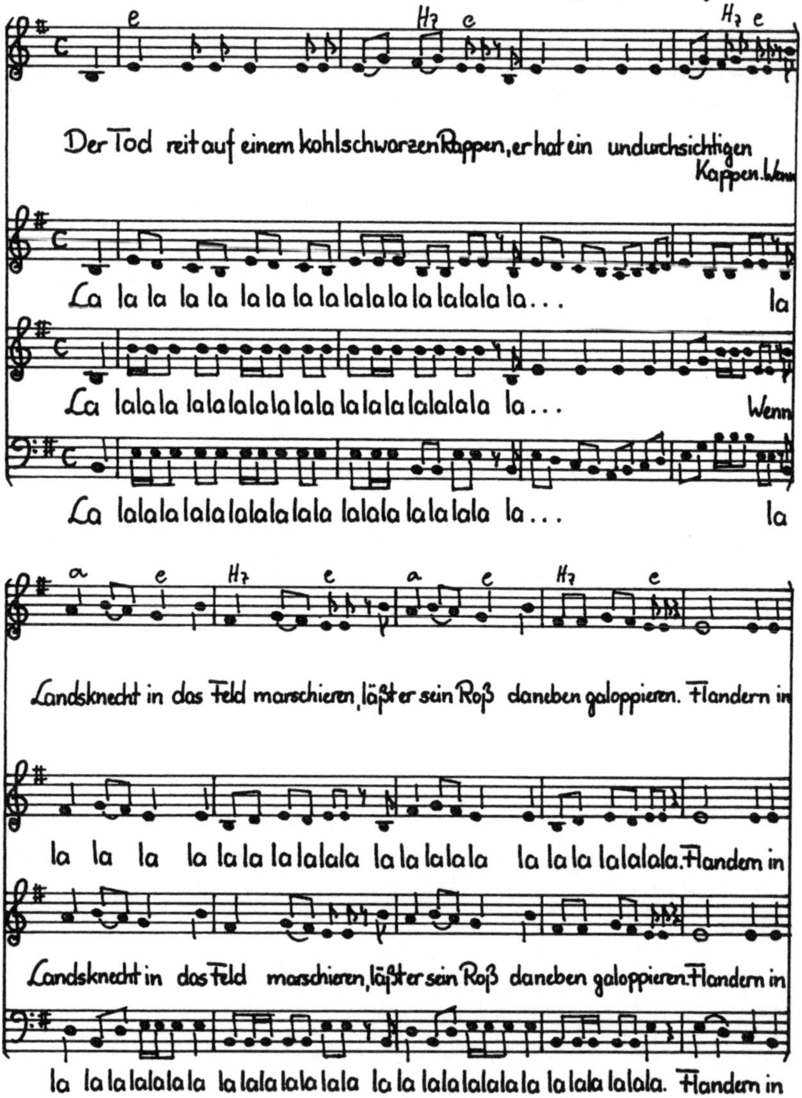

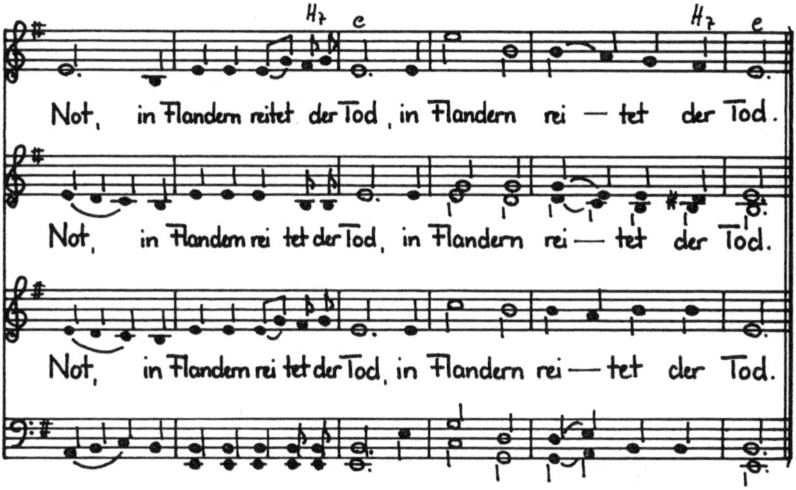

2. Der Tod reit auf einem lichten Schimmel, schön wie ein Cherubim vom Himmel; wenn Mädchen ihren Reigen schreiten, will er mit ihnen im Tanze gleiten. Flandern in Not...

3. Der Tod kann auch die Trommel rühren, man kann den Wirbel im Herzen spüren! Er trommelt hell, er trommelt laut, er schlägt auf eine Totenhaut. Flandern in Not...

4. Als er den ersten Wirbel geschlagen, da hats das Blut vom Herzen getragen. Als er den zweiten Wirbel schlug, den Landsknecht man zu Grabe trug. Flandern in Not...

5. Der dritte Wirbel ist solang gegangen, bis der Landsknecht von Gott den Segen empfangen. Der dritte Wirbel ist leis und lind, als wiegt eine Mutter in Schlaf ihr Kind. Flandern in Not...

6. Der Tod kann Rappen und Schimmel reiten, der Tod kann lächelnd im Tanze schreiten. Er trommelt laut, er trommelt fein: gestorben, gestorben, gestorben muß sein. Flandern in Not...

Thomas von Celano (†1255):
Dies irae, dies illa (übersetzt von Karl Simrock)

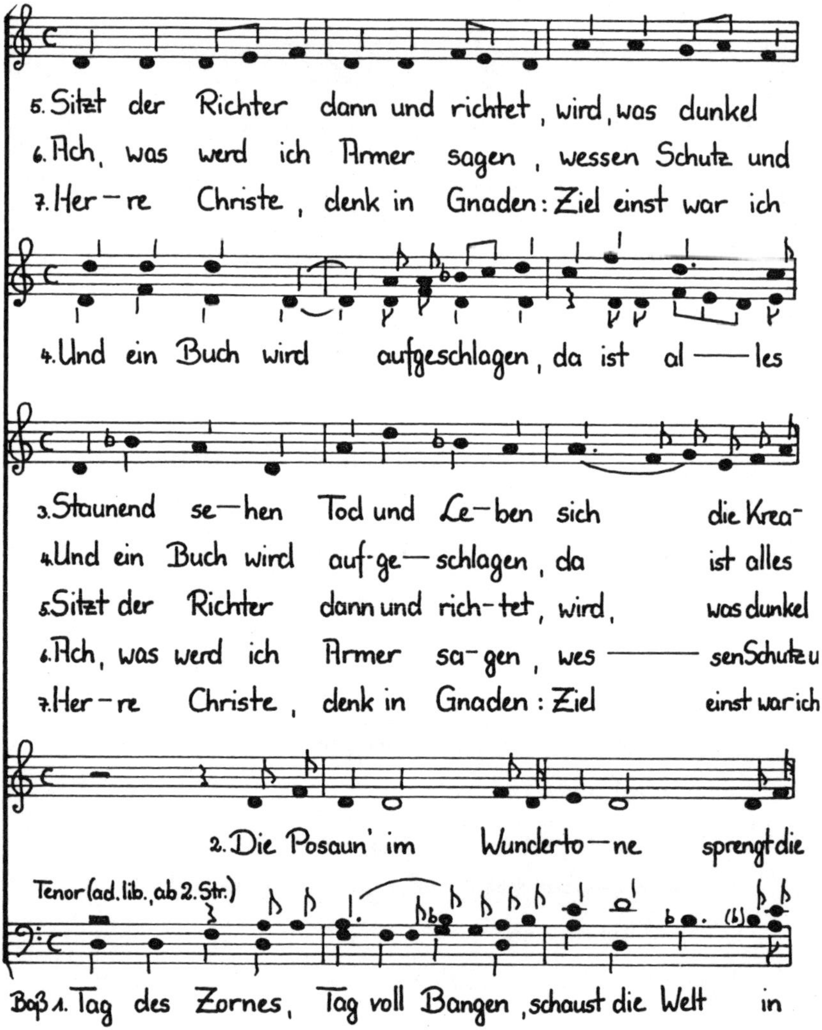

(Singanleitung siehe Anhang) Musik: Klaus Knigge 73/76

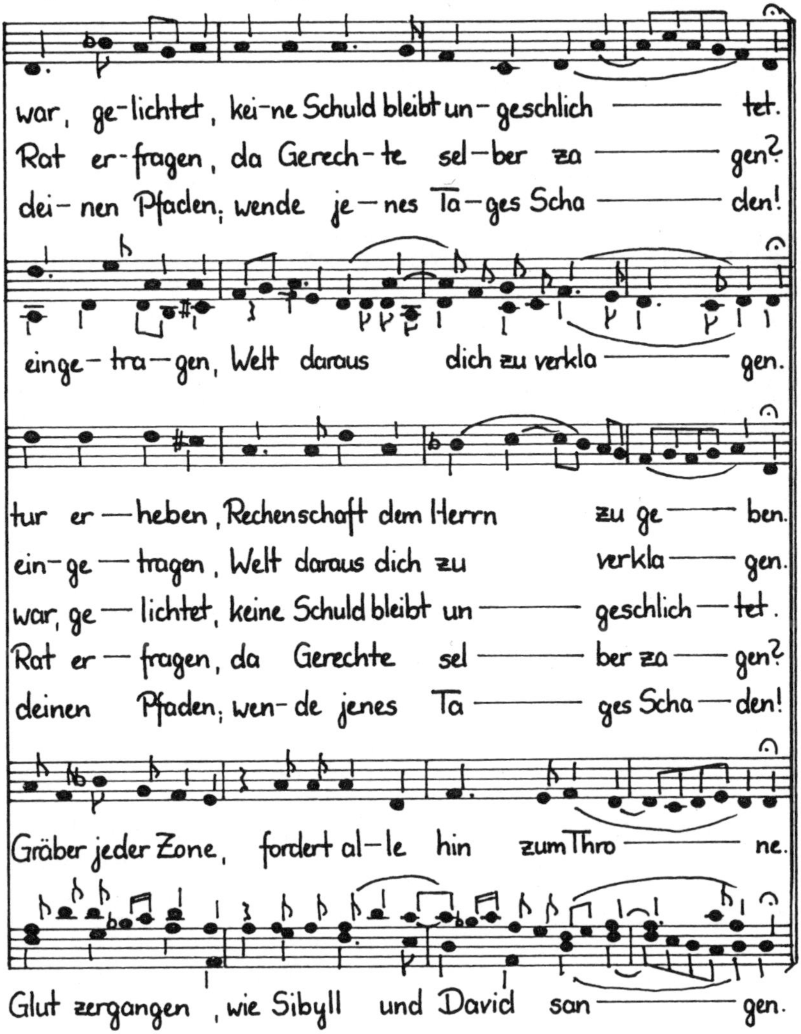

Der Mond ist aufgegangen

Satz: Fritz Büchtger
Weise: J. A. Schulz

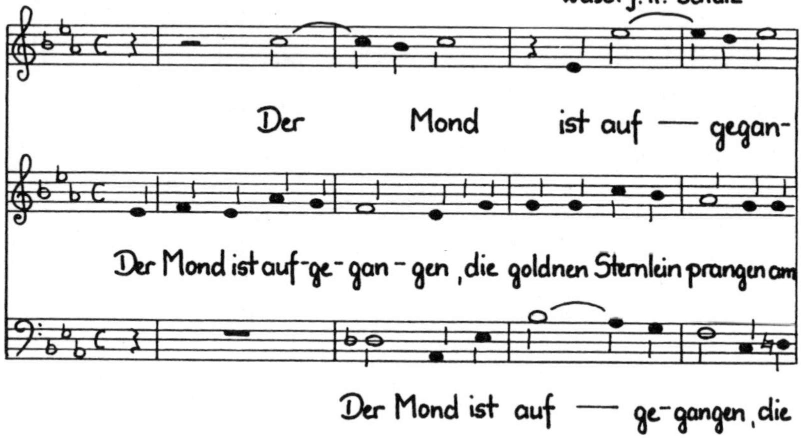

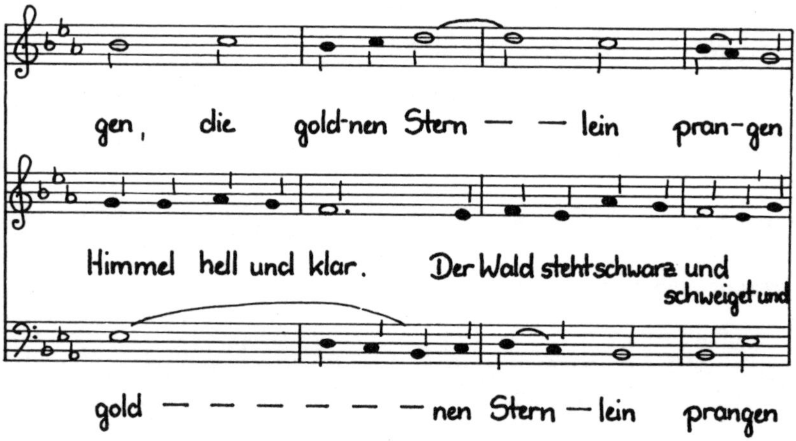

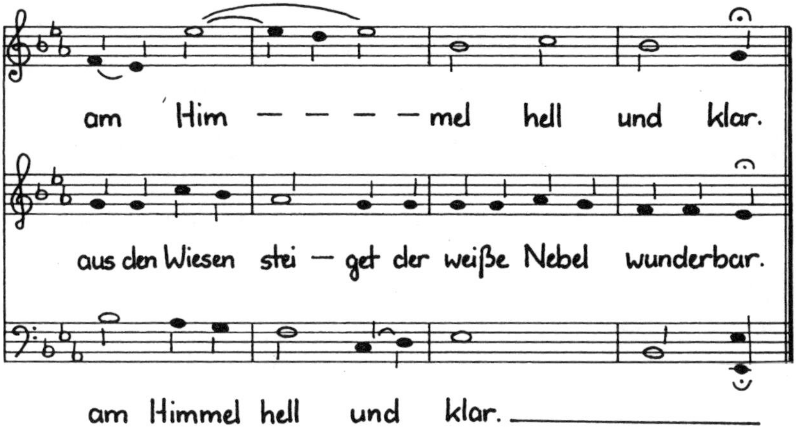

2. Wie ist die Welt so stille
und in der Dämmrung Hülle
so traulich und so hold!
Als eine stille Kammer,
wo ihr des Tages Jammer
verschlafen und vergessen sollt.

3. Gott laß dein Heil uns schauen,
auf nichts Vergänglichs trauen,
nicht Eitelkeit uns freun!
Laß uns einfältig werden
und vor dir hier auf Erden
wie Kinder fromm und fröhlich sein. Matthias Claudius

Tischspruch

(Chr. Morgenstern) Chr. Peter * 1927

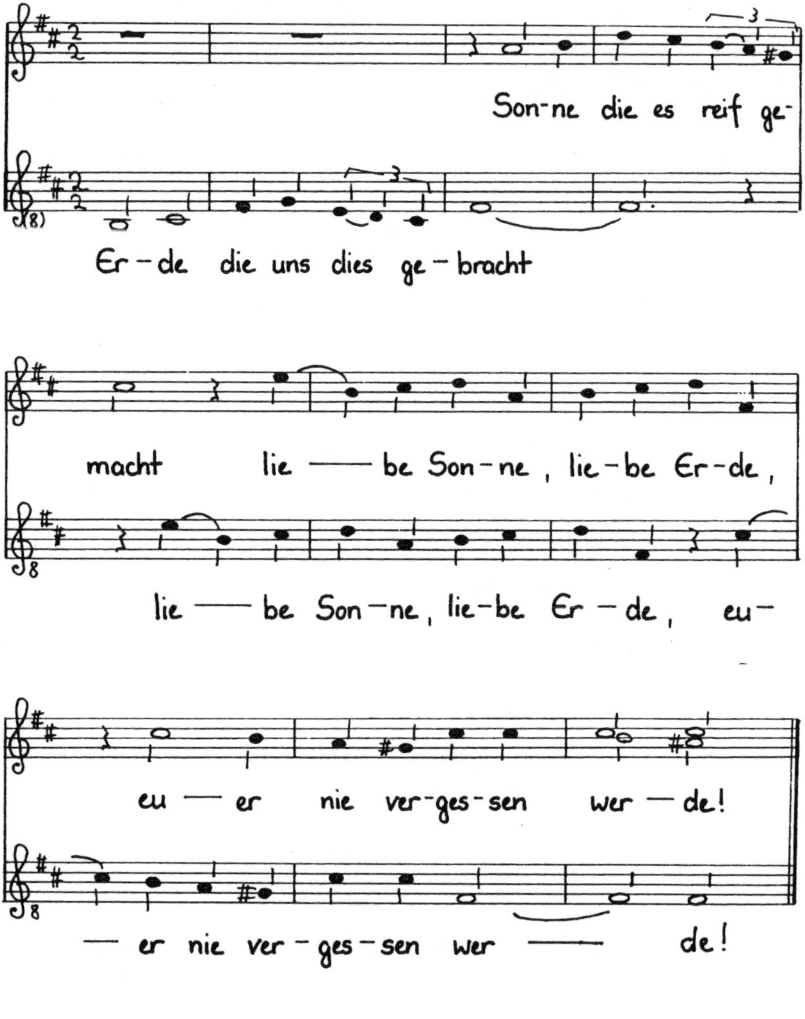

Ich habe den Menschen gesehn

Christian Morgenstern

für 4-stg. gem. Chor

Fritz Büchtger

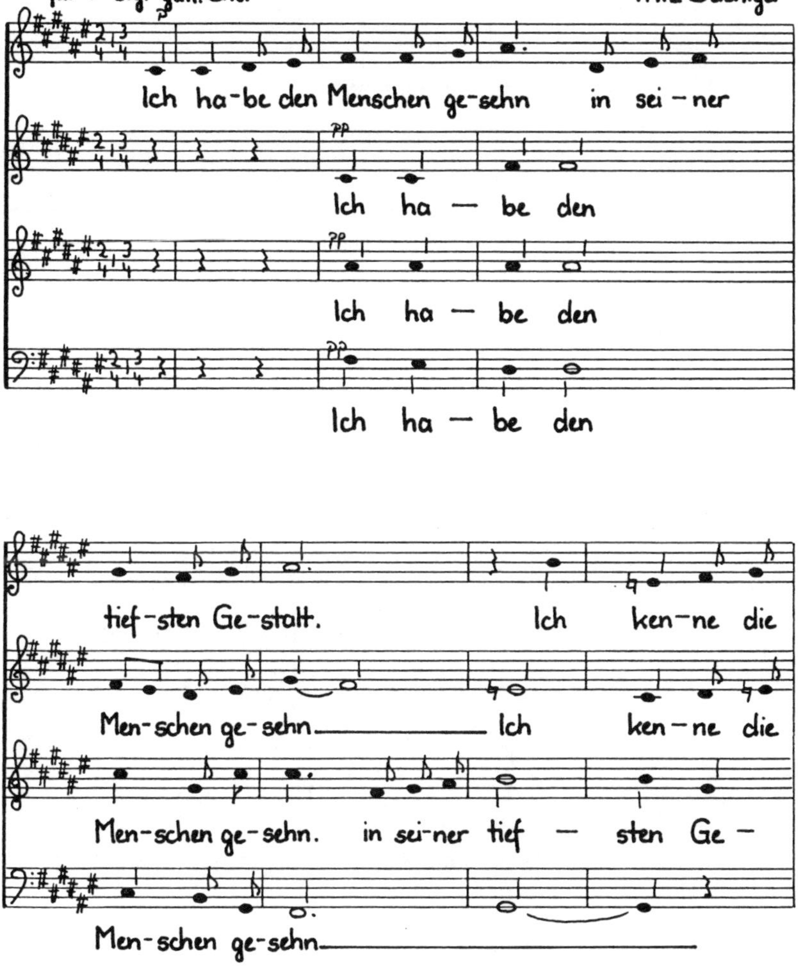

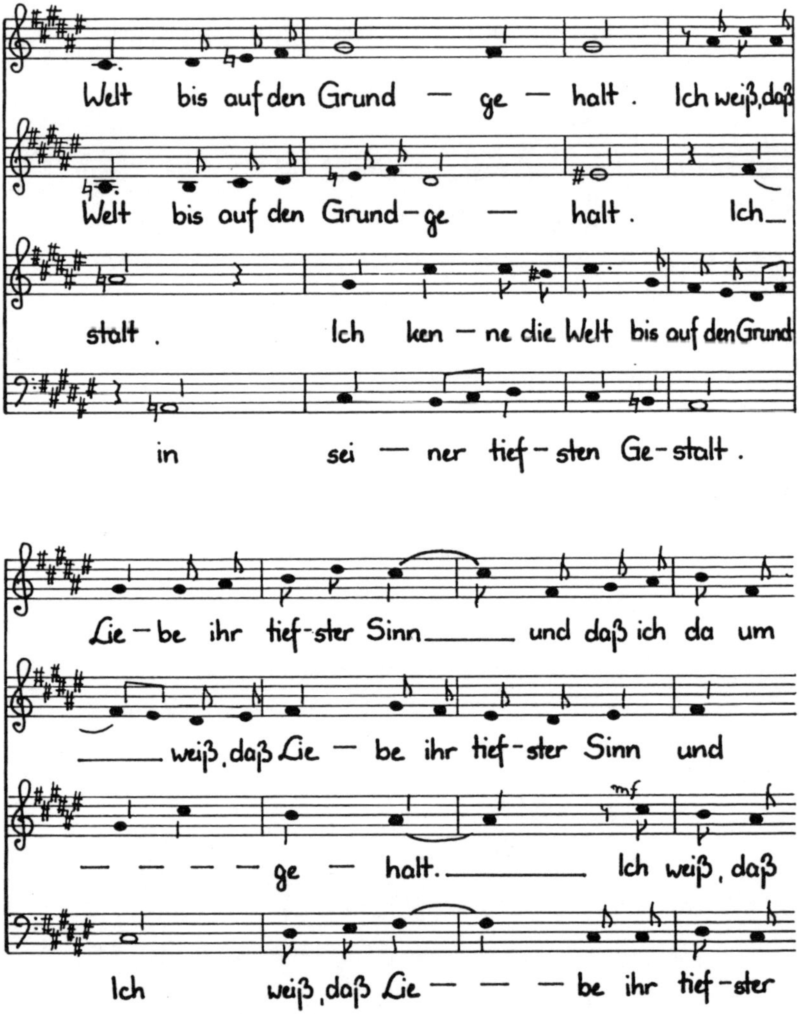
Welt bis auf den Grund — ge — halt. Ich weiß, daß
Welt bis auf den Grund - ge — halt. Ich
stalt. Ich ken — ne die Welt bis auf den Grund
in sei — ner tief - sten Ge - stalt.
Lie - be ihr tief - ster Sinn und daß ich da um
weiß, daß Lie — be ihr tief - ster Sinn und
— — — — ge — halt. Ich weiß, daß
Ich weiß, daß Lie — — — be ihr tief - ster

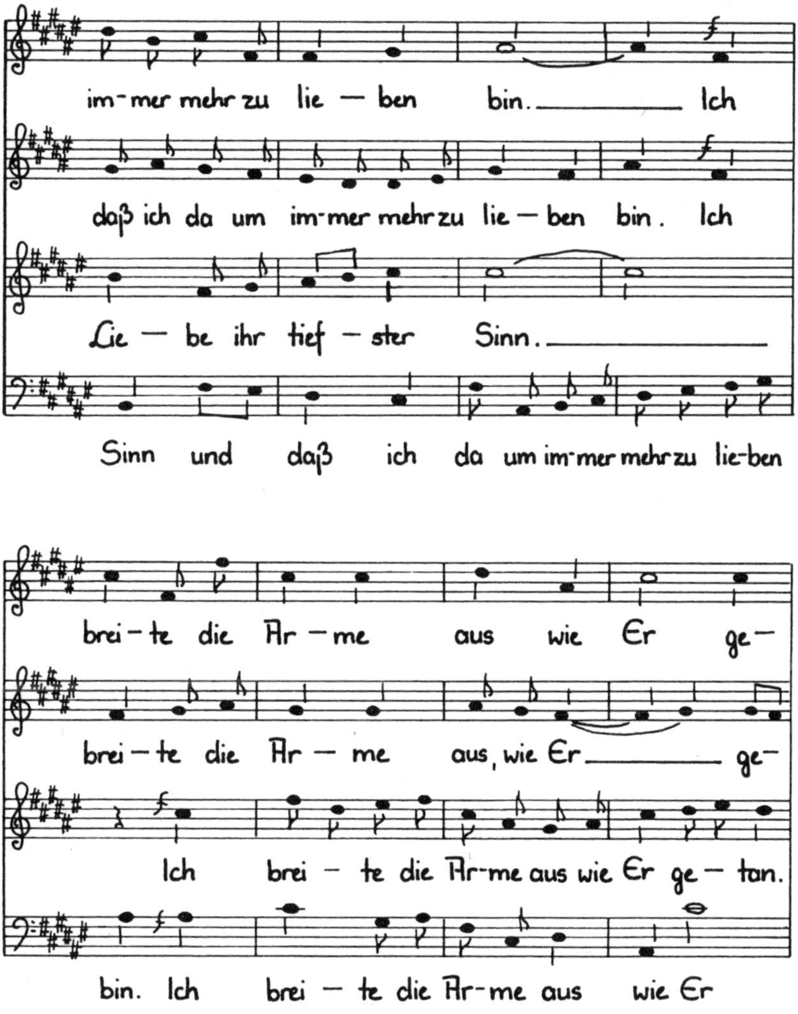
im-mer mehr zu lie — ben bin. Ich
daß ich da um im-mer mehr zu lie — ben bin. Ich
Lie — be ihr tief — ster Sinn.
Sinn und daß ich da um im-mer mehr zu lie-ben
brei — te die Ar — me aus wie Er ge—
brei — te die Ar — me aus, wie Er ge-
Ich brei — te die Ar-me aus wie Er ge — tan.
bin. Ich brei — te die Ar-me aus wie Er

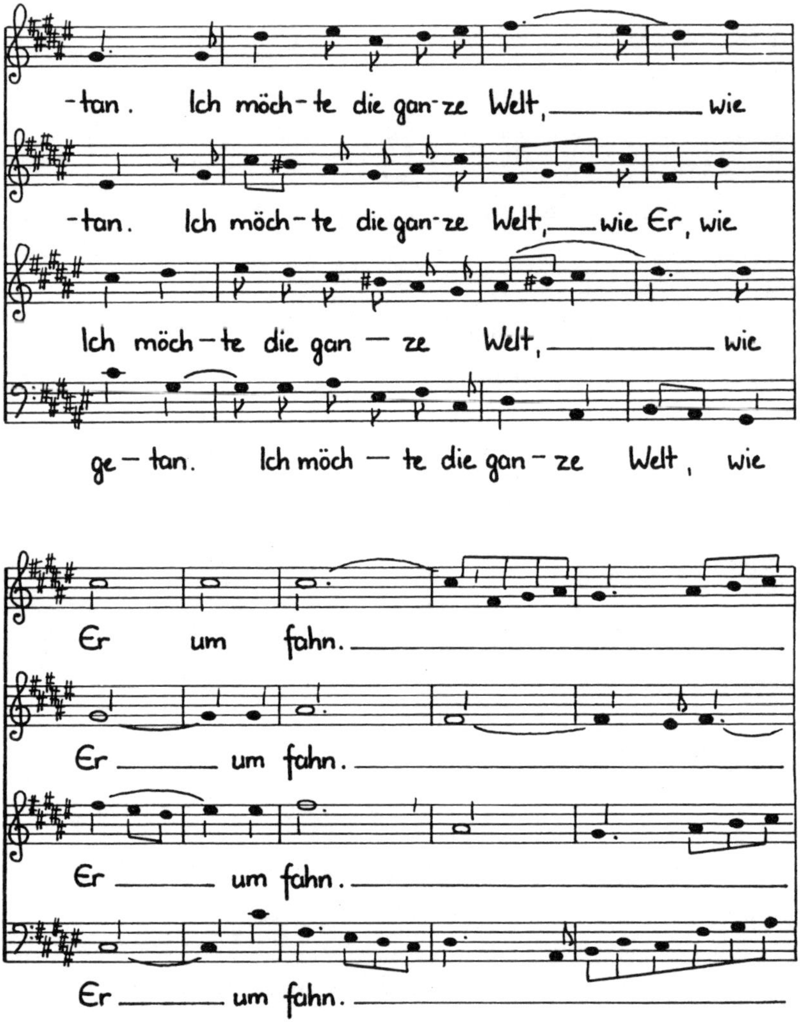
-tan. Ich möch-te die gan-ze Welt, wie
-tan. Ich möch-te die gan-ze Welt, wie Er, wie
Ich möch-te die gan-ze Welt, wie
ge-tan. Ich möch-te die gan-ze Welt, wie
Er um fahn.
Er um fahn.
Er um fahn.
Er um fahn.

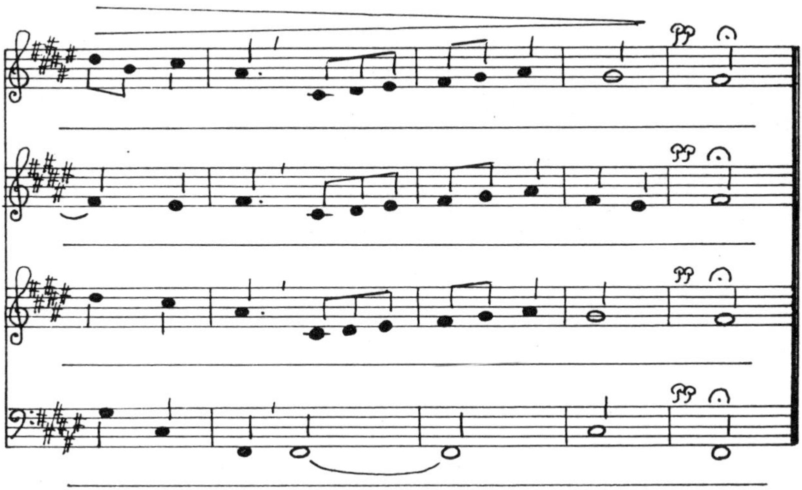

Bon soir

zu 4 Stimmen

Französisches Abendlied

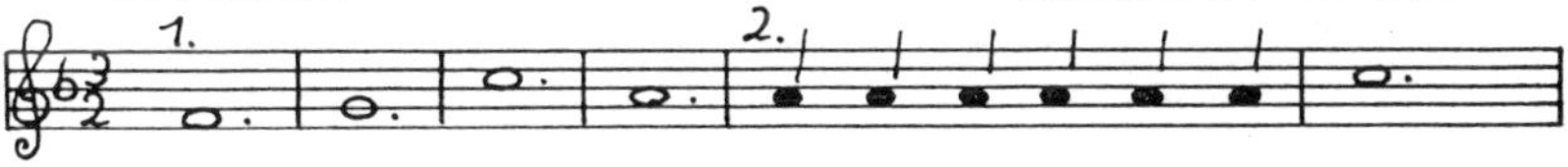

Bon soir, bon soir la bru-me monte du sol,

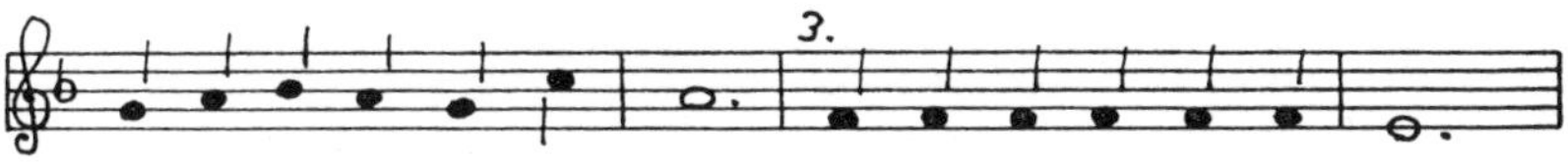

on entend le ro-ssi-gnol la bru-me monte du sol,

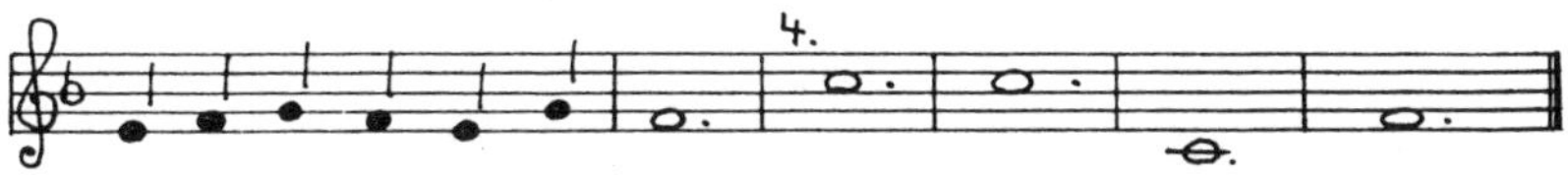

on entend le ro-ssi-gnol bon soir, bon soir.

(siehe Anhang)

Easter

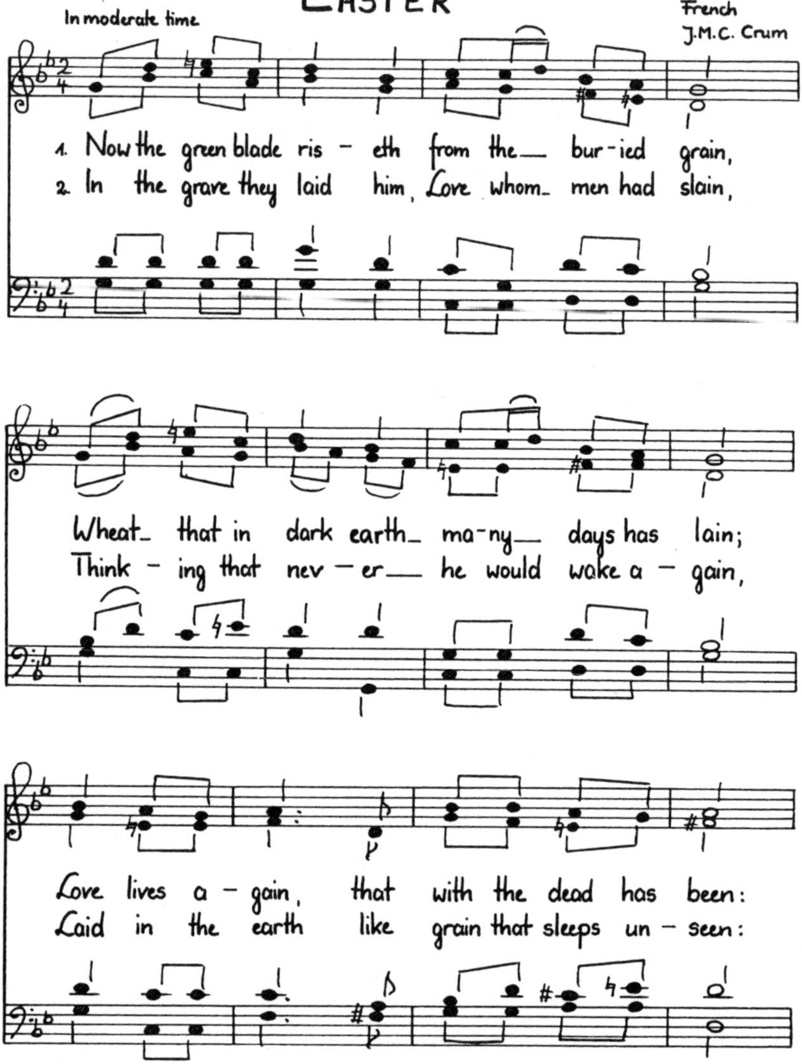

In moderate time
French
J.M.C. Crum
1. Now the green blade ris - eth from the buried grain,
2. In the grave they laid him, Love whom men had slain,
Wheat that in dark earth many days has lain;
Think - ing that nev - er he would wake a - gain,
Love lives a - gain, that with the dead has been:
Laid in the earth like grain that sleeps un - seen:

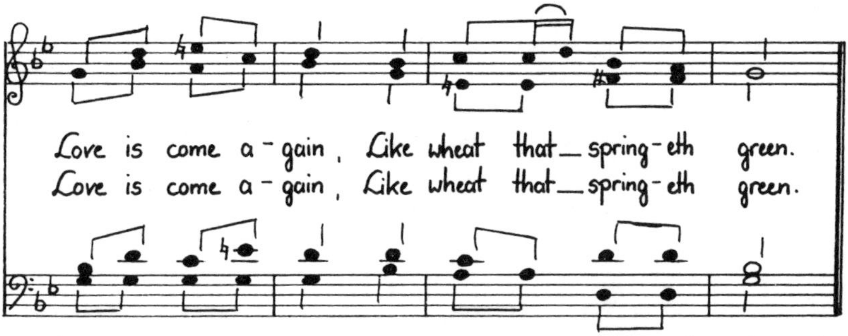

(siehe Anhang)

3. Forth he came at Easter, like the risen grain
He, that for three days in the grave had lain
Quick from the dead my risen Lord is seen:
Refrain

4. When our hearts are wintry, quiving or in pain
Thy touch can call us back to life again
Fields of our hearts that dead and bare have been:
Refrain

Spottlied

Russland

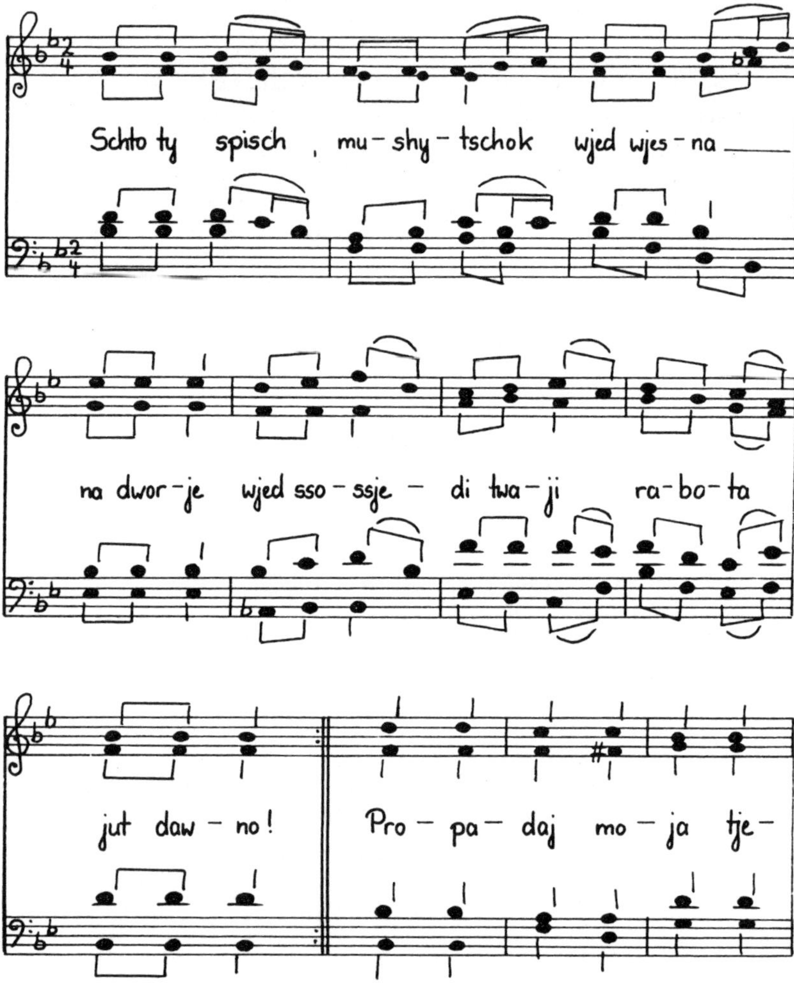

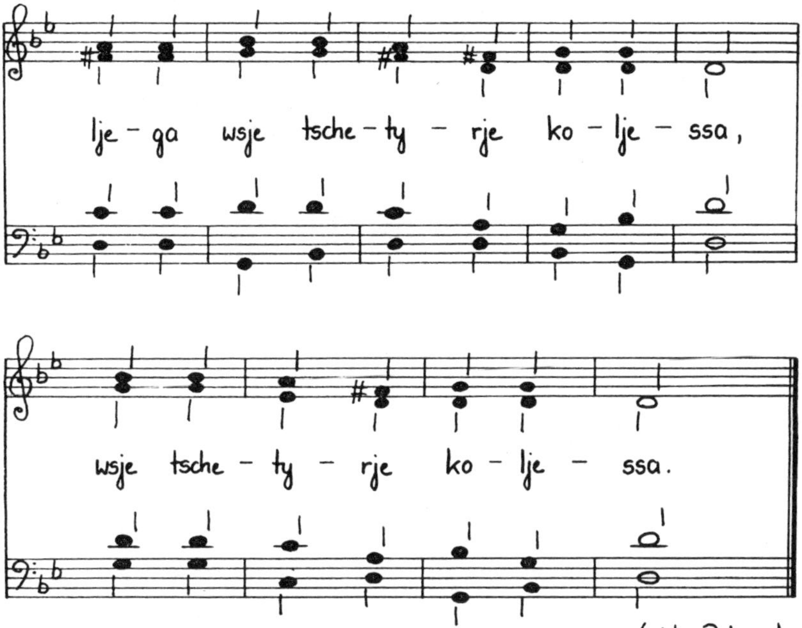

(siehe Anhang)

HERR, BLEIBE BEI UNS

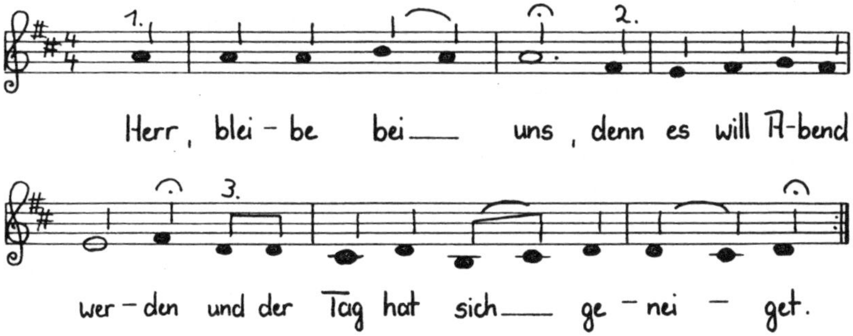

Gebet

aus Boris Godunow
M.P. Mussorgskij

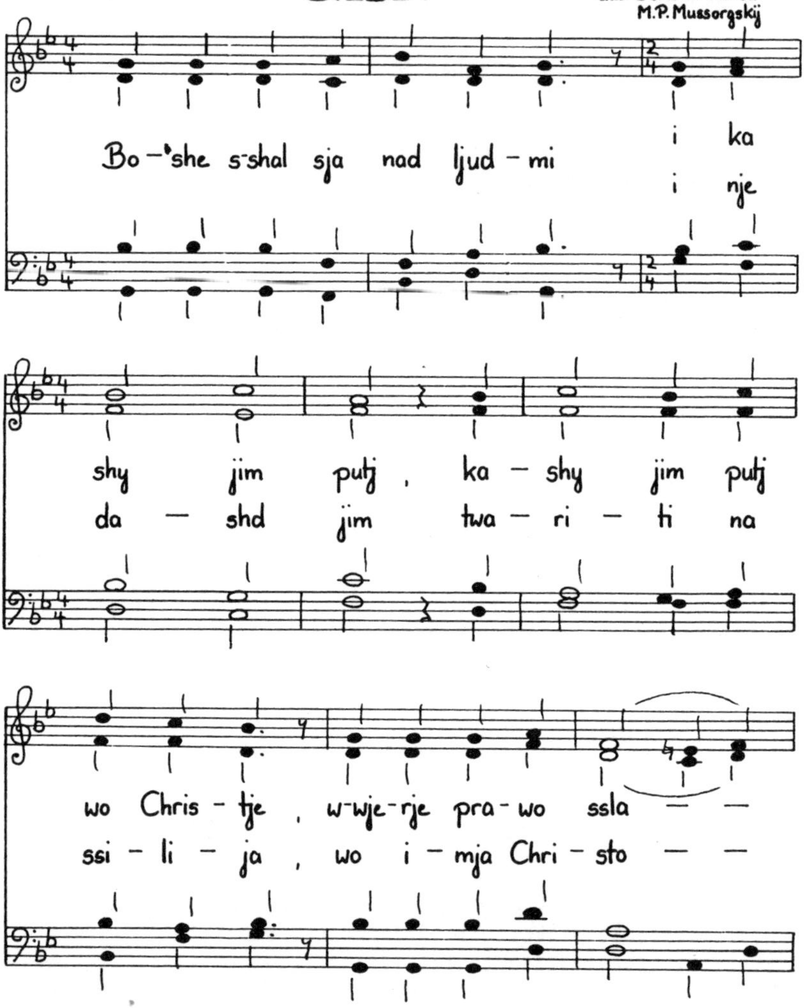

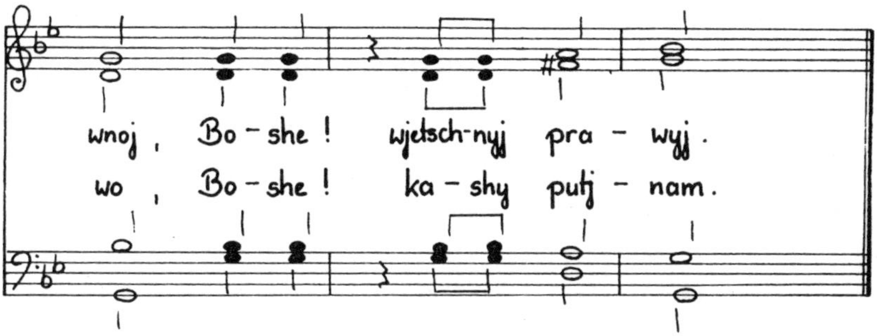

(siehe Anhang)

Alleluja

zu 4 Stimmen

W. A. Mozart

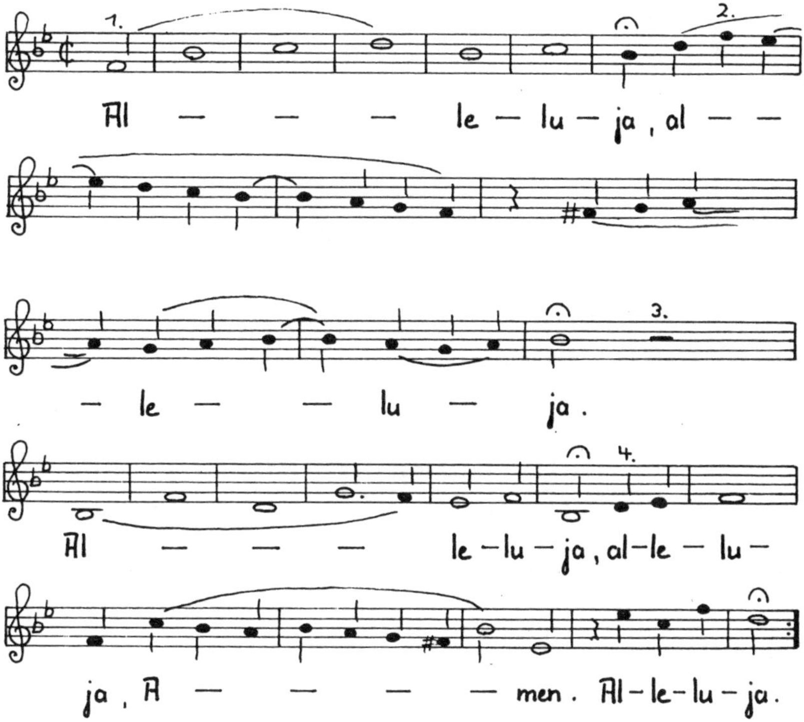

FRAU MUSICA SINGT:

W+S: Melchior Vulpius um 1600
aus „Kirchen-Gesang und geistliche Lieder" 1604

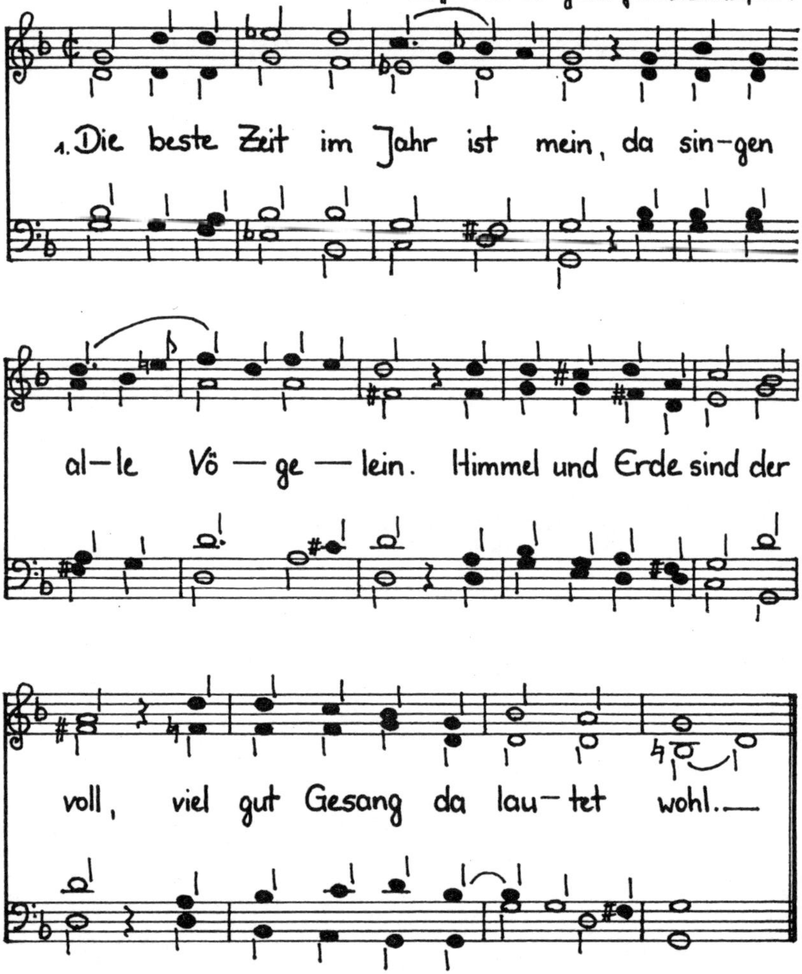

2. Voran die liebe Nachtigall
macht alles fröhlich überall
mit ihrem lieblichen Gesang,
des muß sie haben immer Dank.

3. Viel mehr der liebe Herre Gott,
der sie also geschaffen hat,
zu sein die rechte Sängerin,
der Musica ein Meisterin.

4. Dem singt und springt sie Tag und Nacht,
seins Lobes sie nicht müde macht,
den ehrt und lobt auch mein Gesang
und sagt ihm einen ewgen Dank.

(Martin Luther. Aus: Vorrede auf alle guten Gesangbücher, 1538)

Signor Abbate

zu 3 Stimmen

L. van Beethoven

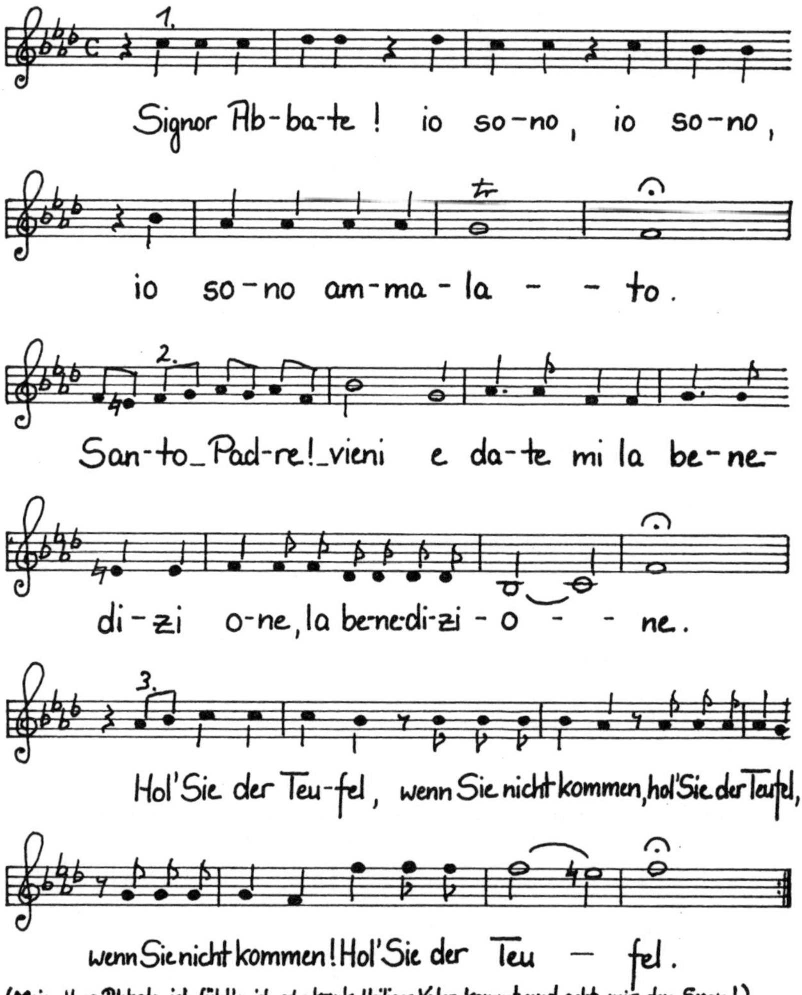

(Mein Herr Abbate, ich fühl' mich sehr krank. Heiliger Vater, kommt und gebt mir den Segen!)

Ich lebe mein Leben in wachsenden Ringen

Text: R.M. Rilke
Satz: P.M. Riehm

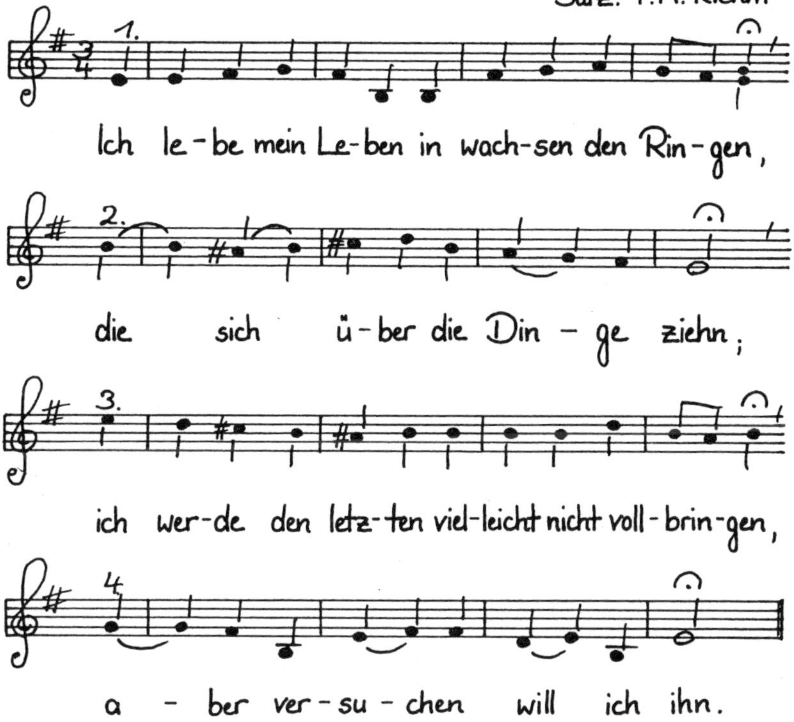

Zu den Bergen hebe ich meine Augen auf

L. Reubke

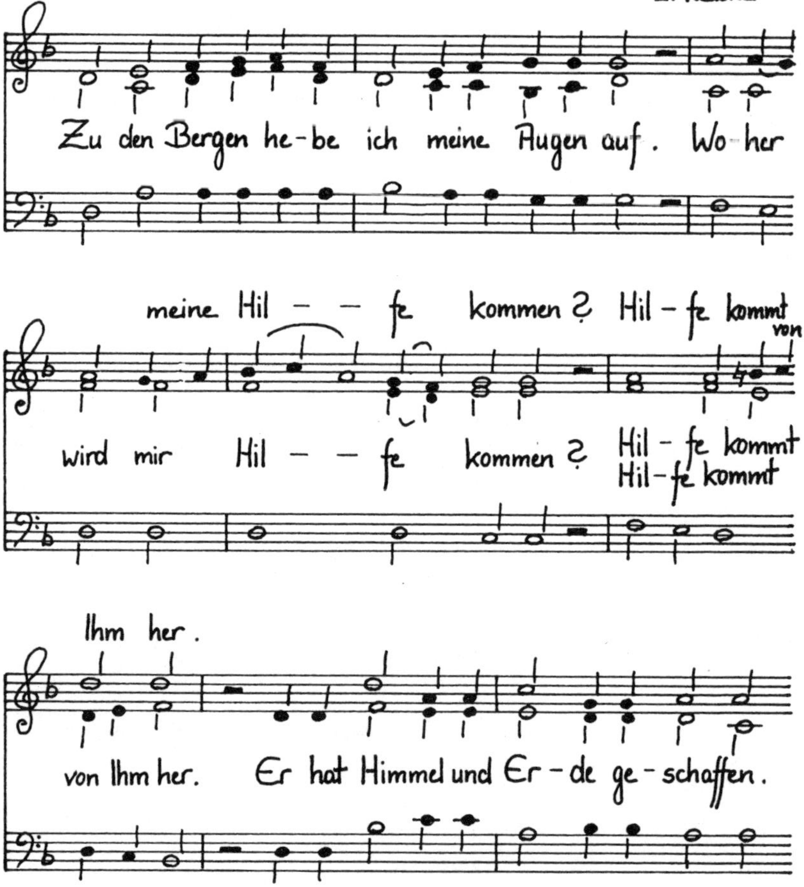

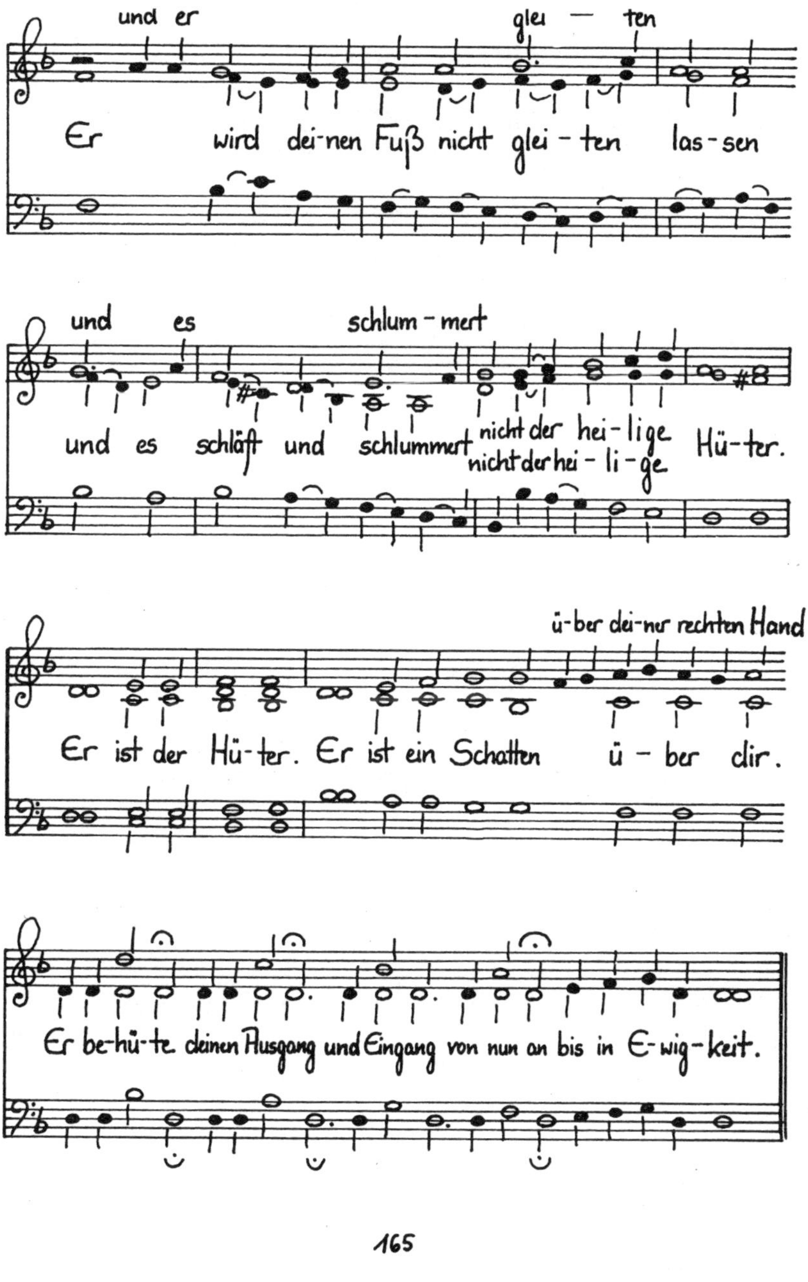
und er glei — ten
Er wird dei-nen Fuß nicht glei-ten las-sen
und es schlum-mert
und es schläft und schlummert nicht der hei-lige Hü-ter.
nicht der hei-li-ge
ü-ber dei-ner rechten Hand
Er ist der Hü-ter. Er ist ein Schatten ü-ber dir.
Er be-hü-te deinen Ausgang und Eingang von nun an bis in E-wig-keit.

Viele verachten die edele Musik

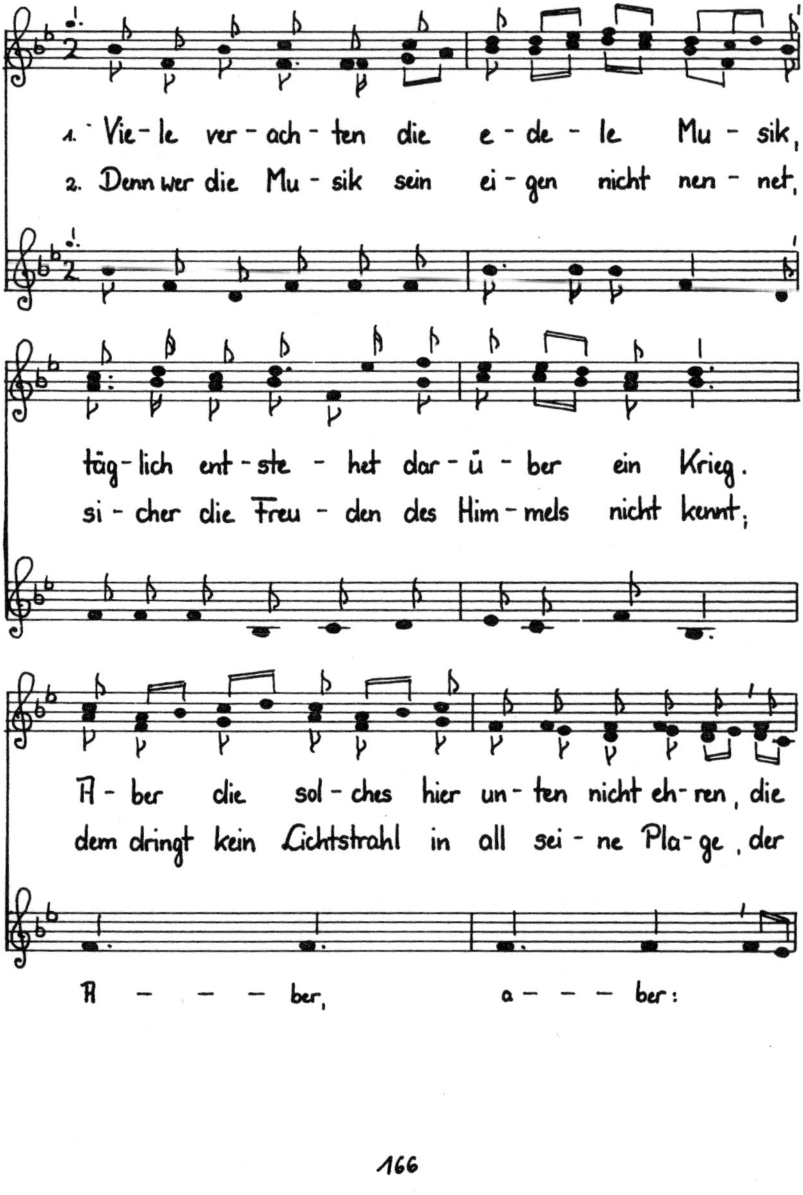

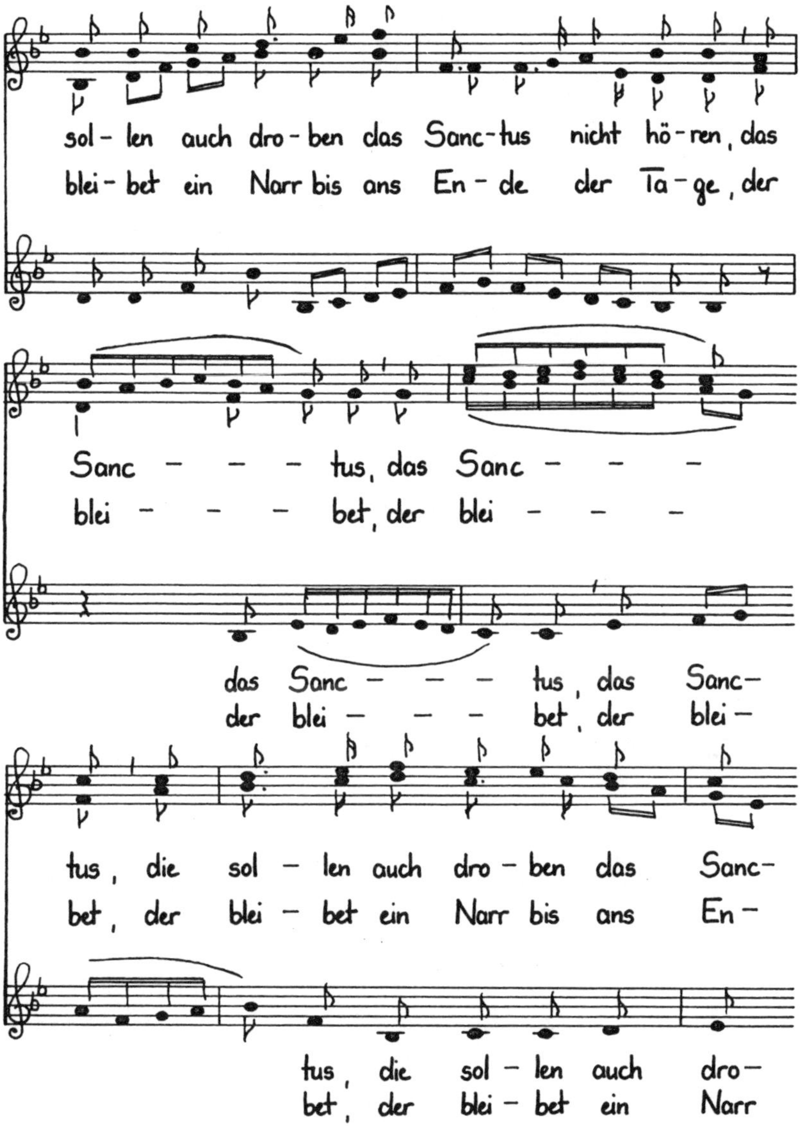
sol - len auch dro - ben das Sanc - tus nicht hö - ren, das
blei - bet ein Narr bis ans En - de der Ta - ge, der
Sanc - - - - tus, das Sanc - - - -
blei - - - - bet, der blei - - - -
das Sanc - - - - tus, das Sanc -
der blei - - - - bet, der blei -
tus, die sol - len auch dro - ben das Sanc -
bet, der blei - bet ein Narr bis ans En -
tus, die sol - len auch dro -
bet, der blei - bet ein Narr

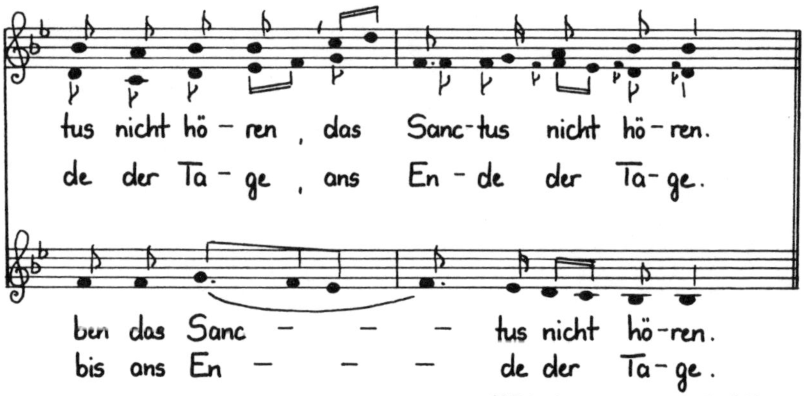

W: Joh. Kaspar Bachofen, 1697–1755
S: Gottfried Wolters, * 1910

Oj, dortn, dortn

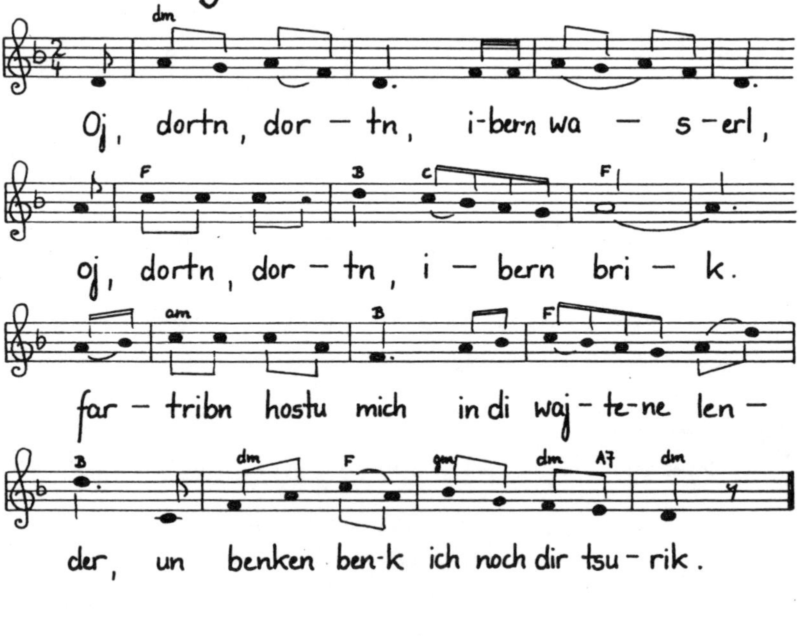

2. Oj, wifil owntlech, tsusamen gesesn,
oj, wifil owntlech, schpet in der nacht.
oj, wifil trerelech, mir hobn fargosn,
oj, bis mir hobn di libe tsusamengebracht.

3. Oj, helf mir, Gotenju, oj, Got in himl,
oj, helf mir, Gotenju, s'is mir nischt gut!
schojn tsajt draj jorelech wi mir schpiln a libe,
un ojsschpiln di libe konen wir nit!

4. Oj, dajne ojgelech, wi di schwartse karschelech,
oj, dajne lipelech, wi rosewe papir.
un dajne fingerlech, wi tint un wi feder,
oj, schrajbn solstu oft a briw tsu mir.

(siehe Anhang)

Pilgerlied

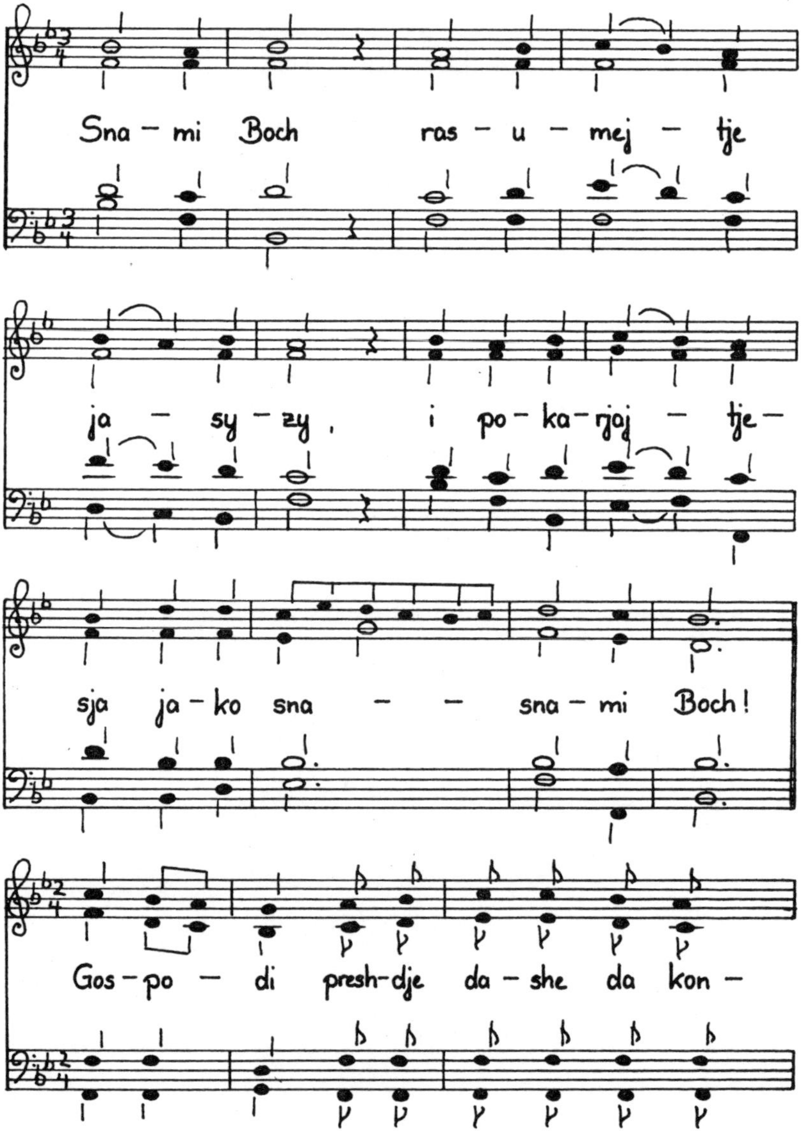
Sna – mi Boch ras – u – mej – tje
ja – sy – zy, i po – ka – rjaj – tje –
sja ja – ko sna – – sna – mi Boch!
Gos – po – di presh – dje da – she da kon –

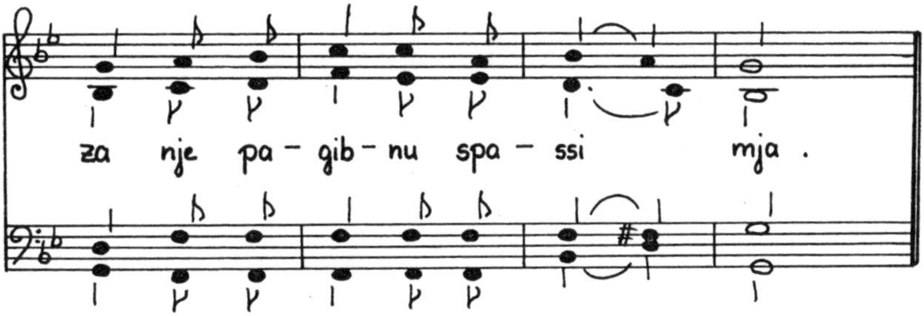

DER TAG VERGEHT

zu 6 Stimmen

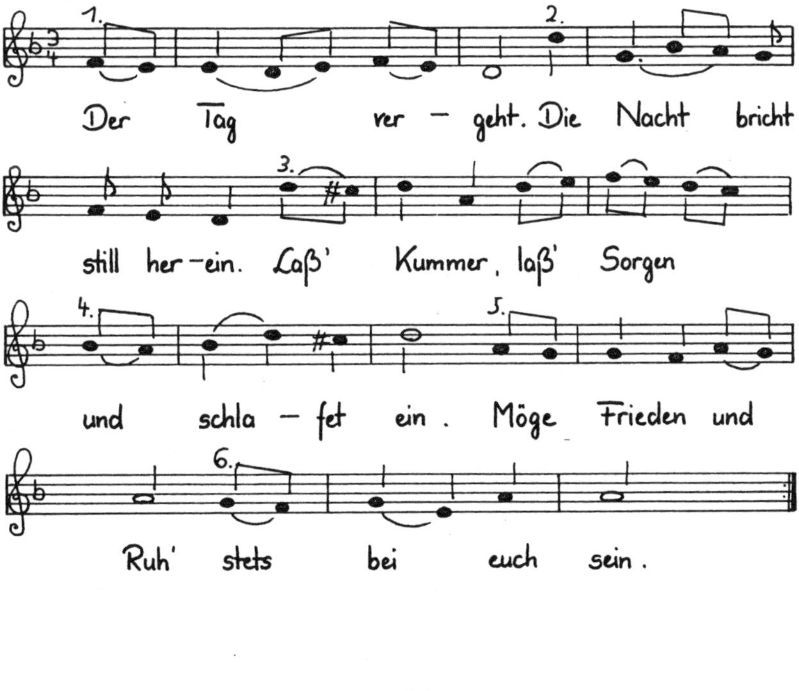

Lied vom Säen

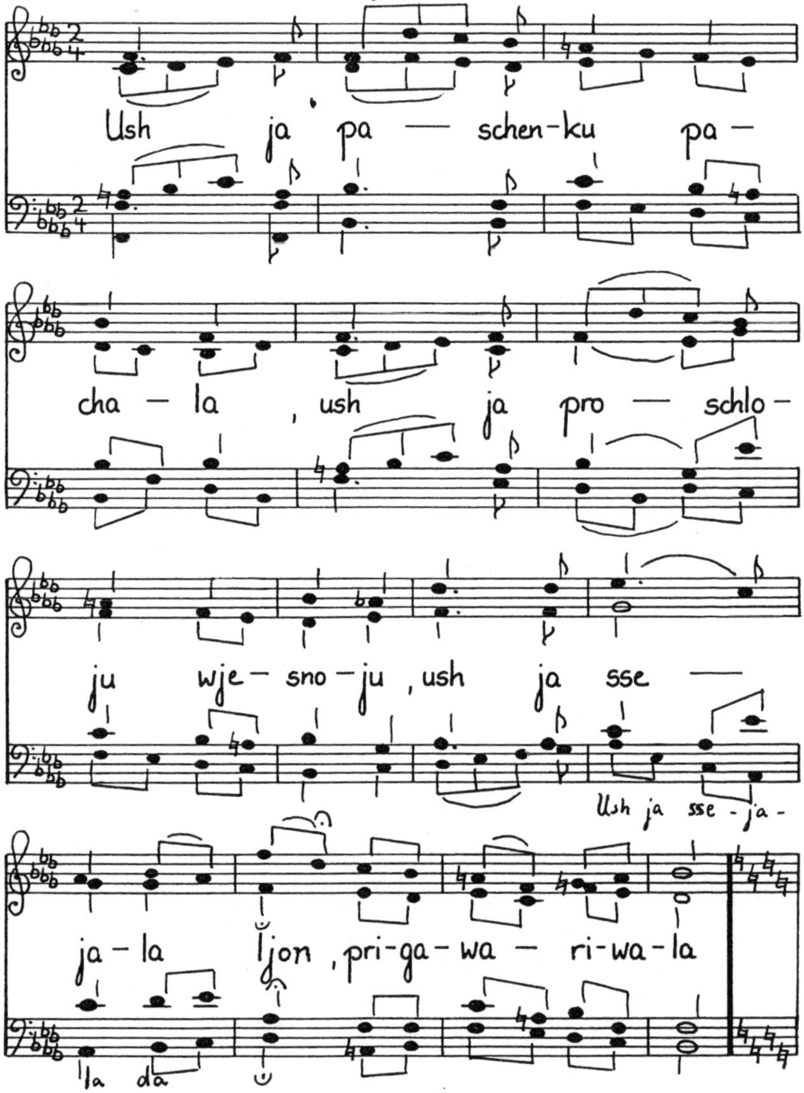

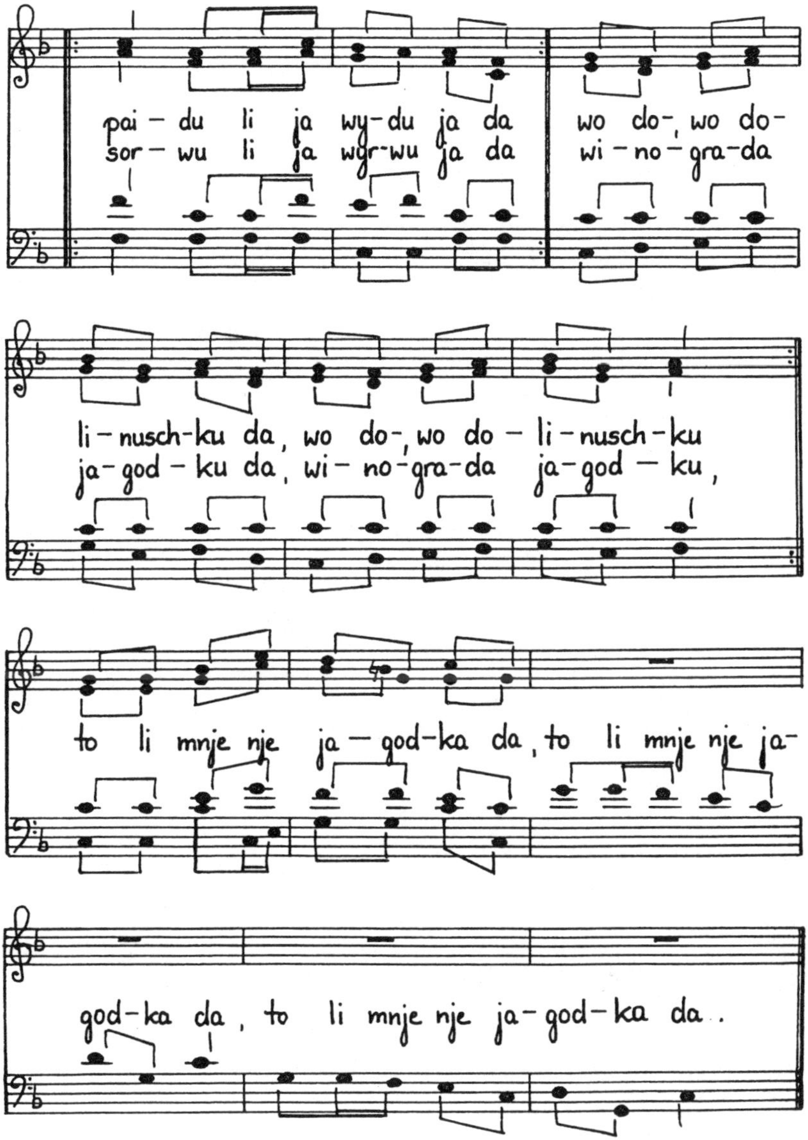

(siehe Anhang)

ERNTE LIED

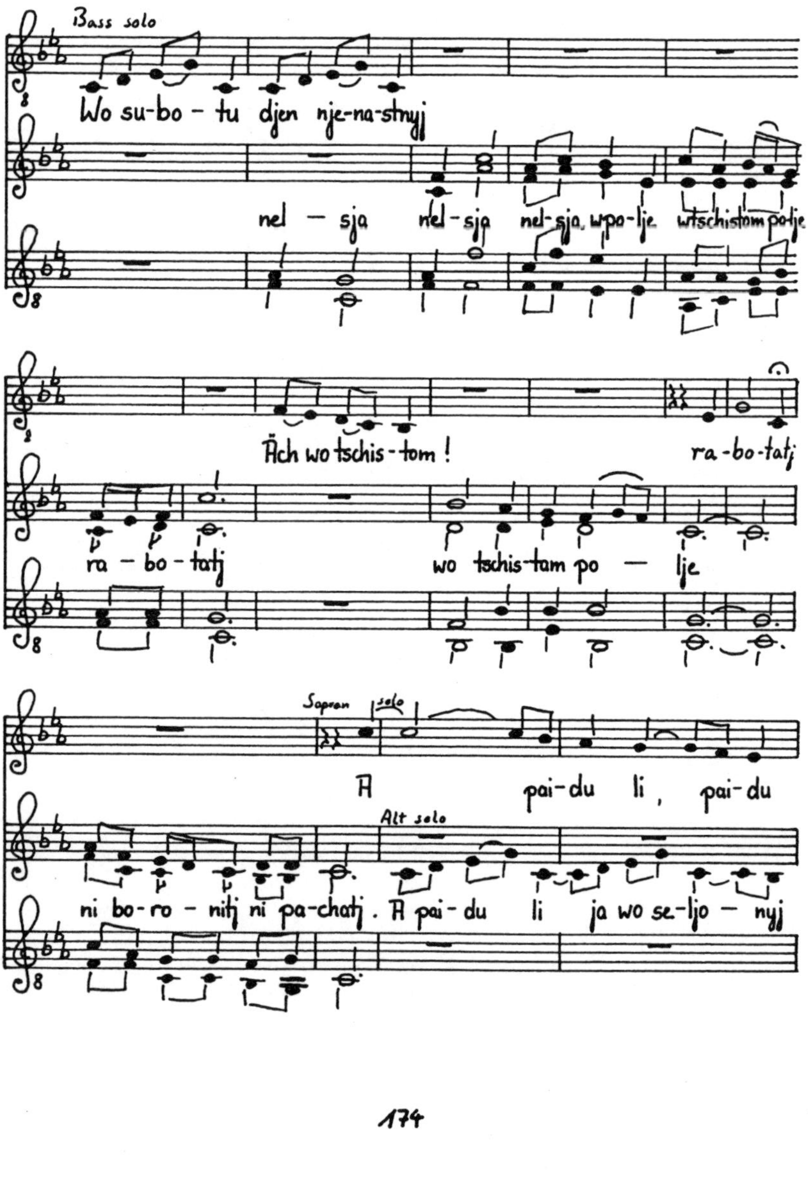
Bass solo
Wo su-bo – tu djen nje-na-stnyj
nel – sja nel-sja nel-sja, wpo-lje wtschistom polje
Ach wo tschis-tom! ra-bo-tatj
ra – bo – tatj wo tschis-tam po – lje
Sopran solo
A pai-du li, pai-du
Alt solo
ni bo-ro – nitj ni pa-chatj. A pai-du li ja wo se-ljo – nyj

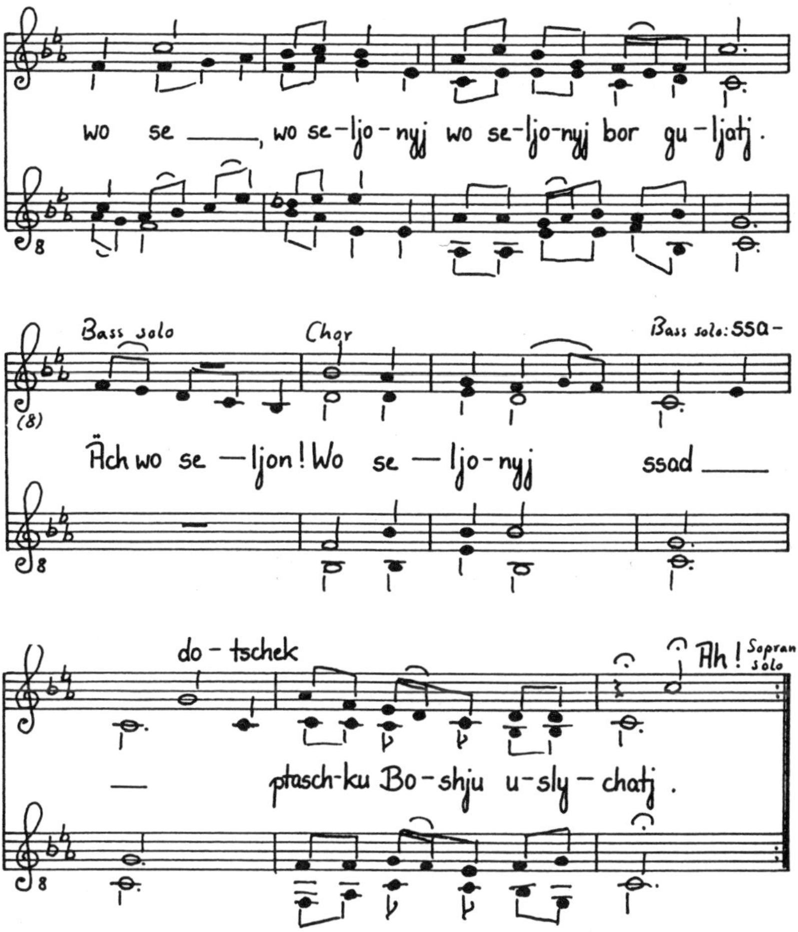

(siehe Anhang)

Inhalt

Anhang

Zu S. 36, finnischer Originaltext:

1. Taivas on sininen ja valkoinen ja tähtösiä täynnä :||:
niin on nuori sydämeni ajatuksia täynnä :||
2. Enkä mä muille ilmoita mun sydänsurujani :||
synkkä metsä, kirkas taivas, ne tuntee mun huoliani :||

Zu S. 48, Übersetzung:

1. O mein Liebling, du tust mir unrecht,
mich so unfreundlich wegzujagen.
Habe ich dich doch so lang geliebt und mich in deiner
Gegenwart erfreut. Greensleeves war all meine Freude,
Greensleeves war mein Glück, Greensleeves mein Herz
von Gold,
wer außer meiner Lady Greensleeves.
2. Ich war bereit zu deinen Diensten,
dir alles, was du wünschtest, zu gewähren.
Ich habe Land und Leben eingesetzt, deine
Liebe zu gewinnen. Greensleeves...

Zu S. 49, Übersetzung:

Haschi wenu – Klagelieder des Jeremia 5,21

Führe uns, Herr, zu dir
dann können wir uns zu dir bekehren.
Erneuere unsere Tage, damit sie werden wie früher.

Zu S. 63, 2. Strophe:

Ihr Anblick gibt den Engeln Stärke,
wenn keiner sie ergründen mag.
Die unbegreiflich hohen Werke
sind herrlich wie am ersten Tag.

Zu S. 66, Übersetzung:

1. Ein goldener Schein leuchtet über den Fluß,
die heimatliche Weide – Herz sei ruhig.
Grüne Weide, über den Fluß geneigt, sage du,
wo ist meine Liebe hin?

2. Unter deinen Zweigen traf ich meinen Liebsten,
jeden Abend sang uns dort die Nachtigall.
Aber der Geliebte ging fort, kehrt nicht mehr zurück.
Die Gesänge der Nachtigall endeten mit der Liebe.

Zu S. 69, weitere Strophen:

4. Du wächst auf, die Zeit hat Flügel,
wirst ein Held wie er.
Mutig steigst du in die Bügel,
greifst nach dem Gewehr.

5. Stricken werde ich mit Seide
Sattel dir und Schuh.
Schlaf mein Kindchen, meine Freude,
bajuschki baju.

6. Ein Kosak wirst du beizeiten
und ein Held genannt.
Wirst du einstmals von mir reiten,
winkst du mit der Hand.

7. Denk, stehst du im Kampfesfeuer,
meiner immerzu.
Schlaf, mein Liebling, mir so teuer,
bajuschki baju.

(Übersetzung: Joh. v. Günther)

Zu S. 79, Übersetzung:

Molondron = Dreschflegel. Lied eines Bauernmädchens

1. Mich schlug mein Vater, mich schlug mein Großvater,
weil ich bei Nacht mit einem Burschen sprach.

2. Weil ich bei Nacht mit einem Burschen sprach,
schlug man mir das Gesicht, schlug man mir den Körper.

Zu S. 84, Übersetzung (Voi minä):

Ach, ich, ach, ich kleiner Knabe.
Was ist mit dir, was ist mit dir, kleines Bübchen?
Ich bin müde, ich bin müde, ich kleines Kerlchen.

Übersetzung (Tuku, tuku):

1. Komm, komm, Schäfchen, komm, komm,
Lämmchen, komm, komm, Widder.
2. Die Sonne geht unter, wo bleibt meine Liebste?
Werden wir uns morgen wieder treffen im großen Wald?

Zu S. 85, Übersetzung:

1. Wenn ich die Ehre habe, mit dir zu tanzen...
2. Jetzt habe ich die Ehre...
3. Jetzt ist es mit der Ehre wieder vorbei...

Zu S. 92/93

mekane = neidisch
kolsman = solange
neschome = Seele
fun altn guf arojs = wieder jung sein
ekt = zu Ende gehen

Zu S. 100

Bocher = Bursche
tracht = denkt nach, wen er nehmen soll, ohne sich schämen zu müssen
benken = klopfen

Zu S. 102

teg = Tage
dermonen = erinnern
entwer = Antwort
ek = Ende

Zu S. 124, Text-Unterlegung von Gottfried Wolters:

Darum öffnet ... ist bei Goethe die 3. Strophe.
Der Anfang der 2. Strophe heißt im Original: Einen Tag, der...

Zu S. 126, Übersetzung:

Wir beten dich an, o Christus, und wir preisen dich!
Denn durch dein heiliges Kreuz hast du die Welt
erlöst, du, der für uns gelitten hat!
Herr, erbarme dich unser.

Zu S. 132, Übersetzung:

Auf der Suche nach dem Heiligen Gral wandern wir von Land zu Land.
Bei unserer Aufgabe werden wir nicht fehlgehen, solange wir in
Gottes Licht bleiben. Wenn aber Falschheit und Zweifel im Herzen
Platz greifen, dann ist aus der Seele das Licht des Tages verbannt.

Zu S. 144

Der Baß beginnt und singt die erste Strophe allein; er behält, wie auch jede neu hinzukommende Stimme, seine Melodie bei, singt aber den Text der jeweils neuen Strophe mit; mit Strophe 2 tritt der Tenor hinzu (wenn vorhanden), auf jeden Fall aber die in der zweituntersten Reihe stehende Stimme; ab Strophe 3 die nächstfolgende; ab Strophe 4 die beiden darüberstehenden; mit Strophe 5 folgt die letzte. Jetzt ist der Satz vollständig und bleibt es bis zum Schluß; jede Stimme, wie gesagt, behält ihre Melodie bei und wechselt nur mit dem Text.

Zu S. 153, Übersetzung:

Guten Abend, guten Abend, der Nebel steigt vom Boden auf,
man hört die Nachtigall, der Nebel steigt vom Boden auf,
man hört die Nachtigall, guten Abend, guten Abend.

Zu S. 154, Übersetzung:

Ostern

1. Jetzt bricht der grüne Halm wieder aus dem begrabenen Samenkorn,
Weizen, der viele Tage in der dunklen Erde lag;
Die Liebe lebt wieder, die mit dem Tod eins war.
Die Liebe ist wiedergekommen
Wie Weizen, der grün wieder aufsprießt.
2. Sie legten ihn ins Grab, Liebe, die die Menschen getötet hatten,
Mit dem Gedanken, daß er niemals mehr erwachen würde,
Legten ihn in die Erde wie das Samenkorn, das ungesehen schläft.
Die Liebe ist wiedergekommen
Wie Weizen, der grün wieder aufsprießt.
3. Er kam hervor an Ostern wie das sich erhebende Korn,
Er, der er drei Tage lang im Grabe gelegen hatte,
Lebend vom Tod auferstanden sehe ich meinen Herrn.
Refrain.
4. Wenn unsere Herzen winterlich sind, bebend oder voll Schmerz,
Dann kann uns Deine Berührung wieder zum Leben erwecken,
Die Felder unserer Herzen, die tot und leer waren.
Refrain.

Zu S. 157 Übersetzung:

»Was schläfst du noch Bäuerchen,
der Frühling steht schon vor der Tür,
deine Nachbarn arbeiten schon längst!?«
»Mein Wagen ist zerbrochen, alle vier Räder sind kaputt!«

Zu S. 159 Übersetzung:

1. Gott erbarme dich der Menschen
und zeige ihnen den Weg,
zeige ihnen den Weg in Christo, im rechten Glauben,
o Gott, du ewiger und wahrer.

2. Gott erbarme dich der Menschen
und laß nicht zu,
daß sie Gewalt üben im Namen Christi,
o Gott, zeige uns den Weg!

Zu S. 168, Übersetzung:

Ach, dort, dort über dem Wasser, –
ach, dort, dort über der Brücke.
Vertrieben hast du mich in die weiten Länder,
und ich sehne mich so nach dir.

Ach, wie viele Abende sind wir zusammengesessen,
ach, wie viele Abende spät in der Nacht,
ach, wie viele Tränen haben wir vergossen,
bis wir zueinander gefunden haben.

Ach, hilf mir, lieber Gott, ach, Gott im Himmel,
ach, hilf mir, lieber Gott, mir ist so elend!
Schon drei Jahre lieben wir uns
und können die Liebe nicht leben!

Ach, deine Augen, wie die schwarzen Kirschen,
ach, deine Lippen, wie rosenrotes Papier,
und deine Fingerchen, wie Tinte und wie Feder,
ach, schreib mir oft.

Zu S. 170, Übersetzung:

Mit uns ist Gott, versteht das ihr Leute und gebt uns Raum,
denn mit uns ist Gott.
Herr, laß mich nicht zugrunde gehen, rette mich!

Der erste Teil wird wiederholt, nach dem letzten Ton (Boch!)
kommt dann mit demselben Klang: Amin!

Zu S. 172, Übersetzung:

Ich hab das Äckerchen gesät,
ich hab es doch schon im letzten Frühjahr gesät,

hab Leinsamen gesät und dabei Sprüche gesprochen.
Soll ich gehen, soll ich fortgehen ins Tal,
soll ich Weintrauben pflücken. Hier hab ich
ja keine Weintrauben …

Zu S. 174, Übersetzung:

Am Samstag, einem schwülen Sommertag, sollte man eigentlich nicht arbeiten auf dem weiten Feld. Nicht eggen und nicht pflügen. Wie wäre es, in einen grünen Garten zu gehen und dort den von Gott geschaffenen Vögeln zu lauschen?

Die Wiedergabe der Lieder auf den Seiten 8, 17, 19, 20, 24, 28, 51, 54, 61, 111, 134, 139, 140 erfolgt mit freundlicher Genehmigung des Verlages Möseler, Wolfenbüttel. Für die Lieder auf den S. 50 und 114 gaben der Bärenreiter-Verlag, Kassel, und für die Lieder auf den S. 22, 36, 46, 47 der Voggenreiter-Verlag, Bonn, ihre Genehmigung. Die Lieder auf den S. 22, 29, 30, 36 (2), 38, 82, 117, 129 und 144 sind mit freundlicher Genehmigung der Komponisten wiedergegeben.